中国（昆明）南亚东南亚研究院书系

李涛 任佳 主编

孟中印缅经济走廊
研究报告（2014年）

主　编　任　佳　陈利君
副主编　杨思灵　李　丽　胡　娟

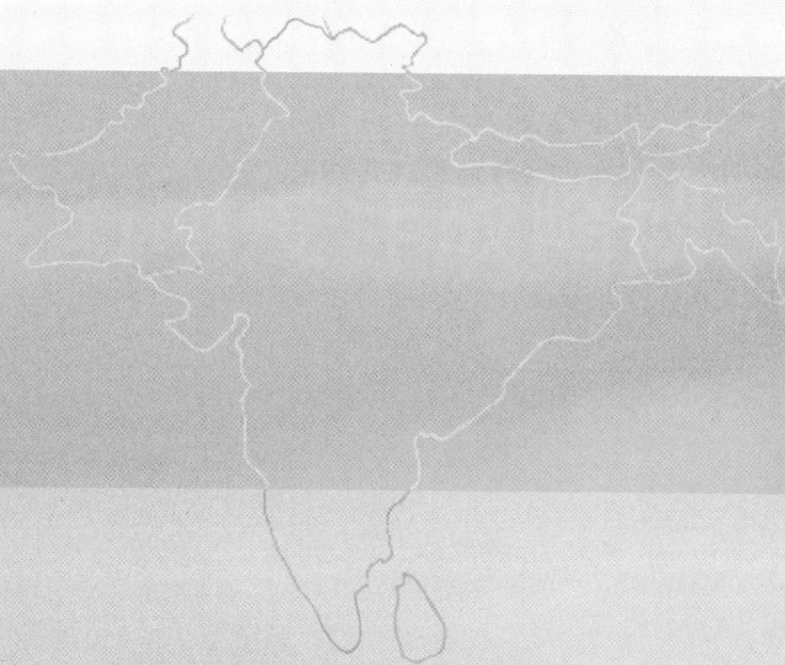

中国社会科学出版社

图书在版编目（CIP）数据

孟中印缅经济走廊研究报告.2014 年／任佳，陈利君主编.—北京：
中国社会科学出版社，2015.7
ISBN 978 - 7 - 5161 - 5302 - 4

Ⅰ.①孟…　Ⅱ.①任…②陈…　Ⅲ.①区域经济合作 - 研究 - 云南省、
孟加拉国、印度、缅甸　Ⅳ.①F127.74②F130.54

中国版本图书馆 CIP 数据核字（2014）第 308884 号

出 版 人	赵剑英
责任编辑	任　明
特约编辑	乔继堂
责任校对	郝阳洋
责任印制	何　艳

出　　版	中国社会科学出版社
社　　址	北京鼓楼西大街甲 158 号
邮　　编	100720
网　　址	http：//www.csspw.cn
发 行 部	010 - 84083685
门 市 部	010 - 84029450
经　　销	新华书店及其他书店

印刷装订	北京市兴怀印刷厂
版　　次	2015 年 7 月第 1 版
印　　次	2015 年 7 月第 1 次印刷

开　　本	710×1000　1/16
印　　张	17.25
插　　页	2
字　　数	310 千字
定　　价	58.00 元

序　言

　　南亚、东南亚地处亚洲大陆南部和东南部，南亚包括印度、巴基斯坦、孟加拉国、斯里兰卡、尼泊尔、不丹、马尔代夫和阿富汗八个国家，总面积约 500 万平方公里，人口约 17 亿。南亚次大陆作为一个相对独立的地理单元，东濒孟加拉湾，西濒阿拉伯海，囊括了喜马拉雅山脉中、西段以南至印度洋之间的广大地域，是亚洲大陆除东亚地区以外的第二大区域。东南亚包括新加坡、马来西亚、泰国、印度尼西亚、缅甸、老挝、越南、柬埔寨、菲律宾、文莱、东帝汶 11 个国家，面积约 457 万平方公里，人口约 6.2 亿。东南亚地区连接亚洲和大洋洲，沟通太平洋与印度洋，马六甲海峡是东南亚的咽喉，地理位置极其重要。著名的湄公河，源自中国云南境内澜沧江，流入中南半岛，经缅甸—老挝—泰国—柬埔寨—越南，注入南海，大致由西北流向东南。总长 4900 公里左右，流域总面积 81.1 万平方公里。

　　习近平主席在 2013 年访问哈萨克斯坦和印度尼西亚时分别提出丝绸之路经济带和"21 世纪海上丝绸之路"的倡议。这是中国西向开放和周边外交战略的新布局，其战略指向是解决国内区域发展不平衡问题，推动西部大开发与大开放相结合，与沿线国家构建利益共同体、命运共同体和责任共同体。南亚、东南亚及环印度洋地区位于亚欧陆上、海上交通通道的枢纽位置，是"丝绸之路经济带"和"21 世纪海上丝绸之路"（"一带一路"）的必经之地，是对我国西向方向开放具有重大战略意义的周边地区，也是中国落实与邻为善、以邻为伴，睦邻、安邻、富邻的周边外交方针，以及"亲、诚、惠、容"外交理念的重要地区之一。

　　从历史交往和相互关系来看，中国与南亚、东南亚山水相依、人文相亲、守望相助，双方平等交往、相互反哺、互通有无的友好关系史绵延至今最少也有两千余年。在漫长的古代，依托南方丝绸之路和茶马古道等连通中缅印且贯通亚欧大陆的古老国际通道，中国与南亚东南亚的经贸交往频繁、人员往来不断，在人类文明交流史上写下了一部互学互鉴，交相辉映的精彩华章。一方面，古蜀丝绸最早让南亚知道了中国，公元前 4 世纪成书的梵文经典《摩诃婆罗多》及公元前 2 世纪的《摩奴法典》中都有"支那"产"丝"的记载。此外，考古学者还在四川三星堆遗址发现大量象牙，又在云南江川、晋宁等地春秋晚期至西汉中期墓葬中挖掘出大量海贝和金属制品。经考证，上述出土文物很可能是从古代印度输入的。这表明，古代中国与南亚之间的经贸交往不仅内容丰富，而且互动频繁。另一方面，在中国东晋高僧法显、唐代高僧玄奘的西行求经，天竺鸠摩罗什、达摩祖师的东来送法，以及南传上座部佛教从古印度经斯里兰卡传入缅甸，此后再传播至泰国、柬埔寨、老挝、越南、马来西亚和印度尼西亚等地的过程中，佛教文化也随之传入中国和东南亚，并落地生根、开枝散叶。据统计，从公元 2 世纪到 12 世纪的一千年间，中国翻译的南亚佛教经典著作多达 1600 种、共 5700 余卷。可以说，以"丝绸东去"和"佛陀西来"为典型，中华文明与南亚东南亚文明的交流互动，无论其内容还是规模，在世界文化交流史上均属罕见。

这些多条多向的古代国际通道，不仅是古代中国云南通往南亚、东南亚的交通通道，也是操藏缅语族、孟高棉语族等语言的古代诸民族的迁徙走廊。可以说，至迟自蜀身毒道的开通以来，途经云南或以云南为起点的多条多向通道，使今天我们所说的中南半岛地区和孟中印缅毗邻地区较早产生了互联互通的历史萌芽，促进了中华文明、南亚文明与东南亚文明在漫长古代的整体互动。到了近现代，无论是滇越铁路，还是史迪威公路、滇缅公路、驼峰航线，这些在近现代交通史上曾留下浓墨重彩的交通线路，无一不以云南为起点，而云南也正是凭借这些线路，在大湄公河地区和孟中印缅毗邻地区互联互通史上发挥了特殊作用并占据着重要地位。

改革开放以来，云南省在我国西南边疆省区中率先提出了面向东南亚南亚的对外开放战略。90 年代，在国家加强西部大开发期间，又提出把云南建设成为我国通往东南亚南亚的国际大通道的建议。进入新世纪，云南着力推进绿色经济强省和民族文化大省建设，努力打造中国连接东南亚南亚国际大通道。经过多年的努力，以大湄公河次区域经济合作（GMS 合作）、孟中印缅地区经济合作（BCIM 合作）为代表，云南省在推动面向东南亚和南亚这两个战略方向的对外开放和区域合作中，走了全国的前列，并且取得了明显的成效。目前，云南是我国与南亚东南亚等国家和地区开辟航线最多、国家级口岸最多、与周边国家连接的陆路通道最多、民间交流最频繁的省之一；也是泛亚铁路、亚洲公路网的覆盖地区，多条连接东南亚南亚国家的规划路线通过云南走出中国。2013 年，中国—南亚博览会永久落户云南省会昆明，云南获得了加强与南亚、东南亚、西亚及其他国家和地区全面交流合作的新平台。2014 年 5 月李克强总理访印期间，中印两国共同倡议建设孟中印缅经济走廊，加强地区互联互通。云南学者最先提出的孟中印缅地区经济合作构想最终上升成为国家战略。

2015 年 1 月，习近平总书记考察云南时指出：随着我国实施"一带一路"战略，云南将从边缘地区和"末梢"变为开放前沿和辐射中心，发展潜力大，发展空间广。希望云南主动服务和融入国家战略，闯出一条跨越式发展的路子来，努力成为我国民族团结进步示范区、生态文明建设排头兵、面向南亚东南亚辐射中心。这是对云南发展明确的新定位、赋予的新使命、提出的新要求。由于云南是中国西南方向与周边东南亚和南亚接壤和邻近国家最多的省，也是中国与印度洋沿岸地区开展经济合作最具区位优势的省，因此，云南理所当然担负着落实国家"一带一路"战略和周边外交的重任。

云南省委省政府为贯彻落实中央的决策部署，加强顶层设计，九届十次全会作出了《中共云南省委关于深入贯彻落实习近平总书记考察云南重要讲话精神闯出跨越式发展路子的决定》，主动融入和服务国家发展战略，全面推进跨越式发展。习近平总书记指出，"云南的优势在区位、出路在开放"。云南的优势在"边"，困难也在"边"。如何在沿边开放中倒逼改革，在改革创新中推动孟中印缅经济走廊和中国—中南半岛国际经济合作走廊建设；处理好与邻国的关系，对接各国的发展战略和规划，共商、共建、共享经济走廊；准确研判国际形势和周边情势，都需要云南智库深入调研、长期跟踪地进行国别研究、国际关系和国际区域合作问题研究，提出科学及有价值的决策咨询研究成果。为此，在省委、省政府的关心和支持下，依托云南省社会科学院，正式成立了中国（昆明）南亚东南亚研究院。这是云南省学习贯彻落实习近平总书记考察云南重要讲话精神和党中央、国务院《关于加强中国特色新型智库建设意见》的重要举措。

云南省社会科学院的南亚东南亚研究历史悠久、基础扎实、底蕴深厚、人才辈出。早在上世纪 60 年代，外交部落实毛主席、周总理《关于加强国际问题研究报告》批示精神，在全国布局成立国际问题研究机构，就在我院成立了印巴研究室和东南亚研究室，经一代又一代社科专家的积淀和传承，发展成了现在的南亚研究所和东南亚研究所。南亚东南亚研究是我院优势特色学科之一，在国内外享有较好的声誉和影响力，该领域的研究在国内居领先地位。进入 90 年代以来，我院高度重视对我国和我省面向东南亚南亚对外开放、东南亚南亚国别问题和地区形势的研究。在大湄公河次区域合作、中国与东南亚南亚区域合作战略、中国和印度经贸合作新战略、中国与南亚经贸合作战略、孟中印缅地区经济合作、东南亚南亚的历史与现状、中国与东南亚南亚的人文交流合作、印度洋地区研究等领域，推出了一批重要学术成果，培养了一支专业从事东南亚南亚研究的学者队伍。

　　当前，云南省充分利用边疆省份的区位优势，加快融入"一带一路"国家战略，推进孟中印缅经济走廊和中南半岛国际经济合作走廊建设。在这一背景下，中国（昆明）南亚东南亚研究院推出南亚、东南亚国情研究、"一带一路"和孟中印缅经济走廊等专题研究、中国与周边国家关系研究、环印度洋地区研究等组成的书系，深入对"一带一路"沿线国家的政治经济、历史文化、对外关系、地理生态环境，以及中国与南亚东南亚、环印度洋地区的经贸合作、互联互通、人文交流、非传统安全合作等问题的研究，推出一批成果，使广大读者对"一带一路"沿线国家和我国与周边国家关系有更深入的了解，以期对政府、学界、商界等推动我国与沿线国家设施联通、贸易畅通、政策沟通、资金融通、民心相通，共商、共建、共享丝绸之路经济带和21世纪海上丝绸之路有所裨益。

任　佳

2015 年 10 月 25 日

前　言

　　孟加拉国、中国、印度、缅甸四国山水相连，友好关系源远流长。四国幅员辽阔、人口众多，物产丰富，资源能源富集，经济互补性强，合作潜力巨大。四国毗邻地区是连接亚洲各次区域的重要枢纽，而云南在这一"重要枢纽"地区中具有明显的区位优势。

　　在中国云南和印度等国家或地区学者的共同推动下，1999 年 8 月中国、印度、缅甸和孟加拉国四国学者在昆明举行了首届"孟中印缅（BCIM）地区经济合作论坛"。在此后的 14 年时间里，分别在中国昆明、印度新德里和加尔各答、孟加拉国达卡、缅甸仰光和内比都等地举办了十一次会议。BCIM 论坛得到了四国政府及相关部门的高度关注和支持。最近的一次会议于 2013 年 2 月 23—24 日在孟加拉国首都达卡召开。2009 年第九次 BCIM 论坛会议上发表的联合声明中提出了构建孟中印缅经济走廊的战略构想。2013 年 5 月中国总理李克强访问印度，双方发表了《联合声明》，共同倡议建设孟中印缅经济走廊。10 月，印度总理辛格访问中国，双方发表的《中印战略合作伙伴关系未来发展愿景的联合声明》中对孟中印缅经济走廊建设的相关工作进行了安排，包括成立工作组、召开孟中印缅联合工作组会议、研究孟中印缅经济走廊建设规划等。12 月，孟中印缅四国工作组会议在昆明召开，四方就建设孟中印缅经济走廊的相关问题进行了探讨，这宣告了历经十多年的孟中印缅地区合作正式从"二轨"（学术界）向"一轨"（政府）转变。由四国政府主导推进孟中印缅经济走廊建设意义重大，影响十分深远。孟中印缅经济走廊建设不仅可以把中国、东南亚、南亚新兴市场紧密联系在一起，促进四国加强合作、拓展开放空间，而且可以促进四国改变毗邻地区贫困落后面貌、促进经济共同发展、增强各国经济实力。同时，还有利于促进四国民间友好往来，增进友谊，推进睦邻友好合作关系不断向前发展。

　　近年来，四国经济发展态势良好，务实合作不断推进，交通基础设施不断改善，经贸联系日益加强，相互贸易和投资不断增加，人员交流日益频繁，为本地区进一步加强合作奠定了坚实基础。目前，孟中印缅四国都处在经济社会发展的关键时期。面对国际金融危机冲击和新一轮全球产业竞争加剧的形势，四国顺应时代要求，充分挖掘自身潜力，加强政策协调，妥善处理分歧，扩大相邻地区开放，推进合作，对彼此经济社会发展都具有十分重要的意义。因此，四国积极改善基础设施，促进贸易投资便利化，共同推进孟中印缅经济走廊建设，不仅可以实现优势互补、共同发展，而且可以为本地区共同繁荣发展和人民福祉做出积极贡献。

由于特殊的地缘优势，云南一直把推进面向南亚的开放与合作放在突出位置，取得了显著成绩，发挥了中国沿边开放"桥头堡"的作用。作为BCIM论坛的发动者和推动者，大力推进孟中印缅经济走廊建设，是云南省扩大开放、加快发展的需要，也是实施中国"西向南下"政策的需要。在国家推进"丝绸之路经济带、21世纪海上丝绸之路"新的形势下，云南不仅要将孟中印缅经济走廊建设作为重要抓手之一积极融入"一带一路"建设，而且加快推进孟中印缅经济走廊建设是云南义不容辞的责任。由于孟中印缅经济走廊建设是一项复杂的系统工程，面临着许多问题和挑战，需要学术界加强研究。为此，云南省社会科学院组织南亚研究所和孟中印缅研究中心，就经济走廊建设存在的各种问题进行深入研究，以便为持续推进经济走廊建设提供理论基础，而且决定从2014年起公开出版有关孟中印缅经济走廊建设的研究成果或发展报告，就经济走廊建设的进展与展望提出意见，以供有关部门或专家参考。

本研究成果主要探讨了孟中印缅经济走廊建设的意义、基础、机遇、问题、前景与对策建议等方面的问题，由于是第一次征集稿件，时间紧，任务重，还没有来得及按照完整的体系来设计，文章都是作者自己观点，以期提供一些参考，恳请读者批评指正。我们希望在广泛征求意见的基础上，形成比较规范的研究成果，集中对一些热点、重点问题进行深入研究，以便更好地为有关部门、企业和读者服务。

任　佳　陈利君

2015年3月20日

目　录

互联互通

人文交流与合作

进展与展望

印孟缅各国基本情况

和红梅[①]　周春萌[②]

印孟缅三国从南亚贯通东南亚，是中国进入印度洋及南亚地区的重要走廊。三国各有优势，印度不仅国土面积大，人口多，资源丰富，而且经济发展速度日益加快，是世界重要新兴经济体之一；孟加拉国拥有庞大的人口，农业资源也非常丰富；缅甸不仅其战略位置对中国非常重要，而且油气资源相对丰富。最为要紧的是，这些国家经济越来越开放，与中国合作的愿望也不断在加强，互联互通建设正在如火如荼地进行，资源优势互补的特征非常明显。这些正是推进孟中印缅经济走廊建设的重要条件。

一　印度基本情况

（一）人口总量与受教育情况

2011年印度第十五次人口普查显示，印度人口已经突破12亿大关。2013年其总人口已经达到12.7亿，约占世界总人口的17.31%。在这12.7亿的庞大人口群中，有一半人口的年龄在25岁以下，65%的人口在35岁以下；农村人口占总人口比重高达72.2%，城市人口占27.8%，分别生活于63.8万个村庄和5480座城市之中。根据1.58%的增长率计算，到2030年印度人口将达到15.3亿，预计将超过中国成为世界第一的人口大国。由于印度医疗卫生条件较差，其婴儿死亡率高达47%，人口平均寿命仅为65岁。[③]

众所周知，开发人力资源最有效的手段是教育，高素质人才不断涌现需要长期的教育投资。独立以来印度一贯坚持发展教育，尤其重视培养高技能

---

①　云南省社会科学院南亚研究所助理研究员。

②　云南大学国际关系研究院副教授。

③　Population of India, http://www.indiaonlinepages.com/population/india-current-population.html.

的工程师和技术人员。独立后的印度首任总理尼赫鲁提出"印度最大的资源是人才"，重视教育在国家建设中的作用，大力发展理工科教育。尤其值得一提的是，在印度独立后，以麻省理工学院为样板，创建了印度理工学院。印度理工学院仅用40年左右的时间就发展成为世界著名高校，为印度的软件业发展及人才培养发挥了不可替代的作用。2006年，在英国《泰晤士报高等教育副刊》的世界大学工科领域排名中，印度理工学院仅次于麻省理工学院和加州大学伯克利分校，领先于帝国理工大学、斯坦福大学和剑桥大学，高居世界第三位。①

为了有效地改善印度人口质量，并使之成为驱动国家发展的动力，印度前总统阿卜杜尔·卡拉姆制定了"2020年进入发达国家行列"的目标，并提出"头脑立国"的口号。2000年6月，印度国家计划委员会成立了"2020年印度愿景委员会"，在2004年出版的《教育领域的2020年愿景报告》中提出，印度要在2020年成为发达国家，而在关乎国民经济和社会发展的所有问题中，就业和教育是最为重要的问题。《报告》提出，"到2020年，印度6—14岁年龄段的儿童要100%接受初等教育；中小学课程要得到规划以促进和平、和谐、社会凝聚力和复合型文化；教育要使学习者获得自我成长和过上高质量生活的能力；远程和开放学习要成为各级教育的有机组成部分；虚拟教室和自学（利用网络和网站）要予以加强；教育要保护和促进古代智慧并实现实质性的本土化；中小学和大学教育要为国际性的成就打开一个窗口；教育管理体系要变得灵敏、开放、透明、对学习者友好，致力于向学生提供学术支持。2020年教育愿景的总目标是创建学习型和知识型的社会。②"在论述高等教育发展策略时，《报告》提出，到2020年印度要使适龄青年的至少50%接受高等教育。

正是在印度政府的不懈努力之下，印度的教育取得了辉煌的成就：

印度专业高等教育的发展水平获得了世界好评，为印度国家的发展做出了重要贡献；印度高等教育取得了举世瞩目的成就，为国家培养出了仅次于美国的世界第二大能够熟练使用英语的专门人才队伍和长期位列世界前三名的工程技术人员队伍；在世界经济论坛提出的影响国家竞争力的重要指标中，印度在高等教育质量、数学与科学教育质量、管理教育质量、科研机构

---

① Dutta, P. K. Quality Technical Education in India [J]. The Journal of Technical Education, 2008 (1).

② Parameter 2020, Background Papers, Vision 2020 [EB/OL]. http://www.planningcommission.nic.

质量、科学家与工程师易得性等方面的得分在发展中国家中居于领先地位，这些都得益于印度对高等教育发展的连续投入。

然而从客观来看，尽管印度自独立以来非常重视对人口的教育，但从总体来看，印度人口质量并不是很理想。所谓人口质量，主要就是受教育程度，也是影响印度"人口红利"最重要的因素。2011 年虽然印度把 11％ 的财政预算投入教育事业上，但依然未能全面改善其人口的受教育程度。2011 年印度成人识字率仅为 62.8％，其中男性识字率为 74％，女性识字率为 51.9％；青少年识字率状况稍微好一些，该群体的识字率为 80.7％，其中男性识字率为 86.8％，女性识字率为 74.9％；从入学率来看，小学的入学率为 89％，中学的毛入学率为 60％；高等院校的毛入学率仅为 23％。[①] 不过，辩证地看，尽管印度人口质量在总体上仍然存在若干问题，但其人口总体优势依然明显，尤其是年轻劳动力多，人口结构非常年轻，印度又不断加大在教育资源方面的投入，以改善其人口质量。在某些方面甚至取得了令世界瞩目的成就，比如印度培养出的人才成为支撑其"世界 IT 基地"的重要支柱。值得一提的是，教育的成果支撑了印度经济的飞跃式发展。印度的这种人口资源对我们顺利建设经济走廊，并挖掘印度潜在的巨大市场具有重要的支撑意义。

（二）市场日益开放

21 世纪以来，印度经济形势发展良好，经济发展速度一直保持着罕见的增长势头，其增速仅次于中国，成为全球最为引人注目的增长较快的新兴经济体之一。2004 年，曼莫汉·辛格当选总理上台执政，他进一步强化了改革开放的方针，尤其在吸引外资方面不遗余力。外国企业在印度的直接投资主要以 IT 产业、制造业、基础设施建设为中心，每年接近 200 亿美元（2006 年国际收支统计中对内直接投资额，中国为 695 亿美元，而印度为 169 亿美元[②]）。不过，印度在物流、金融等敏感领域开放的力度也不断在加大。目前，"金砖国家"中，外资对印度的关注度日益高涨，只要其开放政策不断深化，那么全球企业对印度市场的参与还将扩大。同时，印度企业也开始走出国门，国际规模的并购案例层出不穷，相继并购了以欧美诸国为中心的国外企业，涉及 IT、医药用品、钢铁等产业，印度对外直接投资也从 20 世纪 90 年代后半期年均仅 1 亿美元增加到了 2006 年的 96 亿美元。总体

---

① http：//stats. uis. unesco. org/unesco/TableViewer/document. aspx？ ReportId ＝ 121&IF ＿ Language ＝ eng&BR＿ Country ＝3560.

② UNCTAD World Investment Report 2007 Country fact sheet.

来看，印度市场不断开放主要体现在如下方面。

1. 对外经济合作不断推进

作为南亚大国，印度主导着该地区的经济发展。在区域经济一体化不断推进的背景下，南亚地区七个国家 1985 年成立了 SAARC（南亚地区联盟），该组织秘书处设在尼泊尔首都加德满都。2005 年阿富汗加入，南盟成员国增加为八个。自南盟成立以来，就在加大经济合作方面不断努力：1995 年签署和实施"南亚特惠贸易安排"；2004 年签署《南亚自由贸易区框架协议》；2006 年该框架协议正式生效，标志着南盟自由贸易区正式建立。但根据协议安排，南盟各国要实现较为全面的免关税或低关税水平，要到 2015 年才能实现。

同时，印度还积极谋求与当今"世界发展中心"东亚开展合作。特别是，印度与东盟、泰国、新加坡、日本、韩国、中国等国家或地区在经济合作上不断加深。2009 年 8 月 13 日，印度与东盟正式签署自由贸易区协议（FTA）。2010 年 6 月，印度与东盟启动自贸区服务贸易谈判。2011 年印度商工部长阿南德·夏尔玛 3 月 2 日曾表示，印度和东盟将在 2011 年年底前签订《关于建立更紧密经贸关系的安排》（CEPA），但由于双方在开放领域仍有争议，双方 CEPA 并未如期签订，谈判仍在继续中；在东南亚地区，除了与东盟签署自由贸易区以外，印度与东盟成员国新加坡早于 2004 年就签署了自由贸易区协议（EPA），取消 2700 种产品的进口关税。此外，印度正与泰国积极商签自由贸易协定。印度商工部长夏尔玛也曾表示，印度致力于与泰国在 2011 年年底前达成自由贸易协议，该协议将使双方在 2014 年的贸易额翻一番。2012 年 1 月 24—26 日，泰国总理英拉访问印度，两国签署了关于建立自由贸易区谈判框架修订协议，于 2012 年 6 月完成双边自由贸易协议的谈判。① 印度与东南亚国家越南的自由贸易区合作也向前推进了一大步，2008 年印度承认了越南完全市场经济地位；东北亚地区的韩国与日本是印度发展自由贸易区的重点对象。2009 年 8 月 7 日，印度与韩国正式签署全面经济伙伴协定（CEPA）。11 月 6 日，韩国批准了印韩全面经济伙伴关系协定。2011 年 2 月 16 日，印度与日本签署全面经济伙伴关系协定（CEPA）。② 印度与中国建立"战略合作伙伴"关系，相互推进贸易与投资，两国自由贸易区建设也正在积极的推进之中。这些合作无疑将为印度经济发

---

① 张硕：《泰国、印度拟于年中签署自贸协议》，中国贸易救济信息网，2012 年 1 月 31 日。http://www.cacs.gov.cn/news/indexnewshow.aspx? articleId=93948。

② 杨思灵：《试析印度加强与亚太国家战略合作及其影响》，《南亚研究》2012 年第 1 期。

展带来新机会。

2. 对外开放政策不断深化

为刺激经济发展，历届印度政府采取了一系列有利于对外开放的政策措施，为促进对外经济发展创造更宽松的环境。经过多年努力，对外贸易规模迅速扩大，其经济的快速发展和巨大市场对发达国家的吸引力越来越大。

（1）实施出口导向型政策

1992年印度开始实施出口导向型政策。一是改革汇率机制。在卢比大幅度贬值的基础上，实行双重汇率，出口商60%的外汇收入按市场汇率兑换，40%按官方汇率卖给中央银行。1993年卢比在经常账户下实现自由兑换。二是建立出口工业园区。1993年至今，印度已经建立了25个出口工业园区，另外还建立了电子硬件技术园与软件技术园。在园区内，政府为企业提供完善的基础设施和免税环境，延长企业贷款偿还期，同时给予一定的出口补贴。三是建立经济特区。2000年印度开始建立经济特区，特区内企业享受出口货物免关税、进口货物免检、保留3年外汇盈利和简化会计审查程序等优惠政策。

（2）通过经济特区法，确立了对外开放在经济发展中的长期地位。2005年5月11日，国会下院正式通过经济特区法案，该法案除规定了税收方面的优惠政策、承诺继续建设经济特区（现有13个）外，还允许地方政府对现有法规进行改革。政府希望通过该法案的实施，更好地发挥经济特区的作用，吸引外资，扩大出口，促进经济发展。

3. 不断调整对外贸易政策

1991年开始的印度全面经济改革确定了外向型经济发展战略，对贸易的限制大幅减少。在此后的20多年里，印度开放了严格管制的经济，展开了一波改革浪潮，使该国实现转型并成为了世界上增长最快的经济体之一。20世纪90年代初印度政府发起了以自由化为核心的对外贸易政策改革；一方面逐步调整了与WTO规则不相适应的政策法规，放宽进口限制，加速贸易自由化；另一方面放松政府对贸易活动的干预，支持具有比较优势的信息产业等高新技术的发展，创建经济特区推动出口贸易和国际直接投资，扶持具有竞争优势或潜力的企业积极参与国际市场竞争。

在印度政府2004年出台的对外贸易政策（2004—2009年）中更是明确地将对外贸易定位为是实现经济增长的"发动机"。2009年出台的对外贸易新政（2009—2014年）中，印度特别强调了在后金融危机时期促进对外贸易发展、刺激经济复苏和增长的重要性。由此可见，过去主要靠内需拉动经济的印度，在贸易推动经济增长的问题上业已逐渐形成了共识。

正是在贸易政策不断调整的背景下，印度出口快速增长。虽然部分年度的出口额有所下降，但是印度出口总体上呈现上升趋势。2002 年出口额为 493 亿美元，同比增长 13.8%，2003 年出口额为 808 亿美元，同比增长 31.6%，2008 年出口额为 1780.3 亿美元，同比增长 20.7%①，2012 年出口额为 3006 亿美元，同比下降 1.76%②。根据印度商工部提供的数据，2013 年 1—10 月，印度累计出口 2620.71 亿美元，同比增长 6.07%。其中 10 月份印度商品出口总额骤升至 272.7 亿美元，同比增长高达 13.47%，这也是印度出口 2013 年度连续第四个月呈两位数增长③。

4. 投资领域不断开放

自 20 世纪 90 年代实施经济改革以来，印度积极调整外资政策，进一步扩大对外开放领域。多年来，引进外资已成功地使印度的汽车、制药等领域成为全球具有竞争力的行业，印度还相继对外开放股票市场和电信市场，并提高了外资在电信企业中的持股比例（74%），但是零售业一直禁止外资进入。因为，目前印度的零售业主要是小规模经营，从事零售业的人口占劳动力总人数的 7% 左右，零售业规模占经济总量的 14%，政府担心一旦外资进入会冲击国内正常的经济秩序。2013 年年初，政府调整政策，同意对外资开放零售市场。新政策允许外资在单一品牌零售企业中的比例最高可达到 51%，这意味着麦当劳等洋快餐店可以直接进入印度市场，锐步、阿迪达斯等外国品牌也可直接开设专卖店。新政策还允许外资全资参与机场基础设施、石油管道铺设、钻石和煤炭开采、橡胶和咖啡的加工和仓储以及电力等领域的建设，加快缓解制约经济发展的电力、通讯和交通运输等瓶颈问题。

从行业来看，印度政府鼓励外国企业到印度投资、合作的行业主要是：电力（核能除外），石油炼化产品销售，采矿业，金融中介服务，农产品养殖，食品加工，电子产品，电脑软硬件，特别经济区开发等。禁止行业包括：零售业（单一品牌零售业除外），核能，博彩业。限制行业是：电信服务业，保险业，私人银行业，单一品牌零售业，航空服务业，房地产业，广播电视转播等。在上述行业，外商投资、合作如超过政府规定比例，需获得

① 资料来源：中国商务部网站，http：//bombay. mofcom. gov. cn/article/zxhz/zzjg/201010/20101007177486. shtml。

② The Times of India，Exports decline 1. 76% to 300. 6 billion dollars in 2012—13，http：//timesofindia. indiatimes. com/business/india-business/Exports-decline-1-76-to-300-6-billion-dollars-in-2012 – 13/articleshow/19611239. cms。

③ Netindia：India's exports up 13. 47% in October，2013：http：//netindian. in/news/2013/11/11/00026691/indias-exports-1347-october-2013。

政府有关部门批准。

从投资方式来看，主要包括如下方式：

（1）独资与合资。印度公司法规定，外国投资者可在印度独资或合资设立私人有限公司，此类公司设立后视同为印度本地企业；外国投资者可以以设备、专利技术等非货币资产用于在印度设立公司，上述资产须经当地中介机构评估，且股东各方面同意后报公司事务部批准。

（2）跨国并购。印度允许外资并购印度本地企业。当地企业向外转让股份必须符合所在行业外资持股比例要求，否则须获得财政部批准；所有印度企业的股权和债权的转让都须获得印度储备银行的批准；如并购总金额超过 60 亿卢比，还须获得内阁经济委员会的批准。

（3）收购上市公司。外国企业可以通过印度证券市场收购当地上市公司，如外国公司通过市场持股超过目标企业流通股总额的 5%，则须通知目标企业、印度证监会和交易所；如持股超过 15%，继续增持股份需要获得印度证监会和储备银行的批准，获得批准后须通过市场邀约收购其他股东20% 的股份。

从发展历史可以看到，印度在外资领域采取优惠政策的力度越来越大。1991 年印度实行对外开放以来，随着投资环境的不断改善和鼓励外国直接投资各项法规政策的陆续出台，外国直接投资进入印度的规模明显呈逐年上升的趋势。此外，在世界银行和国际货币基金组织的帮助下，印度进行了根本性的经济改革，取消对外国直接投资的限制，并建立了外国投资促进委员会来鼓励外国直接投资；取消外国投资必须进行技术转让的规定，如果技术引进一次性总付费用在 1000 万卢比以内，或从开工之日的 7 年内，专利费占国内销售额的 5% 或出口价值的 8% 以内，都可自动许可外商直接投资；允许优先发展产业、重点工业项目和引进先进技术产业的直接投资可以达到其股本的 51%；允许主要从事出口活动的商贸公司外资股本过半，达到51%；许多以前外资限制在 40% 以内的工业，外国直接投资的比例达 51%将自动许可外商直接投资；在一些行业如基础设施和电脑软件，外资股权最高可达 74%；一些行业如运输基础设施甚至允许外资股权达到 100%，据1991 年工业政策规定 34 个行业的外资股权可达 51% 并自动获准外商直接投资，但自动获准的条件是资本货物的进口由投资资金以外的外资提供以及红利外流在一定时期内由出口收入平衡；取消合资企业扩大生产规模必须审批的规定；允许在国内市场使用外国商标出售商品；除 24 种消费品工业外，取消其他消费品工业投入生产后的头 7 年内外方红利的汇出需与出口所得持平的规定；取消了对固定资产投资的要求。另外一个值得提到的特点是：审批速度大大提升，有些只需 7 天。同时，印度还针对出口型企业投资有专门的优惠政策，包括产品全部出口的外资企业、出口加工区和自由贸易区的内、外资企业 5 年内免征所得税；落后地区合资企业 10 年内减征所得税 25%；外资企业进口用于生产出口商品的机器设备零部件和原材料免征；投资于自由贸易区（Free Trade Zones）、电子硬件园区（EHTP），软件园区（STP）出口产品或计算机软件利润享有 10 年减、免税优惠。此外，印度对投资其东部地区也有优惠政策，比如投资于印度东北部各邦、锡金、克什米尔等落后地区依各邦不同可享 10 年免税、50%—90% 的运费补贴、设备进口免税、投资额在 2.5 亿卢比以上的项目享有最高 600 万卢比投资补贴及 3%—5% 的利息补贴等。

2012 年以来，印度在国外直接投资政策领域有新动向。印度政府决定通过在国外直接投资方面采取更加开放的政策，拉动经济的发展。印度政府允许在多品牌零售领域国外直接投资的比重上升到 51%，意味着像宜家、沃尔玛这样的全球零售业链可以进入印度对公众营业；在航空业，国外直接投资比重可升至 49%，意味着印度进一步开放航空业的投资；在广播和零售业领域国外直接投资比重可达 74%，而此前的政策规定有线电视和直接到户服务产业的国外直接投资份额只能占 49%[1]。从上述情况可以看出，印度经济体正在日益开放，不管是在贸易，还是在投资方面，印度不断在放开限制。尤其在投资领域，开放的程度与力度日益加大，这对经济走廊建设来说是个利好消息。在涉及经济走廊项目、投资等方面，来自印度的阻力相对会得以减少或削弱，因为经济走廊的建设无疑是符合开放的印度经济发展所需要的。

（三）交通基础设施建设加快

交通产业在印度国民经济中占有重要地位。以 2007 年为例，印度的交通部门为其 GDP 的增长做出了巨大贡献，占到了 GDP 的 5%，其中公路建设收益所占比例最大。

20 世纪 90 年代实行经济自由化改革以来，印度基础设施发展步伐逐渐加快。到目前为止，印度包括陆路、水路、航空等在内的交通体系已经逐渐完善。

1. 水运

印度内陆广泛分布着河流、运河、川流等水道和水系，组成内河航道网

---

① Newest FDI Policy India 2012, from: http://www.instablogs.com/newest-fdi-policy-india-2012.html.

络。印度内陆可通航的水道总长度为 14500 公里，其中约 5200 公里的河流和 485 公里运河可用于机械化船只。相对于其他大国而言，印度的水路货物运输潜力远未被充分利用。内河航道总货物运输仅占印度内陆总运输流量的 0.15%，而德国为 20%、孟加拉国为 32%。到 2007 年为止，印度已经开通的 5 条重要水道被列为国家级水路，总里程数近 4500 公里。

2. 航空

截至 2012 年，印度国内共有 352 个民用机场，其中 251 个铺设有跑道，另外 101 个机场不含跑道。其中 66 个机场由印度民航总局授权对公众经营业务，还有 21 个机场授予私人使用。大部分印度机场由印度机场管理局管理，少数由州政府或私人机构管理。印度有 20 多个国际机场，其中德里、孟买和钦奈三个城市的国际机场共处理整个南亚一半以上的空中交通。截至 2012 年，印度共有 41 个直升机场，包括在锡亚琴冰川的世界上海拔最高（6400 米）的直升机停机坪。

3. 陆上交通

（1）公路。到 2010 年为止，印度国家公路网络里程总长约 7.1 万公里。在印度国家公路发展项目组（NHDP）的规划下，未来部分重要线路正在或即将升级改造建成 4—6 车道的国家级重要通道。根据印度国家公路管理局（National Highways Authority of India）的统计，国家公路网络承载了全国大约 65% 的货物运输和 80% 的乘客交通，并且占陆路运送量的 40%。近些年，印度在全国范围内已经开始铺设多车道高速公路，包括"黄金四边形"高速公路（Golden Quadrilateral）、贯穿印度各大城市之间的"南北走廊"和"东西走廊"。此外，从 2000 年开始，印度的乡道工程部在中央政府的批准下，发起了为改进印度边远贫困地区交通状况的相关规划，为全国居住有 500 人以上的居民区（边远山区则为 250 人以上）铺设全天候公路，该项目得到了世界银行的资助。据 2009 年估计，印度全国道路里程数为 330 多万公里，排名世界第三。印度的公路网路密度为 0.66KM/平方公里，稍高于美国的 0.65KM/平方公里，远高于中国的 0.16KM/平方公里和巴西的 0.20KM/平方公里。不过印度高速公路发展方面依然滞后，截至 2011 年，印度真正畅通无阻的高速公路总里程则不超过 950 公里。

（2）铁路。早在 1853 年，印度铁路便由英属印度时期的殖民者主导始建。独立之后的印度在 1951 年将全国 42 个独立的铁路系统完成统一规划管理。2011 年，印度铁路网总长度位居世界第四，6 万多公里，并且是最繁忙的交通系统，年均运输旅客量超过 76 亿人次，货物超过 9 亿吨。此外，印度和邻国之间的铁路线路连接情况如下：印巴之间有两条国际线路相连，分别是从新德里到拉合尔的"友谊快线"（Samjhauta Express）以及焦特布尔和卡拉奇之间的"塔尔快车"（Thar Express）；印度东部加尔各答与孟加拉国的达卡之间也开通了"友谊快线"（Maitree Express）；在印度西孟加拉邦的 Hashimara 与不丹国的 Toribari 之间有一条长度仅 18 公里的铁路线连接；印度与尼泊尔之间也有客运服务列车（从 Jaynagar 到 Bijalpura）以及货运服务列车（从 Raxaul 到 Birganj）。为了促进交通基础设施的发展，印度政府采取了一系列的政策与措施。

①促进境内交通发展的政策

一是在"五年计划"中增加了交通基础设施建设的资金投入。二是推出了雄心勃勃的国家公路发展项目，共分七个阶段进行：第一阶段，修建"南北走廊"；第二阶段修建"东西走廊"；第三阶段修建 1.2 万公里四车道公路；第四阶段修建 2 万公里两车道的公路；第五阶段修建 6500 公里的两车道公路；第六阶段修建 1000 公里高速公路；第七阶段修建其他重要的公路项目。该项目预计总投资额 2.2 万亿卢比。三是推进印度东北部地区的公路发展计划。四是通过实施"总理农村公路计划"，提高印度农村的公路建设。五是根据贾瓦哈拉尔·尼赫鲁国家城市更新计划（JNNURM），改善城市地区的交通设施。六是通过启动国家海事发展项目，改善和升级印度 12 个主要港口的互联互通。七是通过私有化和扩展孟买和德里的机场，在海德拉巴和班加罗尔修建国际机场。此外，印度还积极向世界银行借贷投资 10 个项目，包括七个国道项目和一个用于国家公路、一个农村公路和一个城市交通项目，总贷款金额为 34.8 亿美元。

②推进境外互联互通的举措

印度计划建造一条通往缅甸、泰国、柬埔寨和越南的四车道高速公路，构建一个覆盖印度加尔各答到越南胡志明市广大范围在内的新经济区。其中，第一期工程协议已于 2012 年印度总理辛格访问缅甸期间与缅甸总统吴登盛签署。该项协议定于 2016 年完成从印度阿萨姆邦高哈蒂（Guwahati）到缅甸和泰国边境的高速公路建设，这条公路将过境缅甸曼德勒和仰光[①]。这条公路是"湄公河—印度走廊"计划的关键部分，该计划旨在连接世界两个发展最快的市场——印度和越南[②]。此前，印度构建新经济区的计划曾因缅甸受到国际制裁受阻，但自缅甸进行民主改革以来，各国陆续减轻或取消了对缅甸的制裁，构建新经济区计划的障碍也随之消失。对印度而言，这

---

① 裴浩慈：《印度将建东南亚高速路贯通缅甸直达越南》，《东方早报》2012 年 5 月 31 日。

② 《印将修通往缅泰柬越公路打造湄公河印度走廊》，《环球网》2012 年 5 月 31 日。

条新的高速公路将使其拥有更多获取缅甸和越南沿海石油天然气资源的机会。在贸易方面，该公路可以成为进口在泰国生产的日本产品的通道。同时，也会为贫穷的印度东北部带去发展的机会。另外一条重要的境外互联互通道路是印缅泰通道。据缅甸 New Light 公司董事长吴丹泰称，从印度的英帕尔经缅甸到达泰国曼谷的空调大巴，将于 2013 年 11 月 4 日起运营。线路为英帕尔（印）—德木（缅）—曼德勒（缅）—仰光（缅）—丹老（缅）—土瓦（缅）—曼谷[①]。

（四）资源优势突出

印度国土面积大，在资源储备方面相对较为丰富。在能源资源方面，作为世界煤炭储藏大国，印度的煤炭资源较为丰富，2011 年探明的储量高达606 亿吨，约占世界总储量的 7%[②]。丰富的煤炭储量在过去相当长一段时间并没有给印度带来相应的高产量。长期以来，煤炭勘探及开发为国营公司所垄断，煤炭产能很难满足需求的增长速度。为进一步提高煤炭产量，满足能源需求，2007 年 8 月印度政府采取新的煤炭政策，向外国直接投资开放。2011 年，印度煤炭产量增长到 5.88 亿吨，1989—2011 年的煤炭产量增长幅度高达 170% 。此外，印度的金属矿产资源十分丰富，一些矿产的储量和产量在世界市场上占有重要的位置。铬铁矿、煤/褐煤、重晶石产量居世界第三位，铁矿石产量排名第四位，铝土矿和锰矿石产量均居世界第六位。其他主要矿产还有金、铜、锰、石英和宝石以及建筑石材等资源。

（五）产业优势明显

1. 产业结构特点

如果按照三次产业分类法来观察印度产业结构的演化状况，从总体上讲，经过 60 多年的印度经济发展，其三次产业结构呈现出第一产业比重下降，第二产业、第三产业比重依次上升的趋势。特别自 1991 年印度实施积极改革以来，印度经济结构也发生了一些较为明显的变化。一方面，印度加大了对制成品贸易的扶持，中间商品贸易比重明显提高，促进了产业结构升级。另一方面，印度服务行业的发展，推动了第三产业在经济结构中的比重。印度的第三产业一直保持 9% 左右的高速度增长态势，特别是旅游、餐饮、金融、软件产业等发展迅速，并且在印度经济发展的每一个时期，制造

[①] India, Myanmar, Thailand trilateral highway may start soon, October 22, 2013, http://zeenews. india. com/news/nation/india-myanmar-thailand-trilateral-highway-may-start-soon_ 884972. html.

[②] BP. BP statistical review of world energy [R/OL]. 2012 [2013 - 03 - 10] . http://www. bp. com.

业和服务业的增长率都比同时期农业的增长率高出 2—3 个百分点。作为"金砖五国"成员之一,第三产业的比重已经超过 50%,印度逐步实现了以服务业为主导的产业结构转变。然而,这种以服务业为龙头带动经济发展的三次产业结构模式,即这种仅有软件和服务外包业的快速发展,而制造业、传统服务业长期跟不上,只是做"世界后方办公室"的发展模式仍存在一定弊端。

2. 主要优势产业

(1) 金融业

印度拥有完善的金融体制,私营公司的融资渠道比较通畅,市场秩序较好、资源配置以市场为主,它的银行体系有 130 年历史,如今全国共有 78 家商业银行和 196 家地区农业银行,分支行 6100 家;股票市场也有百年以上历史,拥有发展中国家中最多的股票交易种类,是发展中国家最大的资本市场,目前有证券交易所 23 家,上市公司超过 900 家,年新发行股票可筹措 650 亿—700 亿卢比资金;印度金融和保险业发展速度也较快,已跻身全球金融和保险服务出口十强之列,这在发展中国家是一个特例。印度 2000 年金融服务业出口 3.5 亿美元,逆差 16.5 亿美元,到 2005 年出口 17 亿美元,顺差 4 亿美元,2006/2007 财年,金融服务出口 32 亿美元,顺差 14 亿美元,金融业的发展受益于 90 年代后,印度的金融深化政策,不断放宽金融管制,鼓励私人资本和外资银行进入印度。

印度金融业的发展有着多方面的优势。比如印度有 1.5 亿人以英语为主要语言,英语的普及使印度在信息技术服务和后台工作方面具有领先优势;印度资本市场运转的效率和透明度较高,股票和债券市场通常会让有光明有前途和可靠声誉的公司获得它们所需要的资金。正是在这样的背景下,印度已成为亚洲地区仅次于中国的第二大外资投资地,印度获得的外资在亚洲外国直接投资总额中所占的比例也有小幅度的增加,达到 6.5%。印度的其他金融业优势还包括印度的政治稳定性、国家的民主以及基础良好的金融体系、不断完善的基础设施和商业环境以及正在加快开放的经济体系等。

(2) 旅游业

印度旅游部门凭借各届政府的政策支持,突出古老文明与现代科技共存的特点,利用丰富的自然景观和人文景观优势,因地制宜,推出具有当地特色的旅游线路。近年新开发了较多的旅游产品,重点推出农村旅游,新上了一批旅游重点项目,为打造世界级的旅游目的地奠定基础。值得一提的是,印度在旅游领域积极吸引外国投资,2009 年国外向印度酒店和旅游部门的直接投资超过 5.5 亿美元；2010 年，印度联邦向印度旅游部投入 100 亿卢比，并投入 6.23 亿卢比作为"不可思议的印度"的战略口号的宣传费用。正是在印度政府的积极努力下，印度旅游业获得了飞速的发展：在游客方面，2002 年印度接待海外游客为 207 万人次，2005 年增加到 392 万人次，2007 年则增加到 498 万人次。Renub《研究报告》（Renub Research report）预计 2010—2015 年，印度接待海外游客的复合年增长率和旅游外汇收入的复合年增长率都将达到 7.9%；2015 年印度出境游客将达到 2050 万人次；据估计 2008—2015 年，国内游客的复合年增长率将达到 12.29%。近年来，印度旅游发展成效明显，2010 年印度国际游客人数达到 578 万人，旅游收入为 14.193 亿美元；2011 年印度入境旅游人数增加到 629 万人，旅游收入达到 25.8 亿美元。可见，旅游业已经发展为印度国民经济的重要优势产业。

（3）软件业

1990 年，印度实施软件技术园区计划，将 IT 产业作为重要产业来扶持，进一步加快 IT 的发展。印度已经发展成为仅次于软件巨头美国的第二大软件生产国和软件人才库，超过了日本和欧洲。据麦肯锡公司计算，印度软件业 2008 年的产值达到了 850 亿美元，其中出口为 500 亿美元，占出口总额的 33%；印度软件业有 60% 出口到美国，24% 出口到欧洲。同时，印度软件业在行业应用上也展现出杰出的成就，印度软件企业已经成为全球经济中的关键角色。2004/2005 财年，根据印度国家软件和服务公司协会公布的数据，印度软件行业直接从业人员超过 100 万人，间接从业人员 250 万人。因印度商业机会增加，世界知名的科技公司开始在印度开设分支机构。近年来，印度的 IT 业正在迅速升级，从低成本的 IT 业服务商，转变成具有高附加值的全方位解决方案供应商，不断提升产品的技术含量，进入高端领域。IT 业的迅速发展推动了经济发展，成为印度经济的支柱产业，是增加就业的重要部门。

目前，印度是世界上获得质量认证软件企业最多的国家。有 170 家公司获得 ISO9000 质量标准认证，在全世界获得美国 CMM5 级认证的 50 多家软件企业中，印度占了绝大多数。印度正在成为世界软件中心，其中尤其是软件产业中心的——班加罗尔被誉为"印度的硅谷"。在班加罗尔规模最大的软件技术园区内，有软件企业近 1200 家，占据印度软件业半壁江山。这些软件企业中，8% 是跨国公司，24% 是中小企业，68% 是外资企业。其中 43% 的软件企业从事应用软件开发，35% 从事 IT 外包服务，22% 是软件技术公司。这里平均每两周可吸引 3 家外资公司。著名的印度计算机软件公司有 Infosys 技术有限公司①、Tag 软件承包公司、TCS 公司以及计算机软件出口排名印度第一的塔塔咨询服务有限公司等。同时印度还吸引了海内外 400 多家著名信息技术公司，如微软、英特尔、甲骨文公司等在印度建立了研发基地。在班加罗尔科技园区和软件企业的带动下，马德拉斯、海得拉巴等南部城市的高科技工业园区纷纷崛起，与班加罗尔交相辉映，成为印度南部著名的计算机软件"金三角"。据印度软件和服务业企业协会（NASSCOM）发布的报告，2012 财年，印度 IT – BPO 总收入达 1000 亿美元；其中出口（包括硬件）691 亿美元，同比增长 16%；国内市场 IT – BPO（包括硬件）收入 317 亿美元，同比增长 9%。

（4）钢铁产业

印度目前是位于中国、日本、美国之后的世界第四大钢铁生产国。印度 2010 年粗钢产量为 6600 万吨，到 2011 年上升到了 6900 万吨。世界钢铁协会 2013 年 11 月 20 日公布的数据显示，前十个月印度钢铁产量为 6638.7 万吨，比 2012 年同期的 6455.6 万吨仅增长了 2.8%，远低于 2012 年同期 5.6% 的增速，也低于世界钢铁产量 3.2% 的平均增速，但印仍为全球第四大钢铁生产国。

印度主要钢铁企业都制订了其产能倍增计划，印度政府也希望通过钢铁产业政策，到 2015 年将粗钢产能提升到 1 亿吨。印度钢铁部希望通过建设几家产能达到 1000 万吨的超大型钢铁厂来实现上述的目标，并宣布签署 222 项谅解备忘录（MOU），逐步将印度炼钢产能从 2009/2010 财年到 7296 万吨提高至 2019/2020 财年的 2.76 亿吨。为实现上述目标，未来 10 年印度需要投资 8.7 亿卢比（约 1930 美元），投资主要分布在印度东部的奥里萨邦（Odisha）、恰尔肯德邦（Jharkhand）和西孟加拉邦（West Bengal）以及印度中部的恰蒂斯加尔邦（Chhattisgarh）。

（5）纺织产业

据印度纺织工业联合会提供的数据显示，纺织业在印度经济中占据十分重要的地位，占印度制造业的 12%，是印度最大的行业。2012 年，纺织服装销售总额达到 800 亿美元，其中出口额 300 亿美元；预计 2015 年将达到 1200 亿美元，2020 年将达到 2050 亿美元。印度纺织业在提供就业机会、出

---

① Infosys 有限公司，正式名称是 Infosys 技术有限公司，是一家总部在印度班加罗尔的一家全球技术服务公司。这家公司在 2011 年财富印度 500 强中列第 27 名。Infosys 在 29 个国家设有办公室并在印度、美国、中国、澳大利亚、英国、加拿大、日本等地设有研发中心。公司在超过 30 个国家提供商业咨询、技术、工程及外包服务。

口收入以及满足群众的基本需要等方面做出了重要贡献。印度计划于2012—2017年在纺纱、编织、针织、加工和制衣领域的增量投资达到295亿美元，将增加大约300万人口的直接就业机会，超过400万人口的间接就业机会。印度黄麻纤维产量全球排名第一，棉织物和丝织物排名第二。同时拥有强大而完整的纺织行业价值链、具有全球性的行业竞争力及多元化的设计基础都为印度纺织行业的潜在增长打下了有利基础。

（6）医药产业

医药产业在印度是仅次于IT行业最发达的产业。特别是近几年来，印度医药产业迅猛发展，不仅药品的种类和产量充分满足了国内需求，其质量在国际市场上也显示出了竞争优势，并培养出了一批能与跨国公司相抗衡的大型制药企业。印度制药业的国际化程度较高，印度生产的药品销售到世界上100多个国家，其原料药的60%和制剂的25%都出口到国际市场。印度的医药产业在制造力上已经进入世界大国的行列，1991年以来年均增长速度为17.5%，远高于印度国内GDP的增幅；2005年，印度制药工业产值达70亿美元，其中非专利药占55亿美元，专利药占15亿美元。预计截至2015年，这些专利产品所占的市场份额将高达10%，也就是说这些药物的市场潜力值将高达20亿美元；2006年印度医药产业的出口额为20亿美元，药品出口占到国内药品制造总量的60%以上；2009年，印度医药产量居全球第4位，占全球产量份额的8%，市场销售金额居第13位；2013年，据印度品牌权益基金会（India Brand Equity Foundation）统计，过去4年里，印度医药产品出口额年均增长24%。印度目前已经是世界上最大的仿制药出口国，印度将自己定位为"世界医药基地"，计划到2016年，印度将出口价值约250亿美元的医药产品，比当前的出口额增长约100亿美元。

（7）农业

由于国土辽阔，各地自然条件和社会经济条件不尽相同，降水状况相差尤大，故印度存在明显的地域差异。稻谷主要分布在常年降水量为1200毫米以上的东北部和半岛东西两岸的沿海地区；小麦主要种植在国土的北部地区，那里冬季气温较低，且有少量冬雨，适于小麦生长；高粱、谷子、玉米等杂粮作物则种植在德干高原的大部分干旱地区；棉花主要分布在德干高原西北部，那里有肥沃的黑土，是印度最大的棉花产区；黄麻集中分布在恒河下游，这里的湿热气候利于黄麻生长，而充足的河水又便于浸泡麻秆，加以稠密的河网为黄麻纤维的运输提供了方便条件，历史上这里就是黄麻集中产区；茶园大多分布在布拉马普特拉河两岸气候湿润、排水良好的低山坡上；花生、油菜、芝麻等油料作物则主要分布在德干高原南部；此外，印度的各种热带作物，如橡胶、咖啡、腰果、胡椒、豆蔻、椰子等，几乎都集中在印度唯一的一块热带雨林气候区，即半岛西南部地区。

二　孟加拉国基本情况

（一）人口总量与受教育情况

孟加拉国拥有 1.6 亿多人口，人口增长率为 1.2%，14 岁以下的儿童占 20%，劳动力占 58.8%。人口密度达到每平方公里 900 余人，是世界上人口密度最大的国家之一，其中孟加拉族占全国总人口的 98%。国语为孟加拉语，通用英语。信奉伊斯兰教（国教）的人口占 88.3%，信奉印度教的人口占 10.5%。农村人口占 76.47%。少数民族人口大约有 180 万人，他们中的大多数住在吉大港山区。但全国 40% 以上人口处于贫困线以下，88% 的社会发展资金依靠外援。①

孟加拉国的学制为小学 4 年、中学 7 年、大学四年。2002—2003 年，只有 16% 的城市人口受过小学教育，其中男性所占比例 16%，女性为 14.5%。在农村，总人口的 17.1% 受过小学教育，男性所占比例为 17.1%，女性为 15%。② 1999 年，孟加拉学前教育入学率为 18%，到 2011 年，其入学率增加到了 26%，增长了 8 个百分点；2011 年，小学入学率为 114%，增长了 106%；1999 年中学入学率为 46%，到 2011 年其入学率增长到 51%，增长了 5 个百分点；高等教育入学率从 1999 年的 5% 增长到了 2011 年的 13%，增长了 8 个百分点。1991 年，青少年的识字率为 44.7%，到 2011 年，其识字率增长到了 78.7%，增长了 34 个百分点；③ 1991 年，孟加拉成人的识字率为 35.3%，2011 年增长到了 57.7%，增长了 22.4 个百分点。从受教育的情况来看，孟加拉国并不理想。面对严峻的形势，孟加拉国政府给予扫盲和扫盲后继续教育以充分的重视和支持，一是国家加大了投入；二是与众多非政府组织一起，借助国际组织的支援，实施许多项目，其中包括非正规教育计划（NFE）、扫盲后继续教育项目（PLCE）、技术援助项目（TA）、家庭生活教育项目（FLE）等。

---

① UNSECO. The Development and State of the Art of Adult Learning and Education Bangladesh National Report［R］. 2008.

② 同上。

③ From UNSECO Institute for Statistics，http：//stats. uis. unesco. org/unesco/TableViewer/document. aspx？ReportId = 121&IF_ Language = eng&BR_ Country = 500.

（二）市场日益开放

1. 孟加拉国奉行市场经济体制

自 20 世纪 80 年代中期开始孟加拉国实施以市场为导向的自由经济增长战略，并在 90 年代初期加大实施这一战略的力度，全面修订工业贸易政策，推动贸易、投资自由化进程，加强对民营企业发展的支持，大力改善基础设施。同时，为了鼓励外国投资，孟加拉于 1980 年制定了《对外国私人投资促进、保护法》，对外国投资做了法律规定①。根据该法律，孟加拉国允许 100% 的外国资本独立经营，但更加鼓励、支持外国资本与孟加拉人合资，股份多少没有限制，视具体项目条件而定。1980 年，孟加拉还颁布了《出口加工业区当局法》，对设置出口加工区、成立出口加工区当局的任务、职权、组织机构设置和人员组等做了法律规定。经历届政府努力，孟加拉国经济与社会取得了一定程度的发展，GDP 从 20 世纪 80 年代年均增长 3.84%上升到 20 世纪 90 年代的 4.88%，2005 财年进一步上升至 5.4%，国民生产总值也由 1992 年的 338 亿美元增至 600 亿美元②。对一个最不发达国家（LDC）来说，这的确是很了不起的经济表现。经济的持续、平稳增长不但使孟加拉国国民财富不断增长，购买力扩大，还造就了富有较强购买力的中产阶层，他们拥有不断膨胀的购买力和日益增长的产品和服务需求。作为一个人口 1.4 亿的国家，即使中产阶层比例不大也足可构成一个庞大市场。因此，孟加拉国市场规模及其发展潜力不可小视。同时，由于南盟自由贸易区协定的生效，孟加拉国将有望和印度等其他南盟成员国一起组成一个人口高达 15 亿的巨大一体化市场。另外，由于孟加拉国属于世界 50 个最不发达国家之一，在欧美日等国家享有免配额、零关税等优惠市场准入待遇。

2. 对外贸易政策日益完善

孟加拉国奉行贸易自由化政策，自 20 世纪 80 年代开始，一直推行贸易自由化，大幅削减关税，不断取消关税壁垒。孟加拉国 1971 年建国，1972 年加入《关贸总协定》，1995 年成为世界贸易组织（WTO）成员国。孟加拉国对进口贸易无直接数量限制，关税是其调整进出口贸易的主要手段。孟加拉国对进出口贸易一般也不采取行政手段直接干预，而是以汇率、利率、开证保证金率、现金补贴、发展基金、附加税等经济手段加以调整。尽管多年来孟加拉国大幅削减关税和非关税壁垒，但至今仍保留相当水平的贸易壁垒。2009 年孟加拉批准了三年的新的进出口政策（2009—2012 年），为某

---

① 温中：《各国利用外资政策选介——孟加拉》，《国际经济合作》1987 年 1 月 31 日。

② 《孟加拉国经济总况与市场潜力》，载《签证在线》。

些新的商品进口提供了余地,例如鸡蛋、生鸭、鸟类。海运船舶加入孟加拉现有的六个鼓励出口的名单之中。根据新的进口政策,行驶最多不超过三年的二手车允许进口作为出租车使用;进口牛奶和奶制品必须提供不含三聚氰胺的证明;对某些重要必须的消费品放松了进口条件;成衣制造商可不用开信用证,进口所需的原材料和设备。

3. 投资领域不断开放

20世纪90年代以来,孟加拉国政府制定了一系列政策和措施促进民间资本的发展和吸引外资,是孟加拉国成为南亚地区外国投资管理体制最自由的国家之一①。孟加拉国具有吸引外资潜力的领域有11个,包括能源、基础设施、医药、纺织、农业、卫生保健、电信、气候变化、教育、造船业和轻工业。

根据世界银行评估报告,孟加拉国是南亚地区投资政策最自由的国家之一。其主要的外资鼓励政策包括:(1)在投资准入方面,赴孟投资只须到孟加拉国投资局办理登记注册即可,无须事先批准;对于在孟出口加工区内进行的投资,则受"孟加拉国出口加工区管理局"管辖;对于在电力、矿产资源和电信领域投资,则须获得孟政府有关主管部门的同意;对于从事服装出口者则须向孟加拉国商务部出口促进局申请生产配额。(2)对外国投资者实施税收减免。(3)对外国投资主体实施国民待遇。(4)私人企业不能投资:武器、军火、军用设施和机械;核能;造币;森林保护区内的森林种植及机械化开采。其他所有行业则都属于孟政府鼓励投资的领域。不过,孟政府不鼓励外商在银行、保险及其他金融机构行业投资。(5)对资本形态和股权比例无限制,外国投资者可以享有100%股权。(6)保证外国投资不被无偿国有化和征收。(7)保证投资本金、利润和红利可汇回本国。(8)设立出口加工区,为区内投资者提供优质服务和优惠的投资政策。截止到2005年底,世界贸易组织没有报告任何孟加拉国违背"与贸易有关的投资措施"的情况。虽然孟国对外国投资者的歧视并不普遍,但也存在一些歧视性的政策和法规。比如,在药品制造和进口方面,孟《国家药品政策和药品管制法》(1982年)对外国医药公司实行区别对待;进口商品在作电视广告时,需缴纳60%的广告附加费。

据孟加拉国银行最新调查显示,2010年上半年,孟加拉国吸引外商直接投资达5.71亿美元,同比增长66.79%,其中,以股权形式流入资本同

---

① 任佳等:《中国云南与南亚经贸合作战略研究》,中国社会科学出版社2009年版,第175页。

比增长 253. 99%。但 2010 财年，孟加拉国吸引外商直接投资（FDI）仅增加 4757 万美元，同比增长 4. 95%，总额为 9. 13 亿美元；而 2009 财年孟加拉国吸引外商直接投资（FDI）增加 1. 92 亿美元，同比增加 25% ①。

4. 对外经济合作成效明显

孟加拉国是南亚区域合作联盟的创始成员国之一，此外孟加拉国还加入了孟印缅斯泰 BIMSTEC（孟加拉国、印度、缅甸、斯里兰卡和泰国）经济合作组织以及发展中国家八国集团 D - 8（埃及、印度尼西亚、伊朗、马来西亚、尼日利亚、巴基斯坦和土耳其、孟加拉国）②。孟加拉国与 130 多个国家和地区有贸易关系，主要出口市场有欧盟、美国、加拿大、日本、中国、土耳其和其他南盟国家。根据最新数据显示，占孟加拉国出口总额 52. 1% 的出口目的地是欧盟、22. 3% 的出口目的地是美国、4. 3% 的出口目的地是加拿大，这三个国家和地区是孟加拉重要的出口目的地，而出口到中国的贸易量只占总量的 1. 4%，相对 2006 年 0. 8% 的比重有所上升，出口贸易额更是有较大增长③。主要出口产品包括：黄麻及其制品、皮革、茶叶、水产、服装等。主要进口市场有印度、中国、新加坡、日本、中国香港、韩国、美国、英国、澳大利亚和泰国。主要进口商品为生产资料、纺织品、石油及石油相关产品、钢铁等基础金属、食用油、棉花等④。

国际援助是孟外汇储备重要来源，也是孟投资发展项目主要资金来源。主要来自日本、美国、加拿大等国和世界银行、亚洲开发银行等国际机构。外汇储备的主要来源还包括输出劳务收入、出口创汇和税收增加。

5. 设立出口加工区

设立出口加工区的主要目的是为投资者提供具备投资环境适宜和服务手续方便的特殊区域。目前孟加拉国有六个出口加工区，最大的是吉大港出口加工区和达卡出口加工区，其余四个，分别设在考米拉（Comilla），依苏尔第（Ishurdi），乌托拉（Uttara）和孟加拉国南部港口城市蒙格拉（Mongla）⑤。

---

① 《孟吸引外商直接投资（FDI）增长 66. 79%》，《金融快报》2011 年 4 月 6 日。

② 中国驻孟加拉商务经济参赞处：《2004 年——孟加拉国对外贸易的分水岭》，http：//bd. mofcom. gov. cn/aarticle/ztdy/200604/20060401893482. html。

③ 数据来自 2012 年孟加拉向 WTO 报告的《贸易政策回顾》，http：//www. wto. org/english/tratop_ e/tpr_ e/tp370_ e. htm。

④ 中国驻孟加拉商务经济参赞处：《孟加拉国概况》，http：//bd. mofcom. gov. cn/aarticle/zxhz/sbmy/200705/20070504697915. html。

⑤ 中国驻孟加拉商务经济参赞处：《孟加拉出口加工区政策》，http：//bd. mofcom. gov. cn/aarticle/ddfg/tzzhch/200512/20051201209506. html。

（三）互联互通取得重大进展

孟加拉是世界上人口密度最大的国家之一，拥有 103536 公里的公路（20948 公里的高速公路，82588 公里的乡村公路），2834 公里的铁路，24000 公里的内陆水路，还有海运和航空运输。其中，公路运输起着非常重要的作用。在孟加拉国，运输部门占 GDP 的 8.27%，其中陆路运输占 7.53%（铁路占 0.08%，公路占 7.45%），水上运输占 0.64%，航空运输占 0.10%。

孟加拉国地缘战略位置非常重要和敏感，它是连通"南盟"（SAARC）国家（印度、孟加拉国、不丹、尼泊尔、巴基斯坦、斯里兰卡、马尔代夫、阿富汗）和"孟加拉湾多部门技术经济合作计划组织"（BIMSTEC）国家（孟加拉国、印度、缅甸、斯里兰卡、泰国、不丹和尼泊尔）的关键连接点。因此，在孟加拉国制定交通方面的相关政策时涉及了国内和国际的互联互通、出口、交通基础设施建设、亚洲高速公路网建设、泛亚铁路网的建设等问题。

1. 孟加拉国加强国内互联互通基础设施建设

2004 年，孟加拉国颁布《全国陆上交通政策》，该政策涵盖了孟加拉国的所有运输模式，公路、铁路、港口、海运、内陆水运、空运、农村交通及城市交通等。2007 年颁布孟加拉国的《公路总体规划》（RMP），该规划为孟国新公路的建设、修复、维修，并为孟国的区域互联互通提供了保障①。作为该规划的一部分，孟国的《道路和高速公路部门》（RHD），已经开始实施 Zila 公路建设计划，该计划的目标是连通全国的乡村公路。此外，为期 20 年（2005—2025 年）的乡村公路总体规划已经启动②。关于水运方面，2000 年，孟加拉国颁布了关于港口、海运、内陆水运的相关政策。2009 年，发行了内陆水运总体规划研究。鉴于孟加拉国重要的地理位置起着地区港口枢纽的作用。因此，索纳迪亚港和吉大港两个深海港的建设工作已经得到了孟国政府的高度重视。其他一些境内互联互通项目还包括孟加拉国的"多用莲花桥"（PMP）项目，长度为 6.15 千米，计划在 2013 年年底前竣工（建成后，将成为孟加拉国长度的桥梁）。这座桥梁一旦建成，将连接孟国东南部的 19 个地区，并将连接到亚洲公路

---

① Upgrade of Key Bangladesh Transport Corridor to Spur Regional Trade - ADB, http://www.adb.org/news/upgrade-key-bangladesh-transport-corridor-spur-regional-trade-adb.

② 《孟加拉国的交通》 （Transport and Communications）, http://www.lcgbangladesh.org/BDF-2010/BG_%20Paper/BDF2010_Session%20V.pdf。

网（the Asian Highway Route）。此外，为连通亚洲公路网，孟加拉国已经实施了很多项目，如道路通道建设工程，边境道路建设工程等。为了提高透明度，孟国公路部门已经引进了基于计算机的中央管理系统（CMS）。在交通通道建设方面，孟加拉国得到了国际对外援助机构的大力支持。2009 年 12 月，亚洲发展银行（ADB）为孟加拉国提供了 769.8 万美元的贷款，用于修筑孟加拉国国内的道路等旅游基础设施①。此外，一个为期 20 年的铁路总体规划项目已经在最后筹划阶段。

2. 加强与境外的互联互通

2012 年，亚洲发展银行（ADB）为孟加拉国提供了 1.98 亿美元，项目方提供 6000 万美元，用于资助修筑孟加拉国最重要的地区交通通道建设，此项目用于开通两个陆地通道，为孟加拉国与其他南亚国家的互联互通提供了保障。该项目已经启动，拟完成时间 5 年，2017 年即将竣工，其目标是升级达卡—吉大港—西北交通通道。这将有利于推动国内和次区域贸易合作，以及鼓励更多的国内和外国投资项目。该项目是推进南亚次区域经济合作（SASEC）的项目，旨在改善基础设施，推动世界上最贫穷和人口最稠密地区的经济合作。

（四）资源概况

1. 天然气、煤炭储量相对丰富，石油储量贫乏

据英国石油公司（BP）统计，到 2012 年年底孟加拉国天然气储量约为 2000 亿立方米②。据孟加拉石油天然气矿产公司（BMOGC）统计，到 2012 年年底孟加拉国天然气可采储量达 31.3 万亿立方英尺③。

近年来，在煤炭领域，孟加拉国不断有新的发现，在其西北部已发现五大煤矿，储量约 3300 万吨，相当于 45 万亿—50 万亿立方英尺天然气。2008 年，联合国开发计划署的一份名为《孟加拉国可持续能源发展——作为替代能源的煤炭》报告指出："孟加拉现有煤炭储量 25 亿吨，相当于 65 万亿立方英尺的天然气，可确保孟中长期的能源安全"。截至 2012 年 6 月孟加拉国已生产 455 万吨煤炭。不过，由于开采费用高，孟加拉政府更倾向于

① Loan Agreement for South Asia Tourism Infrastructure Development Project（Bangladesh portion）between People's Republic of Bangladesh and Asian Development Bank dated 7 December 2009，http：//www. adb. org/projects/documents/loan-agreement-south-asia-tourism-infrastructure-development-project-bangladesh-p.

② BP. BP Statistical Review of World Energy June，2013. http：//www. bp. com/content/dam/bp/pdf/statistical-review/statistical_ review_ of_ world_ energy_ 2013. pdf.

③ http：//bd880. blogspot. com/2013/06/bangladesh-mineral-oil-gas-corporation. html.

进口煤炭。

孟加拉国的石油储量匮乏，其石油产品主要依赖进口。从 20 世纪 90 年代开始至 2011 年，在孟加拉国都没有发现比较大的具有开发价值的油田。2011 年，孟加拉国的石油消费量为 6.2 万桶/天，需要进口 57419 桶/天。2006 年 7 月到 2007 年 3 月，孟加拉国进口 17.22 亿万美元的石油和石油产品①，这些石油及其石油产品主要来源于科威特、印度、沙特阿拉伯和另外一些中东国家。2006 年，从科威特进口了 200 万吨精炼石油，从印度、沙特阿拉伯等国家进口 140 万吨原油②。2012 年，锡尔赫特地区的东北部第一次发现了两块油田，孟加拉石油天然气矿产公司的主席穆罕默德·侯赛因·莫锁尔表示，这两块油田离首都达卡 280 公里，其储量约为 1.53 亿桶③，但是仅仅有这两块油田远远无法满足孟加拉对石油的需求。

2. 可再生资源开发有一定潜力，但是开发利用率比较低

虽然大力发展可再生能源已是大势所趋，但是孟加拉国在此领域进展迟缓，利用率非常低。大约 2200MW 的电力可使用替代能源资源来生产。当前有 4MW 的电力是家庭太阳能产生的，将来使用太阳能发电可达到 300MW。1000MW 电力可在沿海地区安装风力发电设备来实现。当前风力发电的能力只有 2MW。大约 300MW 的电力可通过生物发电来产生，例如使用甘蔗浆发电。

（五）产业结构

1. 产业结构特点

孟加拉国处于由农业社会向工业社会演进的进程之中，但孟产业结构的优化尚待时日，目前仍以农业为主体。农业对于孟加拉国就业、减贫和粮食安全、国民经济增长等都有着重要影响。孟加拉国工业落后，产业结构不合理。工业以原材料工业为主，包括纺织服装业、化肥业、水泥业、黄麻及黄麻制品业、皮革及皮革制品业、食品加工业、糖业、天然气开采、加工业以及茶业等。重工业所占比重非常小，制造业欠发达，以技术密集为特征的产业结构远未形成。服务业在孟国民经济中占重要地位，主要包括批发零售业、交通运输业、通讯业、金融保险业、公共管理业和国防服务业等。2012

---

① http：//mofcom. gov. cn/aarticle/i/jyjl/j/200703/20070304494912. html.

② 陈利君：《孟中印缅能源合作与中国能源安全》，中国书籍出版社 2008 年版。

③ From REUTERS, http：//www. reuters. com/article/2012/05/20/bangladesh-oil-idUSL4E8GK02M20120520。

财年孟加拉国农业、工业和服务业 GDP 占比分别为 19.29%、31.26%
和 49.45%①。

工业化仍是孟加拉国政府当前一项非常重要的任务。根据孟加拉国
《工业政策 2005》,目前孟将以下产业或产品列为重点发展产业:农副业及
农产品加工业、纺织业、黄麻产品及麻混合产品、成衣业、计算机软件和
IT 产品、电子、轻型工程产品包括汽车、医药品、皮革及制品、陶瓷、时
尚与高附加值成衣、人造花、冷冻食品、整合虾养殖、花卉养殖、基础设
施、珠宝及钻石切割与抛光、石油与天然气、蚕及丝绸工业、填充玩具、旅
游业、基础化学/工业原材料、纺织业用的染料及化工品、眼镜架、家具、
时尚行李产品、化妆品、冷轧卷、手工艺品、文具产品、草药、商业种植
园、园艺业。特别是其中的农副业及农产品加工业、纺织服装业、计算机软
件和 IT 业、电子业、冷冻食品、皮革及制品业的发展尤为孟政府所重视。

2. 主要优势产业

(1) 农业

孟加拉国是个农业国,主要农作物有水稻、小麦、豆类等。水稻的种植
面积占耕地面积的 80% 左右。由于土地肥沃,水源充足,大多一年两熟,
有些地方一年三熟。然而由于耕作技术落后和自然灾害频繁,再加上人口众
多,粮食不能完全自给。近几年来政府对农业增加了投资,并加强兴修水
利,扩大优良品种,提高粮食的收购价格,以刺激农民种粮的积极性。农业
生产有了较大的发展,粮食产量连年上升。主要的经济作物有黄麻、茶叶、
甘蔗、油料等。黄麻是孟加拉国最主要的经济作物,黄麻与黄麻制品占孟加
拉国出口总额的 35%,占国民生产总值的 12%。孟加拉国的茶叶以红茶为
主,全国茶叶产量的 70% 供出口。此外,孟境内河流湖泊纵横,拥有极其
发达的水系,非常适合开展淡水养殖和捕捞。而坐拥孟加拉湾的天然资源,
又赐予了孟国近海捕捞的有利条件。因此,孟加拉人民就发展了自己的热带
农业、家禽家畜饲养业、捕捞业和鱼虾养殖业。

2009—2013 年,孟加拉政府采取了积极的发展策略,国内生产总值平
均增长率达到了 6.26%,粮食产量增长了 20%。目前,孟加拉国央行宣布
将 2013—2014 财政年度农业贷款发放目标提高至 1459 亿塔卡,同比提高
3.3%。未来孟加拉国央行的农业贷款发放和还款率还将继续上升,央行也
欢迎外资银行和民营银行增加农业贷款发放,支持农业发展。

---

① 数据来自 2012 年孟加拉向 WTO 报告的《贸易政策回顾》, http: //www. wto. org/english/tra-
top_ e/tpr_ e/tp370_ e. htm。

（2）纺织业

孟加拉国的纺织服装业发展最为迅速，目前已成为孟最主要的工业和主要出口产业（约占总出口的 78%）。从 2011 年的贸易统计数据来看，世界贸易组织（WTO）将孟加拉国列为世界第四大服装出口国[①]。纺织服装业在孟加拉国的经济上扮演着相当重要的角色，约占其工业产值的 38%，就业人数约 450 万人，其中多数为女性。纺织服装业是孟加拉国银行、保险、航运业的主要客源，并带动了运输、店、美容、化妆品及其他相关行业，提供了服装配件业 80 万个工作机会，资源回收业 20 万个工作机会。近年来，虽然孟加拉国的纺织业出现了一些问题，但是根据数据表明[②]，孟服装纺织业的投资仍在增加，发展前景被普遍看好。

（3）旅游业

孟加拉国政府已认识到旅游业在国民经济发展中的重要性，为此制定了有针对性的旅游发展战略，并成立国家旅游委员会，通过各种优惠措施吸引国内外投资者和旅游者。

2005 年孟加拉国接待海外游客 27.13 万人次，2006 年接待海外游客 20.03 万人次，2007 年 1—8 月接待 17.67 万人次。世界旅游业理事会预计，孟加拉国的旅游业规模世界排名第 82 位；旅游业对国民经济的贡献世界排名第 173 位；未来十年旅游业的增长世界排名第 23 位。2010 年孟加拉国旅游业占 GDP 的 3.9%，2020 年则将占 GDP 的 4.1%。2010 年，孟加拉国旅游业约提供就业岗位 237.3 万个，占总就业岗位的 3.1%；而 2020 年则将提供就业机会 311.4 万个，占总就业岗位的 3.2%。2010 年，孟加拉国对旅游业的投资占当年总投资额的 3.7%；而 2020 年预计占总投资额的 3.8%。

三　缅甸基本情况

（一）人口总量与受教育情况

根据亚洲开发银行公布的 2012 年数据显示，缅甸总人口为 6112 万，2010—2012 年人口年增长率为 1.1%。人口密度平均每平方公里 88.6 人（2011 年），但实际人口分布极不平衡，仰光省密度最高，每平方公里达

---

① 数据来自 2012 年孟加拉向 WTO 报告的《贸易政策回顾》，http：//www.wto.org/english/tratop_ e/tpr_ e/tp370_ e.htm。

② 孟投资委员会 2012 年共批准了 14.9 亿美元贷款，2011 年共批准了 8.19 亿美元贷款。

420 人。其次为伊洛瓦底江三角洲地区，每平方公里为 152 人。余下依次为孟邦每平方公里 146 人；曼德勒省每平方公里 140 人；勃固省每平方公里 110 人；马圭省每平方公里 80 人；若开邦每平方公里 71 人；实皆省每平方公里 55 人；克伦邦每平方公里 44 人。每平方公里人口不足 30 人的省邦有克钦邦、克耶邦、钦邦、丹那沙林省、掸邦。其中克钦邦和钦邦人口密度最低，每平方公里不足 15 人。缅甸人口的城市化程度较低，2011 年城市人口占总人口的 32.7%；男女比例为 49.7：50.3；贫困人口为 26%。

表 1 　　　　　　　　　　　缅甸人口发展各项指标

缅甸总人口	6.112 千万（2012 年）
人口增长率	1.1%（2010—2012 年）
识字率，成人总体（占 15 岁以上人口的百分比）	102.3%（2011 年）
城市人口比例	32,7%（2011 年）
男女比例	49.7：50.3
低于国家贫困线水平以下的人口比例	25.6%（2010 年）
女性失业人数（占女性劳动力比例）	94.5%（2010 年）
男性失业人数（占男性劳动力比例）	13.7%（2010 年）
粗出生率（每千人）	25.2%（2011 年）
粗死亡率（每千人）	69.6%（2011 年）
死亡率，五岁以下儿童（每千例活产儿）	88 人
出生的预期寿命（总体）	65 岁
采用一种改进的饮用水源的人口	83%（2010 年）
贫困人口比例，按国家贫困线衡量的（占人口的百分比）	53.1%

资料来源：ADB. 2013. Basic Statistics 2013. Manila；United Nations Educational, Scientific and Cultural Organization（UNESCO）. 2013. Institute for Statistics Data Centre；World Bank. 2013. World Development Indicators Online。

表 2 　　　　　　　　**2008—2013 年缅甸人口增长率** 　　　　　　　单位：%

2008	2009	2010	2011	2012	2013
0.7	0.7	0.8	0.8	0.8	1.1

资料来源：根据世界银行《全球人口增长（年度百分比）》数据整理，http：//data. worldbank. org. . cn/indicator/SP. POP. GROW/countries。

表3	2011 年缅甸各城市人口密度　　　　单位：每平方公里
地区	人数
全国	88.6 人
仰光省	420 人
伊洛瓦底江三角洲地区	152 人
孟邦	146 人
曼德勒省	140 人
勃固省	110 人
马圭省	80 人
若开邦	71 人
实皆省	55 人
克伦邦	44 人
克耶邦、丹那沙林省、掸邦	不足 30 人
克钦邦、钦邦	不足 15 人

资料来源：根据《缅甸发展报告（2011—2012 年）》内容整理。

缅甸政府重视发展教育和扫盲工作，全民的识字率较高。教育分学前教育、基础教育和高等教育，其中小学实行义务教育。学前教育包括日托幼儿园和学前学校，招收 3—5 岁儿童；基础教育学制为 10 年，1—4 年级为小学，5—8 年级为普通初级中学，9—10 年级为高级中学；高等教育学制 4—6 年不等。缅甸现共有基础教育学校 40876 所，大学与学院 108 所，师范学院 20 所，科技与技术大学 63 所，部属大学与学院 22 所。著名学府有仰光大学、曼德勒大学等。据联合国亚太经社组织的资料显示，2011 年，缅甸成年人的识字率为 92.3%。全缅甸约有 150 万华人，上缅甸多是从中国边境进入的云南人，下缅甸则是从水路进入的福建及广东人。缅甸的七个省生活的华人，大多在缅语学校学习，七个邦的华人则多在华文学校学习。在华文学校教书的多是热心华文教育的华侨。密支那有两所华文学校，约有 1500 名学生，70 名教师负责从小学到高中的各年级学生的课程，每月工资约 8 万缅币。学校的教材使用的都是繁体字，但是华文学校的学生毕业后如果想到政府办的大学深造，还需另外补习 1—2 年的缅文课程。

（二）市场开放度越来越高

1. 贸易在曲折中呈增长态势

据缅甸商务部公布的统计资料，从 1977/1978 年度开始，缅甸外贸连续 22 年逆差，2002/2003 年度后连续保持顺差，2002/2003 财年对外贸易额 53

亿美元。由于美国的经济封锁，2003 年 8 月出口到美国市场的成衣数量大幅下降，2003/2004 财年的外贸额为 45 亿美元，2004/2005 财年为 49 亿美元。2005/2006 财年开始，除大量对外出口天然气外，同时还降低了进出口许可证的申请费用，贸易委员会也加强了对贸易数据的核查，2005/2006 财年为 55.4 亿美元，其中天然气出口额为 10.79 亿美元，占出口总额的 30%。2006/2007 财年为 79.3 亿美元，出口 50 亿美元，进口近 30 亿美元，顺差达 20 亿美元，其中天然气出口为 21.6 亿美元，占当年出口总额的 43%。2007/2008 财年，贸易总额达 97 亿美元，其中天然气出口额 25.94 亿美元，占出口商品的首位。2008/2009 财年，缅甸进出口总额为 113.22 亿美元。2009/2010 财年为 120.38 亿美元。2010/2011 财年，缅甸进出口总额为 64.12 亿美元，2011/2012 财年，缅甸进出口总额为 90.35 亿美元。

（1）对外贸易合作成绩突出

亚洲国家为缅甸主要贸易伙伴，缅甸外贸总额 90% 都是来自与邻国的贸易。根据缅甸中央统计局最新数据显示，2011/2012 财年，缅甸与中国的贸易额达到 50.01 亿美元，其中缅甸从中国进口 27.86 亿美元，出口 22.14 亿美元，中国已成为缅甸第一大贸易伙伴。位居前 5 位的贸易伙伴依次为中国（50.01 亿美元）、泰国（45.14 亿美元）、新加坡（30.58 亿美元）、日本（8.22 亿美元）和韩国（6.66 亿美元）。近年来，缅甸与中国、泰国、新加坡、马来西亚、印度尼西亚、越南等国经贸合作稳步发展，与韩国、日本在投资贸易领域逐步扩大。2011 年下半年至今，欧洲国家如美国、英国、德国等也陆续进入缅甸市场，寻求合作机会。在过去几十年里，缅甸对外贸易主要用美元、英镑、瑞士法郎、日元以及后来的欧元进行结算。主要出口商品有天然气、大米、玉米、各种豆类、橡胶、矿产品、木材、珍珠、宝石和水产品等，主要进口商品有工业原料、机械设备、零配件、五金产品和消费品等。

表4　　　　　　　　　　**缅甸主要贸易伙伴**　　　　　　　单位：百万美元

国家	财年	进口额	出口额	进出口总额
中国	2010/2011	2168.52	1203.56	3372.08
	2011/2012	2786.84	2214.3	5001.14
泰国	2010/2011	709.09	2905.18	3614.27
	2011/2012	691.15	3823.83	4514.98
新加坡	2010/2011	1645.32	456.99	2102.31
	2011/2012	2516.13	542.75	3058.88

国家	财年	进口额	出口额	进出口总额
日本	2010/2011	256.35	237.43	493.78
	2011/2012	502.17	320.2	822.37
韩国	2010/2011	304.23	148.39	452.62
	2011/2012	451.93	214.82	666.75
印度尼西亚	2010/2011	275.49	41.11	316.6
	2011/2012	431.82	40.94	472.76
马来西亚	2010/2011	145.32	437.8	583.12
	2011/2012	303.41	152.04	455.45

资料来源：中国驻缅甸大使馆经商参处。

（2）对外贸易政策与法规不断完善

1988年以来，缅甸允许私人从事对外贸易，对外贸易实行许可证管理制度。1989年3月31日，政府颁布《国营企业法》，宣布实行市场经济，并逐步对外开放，军政府放宽了对外贸的限制，允许外商投资，农民可自由经营农产品，并开放了同邻国的边境贸易。自2006年以来，在中缅边境地区出口的木材及矿产品贸易，需获得缅甸商务部、林业部木材公司出具的证明及中国驻缅使馆经商参处的证明。缅甸现行与贸易管理相关的法律和规定有：《缅甸联邦进出口贸易（临时）管理法》（1947年）；《缅甸联邦贸易部关于进出口商必须遵守和了解的有关规定》（1989年）；《缅甸联邦关于边境贸易的规定》（1991年）；《缅甸联邦进出口贸易实施细则》（1992年）；《缅甸联邦进出口贸易修正法》（1992年）等。

此外，1991年《缅甸海关进出口程序》颁布，对禁止进出口的物品做了详细规定，《缅甸海关计征制度及通关程序》对进出口关税、通关程序做了详细规定。与海关管理相关的法规还有：《海洋关税法》（1978年）、《陆地海关法》（1924年）、《关税法》（1953年）、《国家治安建设委员会1989年第4号令》《商业税法》（1990年）、《进出口管制暂行条例》（1947年）、《外汇管制法》（1974年）。

2. 投资领域不断开放

（1）投资成效显著

缅甸的投资环境竞争优势有以下四个方面：缅甸有丰富的自然资源、人力资源和文化遗产；缅甸有很大的市场潜力，又是连接东南亚和南亚两大市场的重要通道之一；缅甸政治上虽然存在不确定性，但目前国内政局相对稳定；缅甸政府的政策欢迎外国企业到缅甸来投资，大力支持以资源为基础的外资投资项目、出口项目，以及以出口为导向的劳动密集型项目，其允许投资的范围广泛，包括农业、畜牧水产业、林业、矿业、能源、制造业、建筑业、交通运输业和贸易等。

据缅方统计，截至 2012 年 3 月底，根据缅甸外国投资法，共有 31 个国家在 12 个领域投资 469 个项目，总投资额 406.99 亿美元。其中，石油天然气投资 140.63 亿美元，电力投资 188.73 亿美元，矿业投资 28.14 亿美元，制造业投资 17.6 亿美元，酒店与旅游业投资 10.65 亿美元，农业投资 1.73 亿美元。外国对缅甸投资前五位的分别为：中国（含香港、澳门）（202.61 亿美元）、泰国（95.68 亿美元）、韩国（29.41 亿美元）、英国（27.59 亿美元）、新加坡（18.18 亿美元）。

亚洲为最大的投资方，约占外商投资的 80%。目前，中国（含香港、澳门）是在缅甸投资最多的国家，其次是泰国和韩国。截至 2012 年 3 月底，缅甸政府批准的协议外资额达 406.99 亿美元。

表 5　　　　　　　外资在缅甸投资情况（截至 2012 年 3 月 31 日）

排序	行业名称	项目数	批准外资额（亿美元）	占比
1	石油天然气	109	140.631	34.55%
2	电力	6	188.737	46.37%
3	矿业	66	28.144	6.92%
4	制造业	164	17.607	4.33%
5	酒店和旅游业	45	10.648	2.62%
6	房地产	19	10.565	2.6%
7	畜牧业和渔业	25	3.244	0.80%
8	交通运输业	16	3.139	0.77%
9	工业	3	1.931	0.47%
10	农业	7	1.731	0.43%
11	建筑业	2	0.378	0.09%
12	其他服务业	6	0.237	0.05%
	总额	468	406.992	100.00%

资料来源：由缅甸投资委员会资料整理。

（2）投资政策不断完善

根据《外国投资法》规定，外商投资活动可以通过外商独资的形式来实现，也可以与缅甸的个人、私有企业、合作社或者国有企业组成合资公司来完成。在所有的合资公司里，外商至少要占到本公司 35% 以上的股份。酒店以及房地产项目可以采取 BOT（建造、运营和转让体系）方式，而自然资源的开发和开采则可以采用 PSC（产品分成合同）方式。缅甸投资委公布的外商投资的最低金额是：生产制造业为 50 万美元，服务业为 30 万美元，投资可以是货物也可以是现金的形式。目前，由投资委根据投资数额来决定投资时间的长短。根据现行的缅甸土地法，任何外国的个人和公司不得拥有土地，但可以长期租用土地用于其投资活动。客观来看，缅甸投资法律法规也较为齐全，其中主要包括《缅甸联邦外国投资法》《缅甸联邦外国投资法实施细则》《缅甸联邦外国投资委员会 1989 年第一号令》《缅甸联邦贸易部关于国内外合资企业的规定》《外国对缅甸联邦投资程序及优惠政策》《缅甸联邦公民投资法》《缅甸联邦公民投资法实施细则》《缅甸允许私人投资的经济项目》等。

缅甸在如下领域出台了一系列投资优惠政策：

——农业领域的投资政策。缅甸是农业大国，闲置土地和农村劳动力众多，逾 60% 的人口在农村，热带、亚热带地区的农产品均可以开发种植。缅甸政府欢迎外国公司来缅甸进行农业资源开发投资及农产品种植、加工。农业部是缅甸从事农业开发、发展的职能部门。外资来缅甸进行农业投资的程序是通过农业部上报。农业投资没有控股的任何限制，外国公司可以通过合资、独资形式与缅甸开展合作，作为合资公司外资最低要占到 35% 的份额。投资时间不分长短，多年生、一年生植物种植均可。土地可以出租，租赁期限可长达 30 年，期满后根据要求还可以续租 5—10 年。农业部有 5000 英亩的审批权，超过 5000 英亩要通过农业部上报。可垦荒地的年租金为 15 美元/英亩，农民的熟地不属出租范围。

——畜牧水产业投资政策。缅甸有长达 2832 公里的海岸线，与之相连的是 22.9 万平方公里的大陆架以及 48.6 万平方公里的专属经济区。缅甸领海的渔业开采还相对较少。缅甸的渔业可分为淡水渔业和海水渔业。淡水渔业可以依靠广阔的河流和大量降雨来实现。同时，很多地方也利用池塘、湖泊和水库进行渔业养殖。按照联合国关于海洋法会议制定的相关条款，考虑到与邻国共同分享盈余的渔业资源，缅甸渔业部从 1989—1990 年开始批准渔业合作捕捞项目以及合资公司的建设。缅甸渔业的发展潜力巨大，可以说具备了成为渔业大国的基本条件。这里也可以成为外国投资者出口海外的工厂所在地。

——林业投资政策。缅甸有丰富的林业资源。缅甸林业部行使林业的管理职能，主要从事植树造林、林产品生产加工等。植树造林属于林业司管理；林产品加工方面由林业部下属的林业公司管理；伐木要在保持生态平衡的基础上实行可持续发展，需要经过上报，审批过程。缅甸政府鼓励外国公司来缅甸建立林产品加工厂，但是要与缅甸国家木材公司合作。缅甸政府非常鼓励外国公司来缅甸植树造林，尤其十分欢迎进行柚木、硬木等珍贵林木种植。缅甸十分欢迎外国企业到缅甸开展竹类、林木资源方面的开发与合作。1993 年始，缅甸政府规定木材须经林业部下属的国家木材公司通过招标方式才能出口，并限制原木出口。缅甸外国投资法规定，外资可独资或与缅甸国营和私营木材公司合资进行林业开发合作。合作公司中，外资占股份49%，缅方占51%，外资以机械设备和技术入股，利润按股比分成，缅甸政府保证年供应 1.2 万吨柚木和杂木；独资公司中，缅甸政府以土地、原材料入股，享有 25% 的利润股。

——矿业投资政策。缅甸矿产资源丰富，重要的矿产有铜、金、铅、锌、银、锡、钨、锑、铬、镍。缅甸的矿产储量在亚洲国家中处于领先地位，但资源很少得以开发利用。缅甸矿业部的政策目标就是尽快提高目前矿物产量，以满足国内日益增长的对矿石和金属制品的需求，同时扩大出口。根据缅甸政府规定，外资企业有意向与缅甸开展矿业合作，需按程序直接与缅甸矿业部接洽，提出申请并取得相关许可证后才能视为合法。缅甸矿业部负责矿产资源开发与合作，下设矿业司、地质调查与矿产勘探司、第一矿业公司、第二矿业公司、第三矿业公司、珠宝公司、珍珠公司、盐业公司 6 个公司。缅甸对外资开发矿产的程序是：提出项目建议—勘探—实验—提交可行性研究报告—提交项目建议书—缅方安排与有关矿业公司合作。合同期限根据不同的矿种，由双方谈判确定；每个项目都有具体的地域划分。截至2008 年底，以上程序不适用珠宝矿，缅甸珠宝矿不允许外国公司实验、开采，只允许加工。

——石油和天然气投资政策。缅甸《外国投资法》颁布以来，缅甸能源部邀请了许多外国石油公司来缅甸和缅甸石油天然气公司合作，以产品分成区块（PSC）、勘探/生产区块（EP）、提高采收率区块（IOR）、老油田恢复生产能力区块（RSF）等方式勘探开采原油和天然气。截至 2012 年 3月，缅甸共与 11 家外国公司签署陆上区块 14 个，12 家外国公司签署海上区块 27 个。

——电力投资政策。缅甸在水力发电方面的潜力巨大，伊洛瓦底江、锡唐、萨尔温江以及钦敦江通过水力发电可以生产 5000 万千瓦的电力。自实行市场经济体制以来，全国对电力的需求不断增加，缅甸政府鼓励外国投资者在缅甸投资水力发电厂项目。

——制造业投资政策。缅甸制造业尚未发展起来。缅甸《外国投资法》和《公民投资法》鼓励发展劳动密集型产业，如纺织厂、制鞋厂、电子零件厂等。此外，为了促进工业的进一步发展，缅甸政府也鼓励建立劳动密集型产业。

——加工制造业政策。缅甸政府鼓励外商企业投资能够促进当地就业、增加出口、无污染的加工制造型企业。对于符合外商投资领域的加工制造，外商企业可向政府或缅甸私营企业、个人租赁土地，在签订土地租赁协议后，直接去缅甸投资管理委员会（MIC）申请注册外资公司。一般情况下，在填报资料提交后两周，MIC可给外商企业颁发外资企业注册执照。

——经济特区政策。缅甸政府于2011年1月27日颁布了《经济特区法》，于2011年3月颁布了《土瓦经济特区法》。《土瓦经济特区法》第12条对投资人应享有的特殊待遇作了明确表述：如投资人在该特区内可从事的行业有：①原料加工、机械化深加工、仓储、运输、服务；②投资项目所需的原材料、包装材料、机器零配件、机械用油可以从国内外进口；③进出口贸易；④生产的产品除药品和食品以外，其他未达到质量标准但还可以使用的产品，如果符合特区管委会的规定的可以在国内市场销售；⑤经特区管委会批准，投资人和国外服务商可以在特区内设办事处。

2012年3月1日，缅甸投资委主席兼工业部长吴梭登对国内媒体表示，由于上届政府颁布的经济特区法在操作过程中存在缺陷并备受非议，目前正聘请日本专家协助起草新的经济特区法。缅甸规划建设的经济特区主要有缅甸南部德林达依省的土瓦经济特区、缅甸西部若开邦的皎漂经济开发区以及仰光南部迪洛瓦工业区。但目前上述经济开发区仅处于规划阶段，尚未开工建设实施。目前尚无保税区。缅甸的土瓦经济特区内划分为9个区域，分别是：高技术工业区、信息通讯区、出口产品生产区、港口区、后勤运输区、科技研发区、服务区、二级贸易区、政府临时指定的区域。在特区可以开展的行业还有：建深水港、钢铁厂、化肥厂、原油炼油厂、油气厂、火电厂、天然气发电厂等工业项目；在特区还可以开展服务业、修建从项目所在地通往边境地区的公路、铁路，修建输变电线路、铺设油气管道，建立包括住宅、旅游景点和度假设施在内的基础设施以及经管委会批准的不违反现行法律的其他经济项目。该专项特区法比《缅甸经济特区法》的个别规定更加明确，如第36条规定在特区内开展的项目要向政府或指定组织缴纳土地租赁费、土地使用保险费等。

——其他相关投资优惠政策。为引进更多外资，《外国投资法》提供了很多激励和担保措施。按照《外国投资法》批准的企业将享受三年免税期，其中包括企业开始商业运营的当年。如果企业申请，而且投资委认为项目符合国家利益，也可将免税期延长。此外，投资委也可能批准以下一项或几项减免措施：

第一，任何生产性或服务性的企业，从开业的第一年起，连续三年免征所得税。如果对国家有贡献，根据投资项目的效益，还可继续适当地减免税收；

第二，企业将所得利润在一年内进行再投资，对其所得的经营利润，给予减免税收；

第三，为加强所得税的管理，委员会可按原值比例，从利润中扣除机械、设备、建筑场地及企业设施折旧费后进行征收；

第四，凡是商品生产企业，按其产品远销国外所得利润的 50% 减征所得税；

第五，投资者有义务向国家支付来自国外受聘于企业的外国人的所得税，此项税收可从应征税收中扣除；

第六，上述外国人的收入按照国内公民支付所得税的税率征收；

第七，如属国内确需的有关科研项目和开发性项目的费用支出，允许从应征的税收中扣除；

第八，每个企业在享受上述第一款减免所得税后，连续两年内确实出现亏损，从亏损的当年起，连续三年予以接转和抵消；

第九，企业在开办期间，确因需要而进口的机器、设备、仪器、机器零部件、备件和用于业务的材料，可减免关税或其他国内税或两种税收同时减免；

第十，企业建成前三年，因用于生产而进口的原材料，可减免关税或其他国税，或两种税收同时减免。

《外国投资法》提供主权担保，保证投资委承认的合法企业在批准期间或延长期间（如有）将不会被国有化。《投资法》同时保证，允许所有扣除应缴税款之后的资金收益可以返回投资人本国。

（三）互联互通水平不断提升

1. 公路。公路里程为 21361 英里，在建 1815 英里。

2. 铁路。铁路总长 3579 英里，在建 1778 英里。拥有蒸汽机车 43 台、柴油机车 270 台、客车厢 831 节、货车厢 3906 节。火车站有 899 个。

3. 空运。航空公司主要有缅甸国际航空公司、仰光航空公司、曼德勒航空公司和蒲甘航空公司。全国有大小机场 73 个，主要机场有仰光机场、曼德勒机场、内比都机场、黑河机场、蒲甘机场、丹兑机场、密支那机场等，其中仰光机场及曼德勒机场为国际机场。截至 2011 年底，缅甸已经与 13 个国家和地区建立了直达航线，主要国际航线可达曼谷、清迈、北京、昆明、广州、南宁、新加坡、吉隆坡、达卡、暹粒、河内、胡志明、台北等城市。国内航线共 17 条，大城市和主要旅游景点均已通航。

4. 水运。内河航道约 9219 英里，各种船只 537 艘。可供远洋货轮停靠的港口主要有仰光港、勃生港和毛淡棉港，其中仰光港是缅甸最大的海港。缅甸仅有"缅甸五星轮船公司"经营远洋运输，2008 年，缅政府新开了一条海运线路，新批准了 8 艘国际航运轮船。

（四）资源优势突出

1. 能源概况

（1）石油与天然气。缅甸石油天然气资源主要分布在缅甸中部和沿海地区，石油开采有百余年历史，1853 年仁安羌油田的石油开始出口到欧洲。现陆上已开发油田 18 个，海上、陆上开发天然气田 3 个。缅甸石油最高年产量达 1100 万桶，现年产量 650 万—700 万桶，已经探明储量为 20.21 亿桶，其中陆地 20.08 亿桶，海上 1300 万桶；前景储量为 131 亿桶，其中陆地 128.25 亿桶，海上 2.74 亿桶。缅甸天然气主要蕴藏在近海，储量非常丰富，专家预计储量 2.54 万亿立方米。天然气是缅甸出口创汇最多的产品，2006/2007 财年，缅甸共产天然气 130.39 亿立方米，其中出口 130.28 亿立方米，创汇 20.39 亿美元。2007/2008 年度产原油 762 万桶，产天然气 4729.67 亿立方英尺，天然气出口额为 25.2 亿美元。2008/2009 财年，天然气出口额为 23.84 亿美元。2009/2010 财年，天然气出口额为 29.26 亿美元。2010/2011 年度原油产量 679 万桶，天然气产量 4420.23 亿立方英尺，天然气出口 4103.7 亿立方英尺，创汇约 25.15 亿美元。截至 2012 年 3 月底，外国对缅甸石油和天然气领域投资 140 亿美元，来自澳大利亚、英国、加拿大、印度、中国、俄罗斯、韩国、印度等 30 个国家的公司在 41 个区块投资，石油天然气勘探和开采项目共计 109 个。目前，缅甸近海可供投资的区块有 22 个。

（2）水力资源。缅甸国内河流密布，主要河流有伊洛瓦底江、萨尔温江、钦敦江和湄公河，支流遍布全国。其中伊洛瓦底江、萨尔温江和湄公河均发源于中国。伊洛瓦底江为缅甸第一大河，流域面积 43 万平方公里，水量充沛，水流平缓，从北向南依次流经克钦邦、曼德勒和仰光等六个省份，最后从仰光注入印度洋，全长 2200 公里，总落差 4768 米，全河平均比降为 2.13%，入海口平均流量为 136000 立方米/秒。萨尔温江为缅甸第二大河，由云南潞西出境进入缅甸，在缅甸境内 1660 公里，流域面积约 20.5 万平方公里，经过掸邦、克耶邦、克伦邦和孟邦，最后由莫塔马湾归入印度洋。湄公河由西双版纳进入缅甸，主要流经缅甸掸邦与老挝、泰国的边境线。缅甸利用水力发电潜力很大。据西方国家和国际组织勘测，缅甸蕴藏水力的装机容量为 1800 万千瓦。截至 2012 年 3 月，缅甸已建有 18 个水电站，装机容量 260 万千瓦；1 个火电站，装机容量 12 万千瓦；15 个天然气发电站，装机容量 71.4 万千瓦。建成电站总装机容量 343.4 万千瓦；在建项目 57 个，总装机容量 3993.45 万千瓦；计划新建 2 个电站，总装机容量 30.5 万千瓦，年发电量 15.9 亿千瓦时；预计将来，缅甸将建有电站 94 个，总装机量 4387.2 万千瓦，年发电量 2253.9 亿千瓦时。我国在缅投资和拟投资的水电项目已超过 20 个，总装机容量达 4147.6 万千瓦。

2. 矿产资源概况

缅甸矿产资源主要有锡、钨、锌、铝、锑、锰、金、银等，宝石和玉石在世界上享有盛誉。

（1）翡翠。缅甸是世界闻名的翡翠矿石开采地。缅甸翡翠矿区位于北部密支那地区，在克钦邦西部与实皆省交界线一带，亦即沿乌龙江上游向中游呈北东—南西向延伸，长约 250 公里，宽 60—70 公里，面积约 3000 平方公里。缅甸翡翠玉石矿床，按其地理位置和行政区划，习惯上划分为 8 大场区（这种所谓的场区，只是行政管理的划分，不是翡翠成因类型的划分）：龙肯场区、帕敢场区、香洞场区、达木坎场区、会卡场区、后江场区、雷打场区、南其—小场场区。每个场区又再划分为许多小的"厂口"。

（2）铜矿。铜矿点约 45 处，主要位于曼德勒以西 105 公里的望濑及望濑以东 11 公里处的礼勃东，已经探明矿石总储量约 9.55 亿吨。

（3）银矿。铅、锌、银储量分别为 30 万吨、50 万吨、750 万吨，分布在东部掸邦高原西部的铅—锌—银矿带中。该矿带向北延伸到中国云南省，向南延伸到泰国，全长 2000 多公里。最大的矿床是掸邦北部的包德温矿，储量约 1000 万吨。

（4）镍矿。位于曼德勒以北，主要有达贡山镍矿和莫苇塘镍矿。达贡山镍矿拥有 4000 万吨镍矿储量，80 万吨镍金属储量。莫苇塘矿有 6 个镍矿区，其中第四矿区预计产量为 3000 万吨，镍平均含量为 1.19%；第六矿区预计产量为 8000 万吨，镍平均含量为 1%。

（5）铁矿。在缅北克钦邦有一个帕敢铁矿，属大型褐铁矿，矿带面积为 9.92 平方公里，储量约 2.23 亿吨，综合品位 50.65%。

（6）金矿。缅甸金矿主要集中在缅甸中北部实皆地区，金矿品位平均为 10—20 克/吨。缅甸最大的国有金矿山是 Kyaukpahto 金矿，位于实皆省，金矿储量 40 吨，远景储量 100 吨，平均品位 3.6 克/吨。另在曼德勒省中部的 Yamethin 金矿，探明金矿储量 45 吨，平均品位 38 克/吨。

1994 年缅甸公布《矿业法》，允许外国对宝石、金属、工业矿产原料、石料进行勘查、勘测和生产。同年 10 月，缅甸政府宣布过去由缅甸国营部门垄断经营的金矿和铜矿向外资开放，并于 1995 年 9 月、1996 年 9 月和 1997 年 9 月先后三次将 40 块矿区对外招标。截至 2011 年 12 月 31 日，外国对缅甸的矿业投资项目达 64 个，投资协议金额为 27.945 亿美元。因缅甸缺乏地质通盘勘查的能力，因此对整个矿藏的储量及分布情况不完全清晰，可能还有其他未知的矿藏。

（五）产业优势

产业结构特点

（1）产业结构。缅甸在产业结构方面，农业、林业占主导地位，而工业、交通、通讯等部门仍然十分落后。工业产值在国内生产总值中所占比重太小。产业结构不合理亦导致出口物资（主要是农产品）技术含量低，几乎没有附加值的初级产品，令外汇收入少，外汇储备少（近几年在 2.5 亿美元上下），外贸逆差居高不下，外贸负债额也随之增加。

（2）特色产业

——农业。作为缅甸经济的主体，占全国经济总量的 39.9%。据 2007/2008 财年统计数据，缅甸可耕地面积约为 1939 万公顷，其中已经耕地面积约 1315 万公顷，主要农作物有水稻、小麦、各种豆类等。截至 2010 年 2 月，缅甸已有灌溉项目 231 个，灌溉面积 114.4 万公顷，灌溉覆盖率从 1987/1988 财年的 12.5% 增加到 16.8%。2009/2010 财年缅甸出口豆类 130 万吨、大米 81.8 万吨；2010/2011 财年出口豆类 90 万吨、大米 53.6 万吨；2011/2012 财年出口豆类 129.6 万吨、大米 70.7 万吨。

——畜牧、渔业。缅甸全国森林覆盖率达 41%，2009/2010 财年畜牧业和渔业年均增长率为 12%，肉类和鱼虾类产量分别增加 4.9 倍、3.8 倍。2010/2011 财年，缅甸出口鱼类产品 14.45 万吨，明虾 1.85 万吨；2011/2012 财年，缅甸出口鱼类产品 18.82 万吨，明虾 1.88 万吨。

——能源。截至 2012 年 3 月底，外国企业在缅石油天然气领域投资 109 个项目，投资额达 140.63 亿美元，占外商在缅甸投资的 34.55%。我国的中国石化 SINOPEC、中国石油 CNPC、中海油 CNOOC、北方石油 NORTH-PETRO 以及泰国的 PTTEPI、韩国的大宇 DAEWOO、法国的道达尔 TOTAL、越南石油 PETRO VIETNAM 等公司都已与缅签署油气勘探开发区块。

——采矿业。缅甸矿产资源丰富，现已探明的主要矿藏有铜、铅、锌、银、金、铁、镍、红蓝宝石、玉石等。2010/2011 财年,缅甸开采锡精矿 652 公吨,钨精矿 1 公吨,钨锡白钨矿 736 公吨,重晶石 1.43 万吨,煤炭 24 万吨,玉石 4.68 万吨,红宝石 143.7 万克拉,蓝宝石 142.6 万克拉,尖晶石 76 万克拉,橄榄石 13 万克拉。2011/2012 财年,缅甸开采锡精矿 799 公吨,钨锡白钨矿 625 公吨,重晶石 3.18 万吨,煤炭 35.1 万吨,玉石 4.31 万吨,红宝石 106.8 万克拉,蓝宝石 145.2 万克拉,尖晶石 47.5 万克拉,橄榄石 31 万克拉。截至 2012 年 3 月底,中国在缅矿业领域投资额达 22.79 亿美元,项目主要有中国有色投资的达贡山镍矿项目以及北方工业公司投资的蒙育瓦铜矿项目。

——电力。装机容量从 1988 年的 68.5 万千瓦增至 2012 年 3 月底的 343.4 万千瓦。目前,缅甸已建有 18 个水电站,装机容量 260 万千瓦;1 个火电站,装机容量 12 万千瓦;15 个天然气发电站,装机容量 71.4 万千瓦。建成电站总装机容量 343.4 万千瓦;在建项目 57 个,总装机容量 3993.45 万千瓦;计划新建 2 个电站,总装机容量 30.5 万千瓦,年发电量 15.9 亿千瓦时;预计将来,缅甸将建有电站 94 个,总装机 4387.2 万千瓦,年发电量 2253.9 亿千瓦时。我国在缅投资和拟投资的水电项目已超过 20 个,总装机容量达 4147.6 万千瓦。

——旅游业。缅甸是一个具有悠久历史和灿烂文化的国家,其地理环境具有多样化的特征,使其旅游资源极为丰富。无论是繁华的城市,还是偏僻的山村,到处都可见到耸入云天、华光闪耀的佛塔,在东南亚具有"佛塔之国"的美称。淳朴的民族风情文化与当地的自然风光浑然一体。与此同时,西北部 4000 米以上的山地则可见到高原雪山。西南部的海滨胜地,则保持着亚热带的风光。由于没有工业化带来的环境污染,至今仍保持着别有情趣的天然质朴的景观。缅甸主要的景点有世界闻名的仰光大金塔、文化古都曼德勒、千塔之城蒲甘以及山都威的额不里海滩。从 1993 年起,缅甸政府大力发展旅游业,积极吸引外资,建设旅游设施。目前有大小酒店 469 家,拥有客房 9420 间。较著名的饭店有:仰光的商人酒店、诗多娜酒店、茵雅湖酒店、商贸酒店、海滨酒店、花园酒店、曼德勒的诗多娜饭店、蒲甘的蒂丽毕瑟亚饭店、蒲甘饭店等。

孟中印缅地区合作论坛
研究与合作成果

任 佳[①]

孟中印缅地区经济合作论坛自 1999 年 8 月 15 日第 1 届会议在昆明举行至 2013 年 2 月，论坛已轮流在四国召开了 11 届会议。第 12 届论坛会议将在缅甸举行。论坛的主要成果反映在历次论坛的《倡议》《声明》或《宣言》中。各次论坛在会议结束时（第 2 届会议除外），四国都签署了"声明"或"宣言"，这是各届论坛会议的重要文件和历史记录，也是论坛的重要研究成果和共识。自第 3 届会议开始，"中印缅孟地区经济合作与发展会议"名称改为"孟中印缅地区经济合作论坛"。第 10 届会议再次改名为"孟中印缅地区合作论坛"。

一 论坛的研究领域

论坛主要围绕推动交通能源合作、贸易投资合作、旅游文化合作、合作机制四个主题展开。前 5 届会议分别由孟方承担交通连通性的研究；中方承担合作机制的研究；印方承担旅游合作的研究；缅方承担贸易合作研究。各议题承担国的代表在会议上做主题发言，其他三国代表参与讨论发言。第 6 届会议提出从下届会议开始，每一个牵头研究项目的国家每两年变换一次，由孟加拉国负责贸易合作研究，中国负责交通合作研究，印度负责组织机制研究，缅甸负责旅游合作研究。

从第 5 届论坛（昆明）开始，议题开始扩展，除了经贸合作、交通合作、旅游合作、文化交流之外，增加了拓展的合作领域，包括农业、科技、信息通信、人力资源开发、环保、投资、减灾等领域的合作的探讨，逐渐形成多层次、多形式、宽领域的地区合作框架。第 6 届论坛（新德里）提出增进科学、教育、文化、学术交流，以及社会发展问题研究。认为这一地区

---

① 云南省社会科学院、云南省东南亚南亚研究院院长、研究员。

有共同的文化相似性和共同的发展需求，学术领域的交流极其有限，增进民间交流是有益的。需要鼓励在农业、科技、通信、人力资源、健康、医疗和环境等方面的合作。需要加强社会发展研究，如贫困问题、妇女发展等问题，以及这一地区共同面临的毒品、艾滋病、非法移民、非法走私等非传统安全问题的研究。第 10 届会议（加尔各答）的扩展为五个方面：（1）社会、文化和学术交流；（2）地区经济合作；（3）地区互联互通；（4）地区环境保护合作和水资源合作；（5）论坛机制建设。

二　论坛形成的共识

（一）关于合作的意义和必要性①

论坛认为，孟中印缅次区域位于东亚、东南亚和南亚的结合部，该地区蕴藏着丰富的自然资源和人力资源，合作潜力巨大（第 7 届会议）。加强地区经济合作是经济全球化和区域经济一体化深入发展的必然要求，本地区应积极开展地区间务实合作，共同把握和应对面临的机遇和挑战（第 5 届会议）。要开发利用地区经济中各个领域现有的互补性，充分利用这个地区和毗邻区域丰富的自然资源，使各方共同受益（第 3 次会议）。当前，四国有必要进一步强化双边经济互补性，加强次区域经济合作，使各方从中受益。四国的有关学术机构和民间团体应当继续合作，推动孟中印缅地区经济合作进程。加强通道建设，促进物资和人员流动，对于增强地区的国际竞争力，促进旅游发展，增进各国人民之间的相互了解，都具有重要意义（第 7 届会议）。会议认识到社会、文化、知识学术界的人员交流将极大地促进经济的合作与发展。会议还认识到在当前全球经济危机背景下，论坛各成员国（尤其是中国和印度）在金融方面的刺激措施将会促进整个地区经济现状的改善。会议同时认识到地区合作将提升各国及整个地区对人口拐卖、毒品、艾滋病、禽流感、环境污染等跨国界问题的应对能力（第 8 届会议）。论坛注意到历届论坛都强调了本地区各国政府及人民间合作的潜力巨大。在全球形势巨变的背景下，本地区的发展动力强劲。目前，我们急需在所取得成果的基础上采取更加具体的步骤来发掘孟中印缅地区合作的潜力。孟中印缅合作伙伴认为孟中印缅地区最近的发展和该地区在亚太区域内日益增长的重要性需要各方更加努力争取机会来实现区域合作和一体化。四方完全同意进一步密切合作以取得更大的成绩（第 11 届会议）。

---

① 根据历届论坛共同签署的联合声明整理。

（二）关于合作的原则①

区域合作应在和平共处五项原则的基础上强调平等互利、持续发展、比较优势、采用国际标准及发展基础设施建设，以加强联系、促进最大可能的经济合作（第 1 届会议《昆明倡议》）。同时认识到由于四国经济发展水平的差异，孟中印缅地区经济合作的实施必须采取循序渐进的方法进行（第 4 届会议《仰光声明》）。重申将本着平等互利、循序渐进的原则，拓展和深化各领域合作，促进本地区繁荣与发展（第 5 届会议《昆明合作声明》）。

（三）互联互通方面

以孟加拉国的研究为代表。前 4 届会议对连接孟中印缅地区间交通等基础设施的重要性取得了一致的认识，强调了改善交通联系、促进货物和人员的便捷流动有利于提高这个地区在全球经济中的竞争力，也将促进旅游业的发展和人们的相互了解。提出要使联系四方的基础设施协调发展，同时开始研究一些通关的便利措施。研究的主要成果和建议有以下几点：

1. 开展本地区公路和铁路运输合作，改善区内交通基础设施。举办自驾游活动和汽车拉力赛，开辟直达航线，增进本地区人员和贸易往来（第 5 届会议《昆明合作声明》）。对航空、公路、铁路和水上交通连接的讨论，表明有必要立即改善交通基础设施（第 6 届会议，2006 年《德里声明》）。

2. 交通连接应该与亚洲公路网和泛亚铁路的走向一致，这两个路网是亚洲陆路交通基础设施项目的一部分，是由联合国经社理事会开发的，交通应连接四国的主要生产和商业中心（第 6 届会议，2006 年《德里声明》）。

3. 政府和航空公司采取实际步骤改善航空的连通，如在达卡、高哈蒂、加尔各答、昆明和曼德勒之间，以及和四国的其他城市通航（第 6 届会议，2006 年《德里声明》）。

4. 当前的工作重点应放在以下几个方面：（1）四国应按照"亚洲公路"的技术标准，优先考虑改善目前已有道路或其他可供选择道路的路况；（2）改善出入境便利化措施，促进实现车辆、物资和人员的无间断、无转乘过境。四国应借鉴亚洲开发银行在"孟加拉湾多部门技术和经济合作倡议"中对地区交通问题研究的做法，对此问题开展研究。（3）优先考虑完善泛亚铁路在四国境内的缺失路段（第 7 届论坛，2007 年《达卡声明》）。

5. 考虑到四国之间目前已经或多或少具备最基本的互联互通条件，会议重申这方面的工作重点应该是：（1）根据亚洲公路网的标准和要求，进一步改善已有的和备选的优先路线；（2）采取便利措施促进各口岸之间车

① 根据第 1 届、第 4 届、第 5 届论坛联合声明整理。

辆、货物和人员的无障碍流动（减少转口障碍）；（3）完成亚洲铁路网孟中印缅缺失段的建设；（4）继续扩展本地区的航空联络线（第8届论坛，2009年《内比都声明》）。

6. 成立联合工作组，整体推动改善区域互联互通建设，重点构建昆明—曼德勒—达卡—加尔各答经济走廊（第9届会议，2011年昆明《关于推进BCIM地区合作联合声明》）。

7. 建议在2013年举行从加尔各答到昆明的汽车集结赛，比赛应配合下一次会议来举行。最终的目标仍然是使整个地区的多模式联运系统实现无缝连接。需要各自政府更进一步地推进基础设施建设和跨境手续便利化。双边和多边援助应考虑区域内的项目。可以共同努力争取国际发展机构的资源。区域内的智库机构可协助提供技术支持（第10届论坛，2012年《加尔各答联合声明》）。

8. 孟中印缅政府应该在发展共同认定的项目上，调集资源，引入多边的和区域发展机构来为认定的跨境基础设施提供资金和技术支持，并发挥主导作用。论坛注意孟中印缅各国都十分关心能源安全。在这一方面，论坛认为这一地区有共同开发自然资源，共同在能源领域投资以及跨境能源贸易的重大机会，各方应就此开展合作（第11届论坛，2013年《达卡申明》）。

（四）贸易投资方面

以缅甸的研究为主。第4届会议《仰光声明》强调提升区域内贸易的必要性，促进地区内贸易作为地区经济合作发展的主要动力。建议应该给予BCIM的欠发达成员国贸易优惠政策，使它们更多进入这一地区较发达经济体的市场，以创造区域内投资来刺激欠发达成员国的经济结构变化。建议将大湄公河次区域各国的贸易便利化措施作为范本。加大投资力度以促进经济合作。历次会议有以下建议：

1. 在改善市场准入、取消非关税壁垒、贸易便利化、加强通关基础设施建设、协调通关程序等方面采取措施。BCIM各国政府可实施针对其他成员国的出口商品零关税政策，通过消除贸易壁垒来促使贸易更加平衡。鼓励相互投资和合资企业，争取今后在这个次区域达成地区贸易安排。更宽松的市场准入，特别对孟中印缅内低收入国家来说，能够刺激地区内的贸易流动。①

2. 建立一定数量的港口以便于开展转口贸易，指定区域内部分口岸作

---

① 第7届、第8届、第10届论坛《达卡声明》2007年、《内比都声明》2009年、《加尔各答声明》2012年提出。

为转口贸易口岸；BCIM 各国政府简化跨境贸易手续，以便于人员、货物及车辆的过境。通过更适当的政策安排以及利用现有的机制促进人员、货物和投资的跨境流动，以促进边境贸易发展。[①]

3. 促进区域各国企业间的交流、定期举办交易会以及放宽签证申请规定。各成员国应互派官员常驻对方国家的主要城市；各成员国应建立孟中印缅商贸中心；加强企业家、政府官员、商会间的联系（第 8 届论坛，2009年《内比都申明》）。

4. 建议各国相关商会组织成立 BCIM 商业理事会以增强现有的"二轨"机制，敦促各国政府支持本国商会的相关项目；建立 BCIM 商业理事会来促进区域的贸易发展，该理事会建议由各国相关商会的代表组成，各国相关商会可向成员国派遣代表（第 8 届论坛，2009 年《内比都申明》）。

5. 在投资与金融合作方面。论坛敦促孟中印缅商务理事会在促进私营企业合作以及寻求政府深化区域内合作方面，发挥更加积极的作用。会议重申孟中印缅商务理事会提出更多创新项目来推动区域内贸易，刺激投资，通过在区域和次区域层面上开展合资企业及项目来开发本地区的自然资源（第 11 届论坛，2013 年《达卡申明》）。

（五）旅游文化方面

以印度方面的研究为主。四国认为在整个地区具有丰富独特的旅游资源与合作潜力。第 4 届会议《仰光声明》论坛肯定了民间组织在旅游业开发合作中所起的重要作用。建议建立旅游景点及旅游资源信息共享的机制，并对进一步开展旅游合作的可行性进行研究。有以下研究建议：

1. 通过建立孟中印缅旅游专线，促进旅游业和旅游设施的发展，旅游设施更新信息的交流。鼓励开展各种形式的文化与艺术交流活动（第 5 届论坛，2004 年《昆明合作声明》）。

2. 应该采取特殊的步骤让四国的旅游者和旅游机构知道。政府也需要便利签证手续并消除其他不必要的规定，以此扩大旅游合作（第 6 论坛，2006 年《德里声明》）。

3. 四国的联络机构应与国内的旅游部门一道积极寻求合作，并通过它们，争取获得世界旅游组织及联合国亚太经济与社会委员会旅游协会的支持和帮助。会议特别强调，为促进地区旅游业向前发展，四国应采取措施，尽量缩短办理签证的时间（第 7 届论坛，2007 年《达卡声明》）。

4. 要求联络办公室与各国旅游主管部门联系，促进各国旅游部门在次

---

① 第 7 届论坛，《达卡声明》2007 年、第 8 届论坛，《内比都申明》2009 年提出。

区域层次上的合作。会议再次审议的汽车集结赛的建议，要求有关各方合作，尽快启动这一项目（第 8 届论坛，2009 年《内比都声明》）。

5. 同意促进区域内旅游合作，寻求联合规划旅游线路，推介旅游产品，加强旅游产业和管理机构之间的合作（第 9 届论坛，2011 年《推进 BCIM 地区合作的联合声明》）。

6. 加强旅游行业和监管机构之间合作，以及计划开展联合旅游项目的建议（第 10 届论坛，2012 年《加尔各答联合声明》）。

（六）合作机制方面

以中国方面的研究为主。第 1 届会议《昆明倡议》提出，成立区域经济合作论坛的昆明倡议应得到四国政府的正式同意。第 3 届会议《达卡声明》提出，盼望得到各有关国家政府的支持，从而可以将目前孟中印缅地区经济合作的机制从现在的"第二轨"提升为"第一轨"。《第 4 届会议声明》提出积极争取政府的有力支持，使合作从二轨向政府层面提升并决定即将在昆明召开的第五次孟中印缅地区经济合作论坛会议要争取得到各自政府更多的参与。为孟中印缅地区之间贸易、交通、旅游及建立合作机制工作取得持续进展，各方成立合作项目专题工作组。在缅甸设立贸易合作专题工作组，在孟加拉国设立交通合作专题工作组，在印度设立旅游合作专题工作组，在中国设立合作机制专题工作组。为落实《昆明倡议》，决定成立协调办公室，初步拟定办公室设在昆明，由一名协调员负责。协调员实行两年轮换制。有以下推动机制建设的主要建议。

1. 为进一步促进孟中印缅地区经济合作，四国的合作机构和政府部门，应对合作给予更广泛的支持。第八次论坛可以邀请四国政府派代表参加（第 7 届论坛，2007 年《达卡声明》）。

2. 有必要采取政府、二轨以及私人企业共同参与的"多轨并行"的方式来促进合作，并在多边及双边基础上以具体项目为合作内容（第 8 届论坛，2009 年《内比都声明》）。

3. 应进一步完善合作机制，推动尽快形成一轨领导下的多轨合作格局，四方需要联合争取国际组织和其他方面对孟中印缅地区经济合作给予资金、技术和智力支持（第 9 届论坛，2011 年《推进 BCIM 地区合作的联合声明》）。

4. 孟中印缅合作更为正式的机制结构能够争取多边及双方国际组织对跨境、区域及次区域项目投融资。为达到这个目的，建议邀请一个孟中印缅成员国参加一个其余三个成员已是成员的国际区域合作组织，这将使孟中印缅合作结构有效定型（第 11 届论坛，2013 年《达卡声明》）。

（七）拓展的领域

第 5 届会议《昆明合作声明》开始提出，探讨开展农业、科技、信息通信、人力资源开发、环保、投资、减灾等领域的合作，逐渐形成多层次、多形式、宽领域的地区合作框架。促进文化交流，鼓励开展各种形式的文化与艺术交流活动。有以下建议：

1. 增进科学、教育、文化、学术和社会交流。这一地区有共同的文化相似性和共同的发展需求。学术领域的交流极其有限，一致认为增进交流是有益的（第 6 届论坛，2006 年《德里声明》）。设在昆明的论坛协调办公室应当鼓励各成员国积极开展教育、科学、文化和社会等领域的相互交流（第 7 届论坛，2007 年《达卡声明》）。需要鼓励在农业、科技、通信、人力资源、健康、医疗和具有特殊项目认定的环境等领域的合作（第 6 届论坛，2006 年《德里声明》）。

2. 教育合作对于推动孟中印缅地区经济合作具有重要作用，因此会议一致同意增进教师、学生以及由本区域教育机构开展的联合学术项目的经常性交流访问，进一步加强四方高等院校间的合作与交流关系，推动建立学分互认体系（第 9 届论坛，2011 年《推进 BCIM 地区合作的联合声明》）。

3. 会议敦促四方文化部门建立定期交流机制，促进文化合作。会议一致同意，四国互相协助举办国家主题周，举办展览和文化展演，展示与宣传四国在文学、影视、表演艺术等领域的重要成果（第 9 届论坛，2011 年《推进 BCIM 地区合作的联合声明》）。

4. 四方间还应进一步加强卫生、科技、扶贫、农业、应对气候变化以及合理利用水资源和安全等领域的交流合作（第 9 届论坛，2011 年《推进 BCIM 地区合作的联合声明》）。

5. 促进孟中印缅论坛以及有关项目信息的定期交流。四方同意发行 BCIM 合作通讯，会议认为四方需要联合争取国际组织和其他方面对孟中印缅地区经济合作给予资金、技术和智力支持（第 9 届论坛，2011 年《推进 BCIM 地区合作的联合声明》）。

6. 应当争取广泛的民众支持。与会者一致同意，孟中印缅论坛需要做出更大的努力，加大对自身活动的宣传，并寻求与企业、学术界和媒体更多的合作（第 10 届论坛，2012 年《加尔各答联合声明》）。

7. 论坛认为，气候变化是一个重要的全球性问题。与会者赞同需要共同努力保护环境。与会者还同意需要确保对共有水资源的最优化利用，并且建议可组成一支学术层面的联合工作组投入工作。他们也赞同需要认真考虑涉及这个地区的能源安全合作的建议（第 10 届论坛，2012 年《加尔各答联合声明》)。

8. 学术合作在本地区发挥了重要作用。与会者一致认为，应当加强学术交流。学术研究机构之间的进一步合作项目也应受到鼓励。孟中印缅通讯已开始出版，与会的其他三方对来自昆明的合作伙伴表示感谢，正是他们使此事得以实现（第 10 届论坛，2012 年《加尔各答联合声明》）。

9. 在本地区广为宣传孟中印缅地区论坛活动对提高合作的认知度十分重要。因此，由云南社会科学院发行的孟中印缅通讯在传递合作潜力和前景方面发挥了重要作用。孟中印缅合作伙伴各方认为有必要使政治、安全、商界、媒体以及其他利益攸关方了解更紧密的孟中印缅合作将带来更大的利益。经讨论，论坛希望通讯发行以及其他形式的传播活动在未来得到加强（第 11 届论坛，2013 年《达卡声明》)。

三　合作成果

孟中印缅地区合作论坛的合作成果可以从两个方面来看，一方面是论坛本身的发展成果。论坛坚持了 14 年，轮流举办了 11 届，这本身就是一个创举，说明了四国相关各方有着强烈的合作愿望。另一方面是论坛对四国经济合作和人文交流的推动。在孟中印缅地区合作论坛的推动下，在互联互通、贸易与投资、旅游文化交流等方面都有所增强。

（一）论坛合作成果

1. 论坛是官、学、商对话和互动的平台，平等的交流赢得了四国相互理解和支持，论坛从"二轨"逐步上升到"一轨"反映了四国政府、学术界、商界的意愿，是孟中印缅地区合作论坛最重要的成果。

孟中印缅地区合作论坛是由中国云南与印度的智库机构共同发起的旨在推动四国毗邻地区经济发展、人文交流、社会稳定而开展合作的一个对话平台，这是四国有史以来第一个以推动合作与发展为主要目标的论坛。论坛是一个第二轨道性质的对话平台，有别于政府间第一轨道性质的对话和谈判。在"二轨"机制下提出的一些合作项目和政策支持难以推动和实现。印度、孟加拉国的代表主要由研究机构牵头，商会和企业参与，政府官员观察。中方由智库研究机构和政府部门牵头，商会和企业参与。缅方由政府主导，商会和学者参与。但无论论坛在哪国举办，都受到该国政府的重视。在历届论坛的开幕式上都有副部级以上的官员致辞。各国外交部等部委都不同程度支持和参与了论坛。在经历了 14 年之后，2013 年 5 月，中印两国总理携手把孟中印缅经济走廊写入了《中印联合声明》，为孟中印缅地区经济合作从论坛机制（"二轨"）上升到政府间机制（"一轨"）创造了条件。2013 年 10 月昆明和加尔各答、成都和班加罗尔在两国总理的见证下，结为姐妹城市。这是历次论坛关于"合作机制或组织机制"研究和推动的一大合作成果，预示着孟中印缅经济走廊建设将有更好的发展前景。

2. 孟中印缅地区合作论坛秘书处设在昆明，并正式挂牌运作，标志着论坛组织初步机制化

第 4 届论坛为落实《昆明倡议》，决定成立协调办公室，初步拟定办公室设在昆明，由一名协调员负责。在第 5 届论坛会议上，正式挂牌。由云南省人民政府外事办公室负责孟中印缅论坛的协调工作。自第 6 届论坛开始，中国方面主要由论坛协调办公室牵头组织各届论坛的参会和在中方举办的会议。并协调昆明—加尔各答汽车路考和集结赛的工作，2012 年 2 月在第 10 次加尔各答会议召开之前，四国首次顺利实现了从昆明—加尔各答的汽车路考。2013 年 2 月在第 11 次论坛在达卡召开之前，举行了从加尔各答—昆明的汽车集结赛。协调办公室为推动孟中印缅地区合作论坛的机制化做了大量工作。

3. 孟中印缅地区合作论坛成立的"孟中印缅商务理事会"将成为该地区经济活动的推动者，更好地在联系各国商会组织和企业方面发挥重要作用

在第 9 届论坛《联合声明》中提出四国商会原则同意成立孟中印缅商务理事会。四方应为孟中印缅商务理事会的开展工作提供全力支持，定期轮流举办商务理事会会议，交流信息，开展企业间对话，以促进商务合作。在第 10 届论坛上，孟加拉国工商联合会、中国国际贸易促进委员会云南省分会、印度工业联合会（东部地区）和缅甸工商联合会已签署协议，成立孟中印缅商务理事会，用以促进各国之间的经济合作。印度工业联合会牵头，三国有关部门成功组织了"昆明—加尔各答汽车集结赛"。

4.《孟中印缅通讯》和《孟中印缅论坛文件及论文集》对外发行，对四国各方面向社会宣传孟中印缅论坛发挥了积极作用

第 9 届论坛《联合声明》同意发行 BCIM 合作通讯，以此促进孟中印缅论坛以及有关项目信息的定期交流。这项工作交由云南省社会科学院承担。在南亚研究所全体科研人员和云南省相关部门和专家的努力下，第 10 届论坛上，孟中印缅通讯已开始发行，得到了与会的孟印缅三方代表团的一致赞扬。第 10 届论坛《加尔各答联合声明》指出，孟中印缅通讯已开始出版，与会的其他三方对来自昆明的合作伙伴表示感谢，正是他们使此项工作得以实现。

（二）论坛对四国及该地区经济合作和文化交流的影响和推动

孟中印缅合作论坛是在四国关系最好的时期建立的，论坛自建立之初就受到这一地区各国的关注。使中国的西南，尤其是云南在印度、孟加拉国等南亚国家的认知度得到提高。更多的周边国家知道了他们可以通过云南这一中国西南的边陲进入中国大市场。过去从不知名的云南成为印度等南亚人们心目中的繁华大城市。论坛运作的14年过程中，我们目睹了四国和该次区域的经济合作取得的历史性进步。中国、云南与四国的贸易、投资、旅游、交通连接、人员往来处于历史最好水平。

1. 互联互通取得进展

在中印双方的共同努力下，2000年12月4日云南省首开从昆明至新德里的商务包机，结束了中印之间长期以来不通航的历史。2002年4月1日云南航空公司（现为东航）在以前开通昆明至仰光的航线的基础上，又开通了昆明至曼德勒航线。东方航空公司于2005年5月18日正式开通北京—昆明—达卡国际航线。这条航线是中国与孟加拉国在1980年签署双边民航协议以来的首次直航。2007年10月中国东方航空公司开通了昆明—印度加尔各答的航线。2009年昆明—加德满都航线也已开通。2010年开通昆明—斯里兰卡和马尔代夫航线。成都至印度班加罗尔航线也已开通。

云南从2000年起每年投资公路建设的资金达100亿元以上，连接周边，通江达海的公路网已初步形成。公路里程数在全国位居前列，云南省高速公路在西部省区位居前列，2005年实现全省各个地州均有直达高等级公路与昆明相连。其中昆明至瑞丽的公路是连接孟中印缅的主干道，也是中缅陆水联运通道的重要路段。目前昆明—保山—龙陵已贯通。保山腾冲—猴桥—缅甸密支那的公路已建成通车。昆明至瑞丽公路，可辐射至陇川（章凤）、盈江、片马等口岸，还可直接与缅甸公路对接进入印度或孟加拉国。泛亚铁路东、中、西线均经云南进入中国，云南境内东、中、西三条对外连接的路段：昆明—河口、昆明—磨憨、大理—瑞丽铁路已建成通车或开工建设。另外从滇藏方向连接南亚铁路的境内段已进入国家规划。

孟缅、印缅、印孟也加快了交通的连接和修复。2001年印度援缅建了一条连接印缅的160公里的高等级公路。2002年4月印、缅、泰三国外长又商定修一条从印度莫雷经缅甸蒲甘至泰国湄索的公路，同时还同意开辟一条从泰国北碧经缅甸土瓦深水港至印度港口的海上运输线。2004年4月正式签署孟加拉国与缅甸的公路计划建设协议，并在距孟加拉国东部城镇科克斯巴扎15公里的拉穆举行了开工仪式。它被称为孟缅友谊公路，全长133公里，其中孟加拉国境内13公里，缅甸境内97公路。孟方已向缅方提供

1000万美元建设资金。一旦该路修通，将大大改善孟加拉国与缅甸、中国的交通联系。2007年，印度和孟加拉国恢复了经达卡至加尔各答的铁路联系。2008年4月，缅甸国家和发委副主席貌埃副大将访问了印度。访问期间缅印双方签署了卡拉丹河流域全面开发运输合作框架协议。根据该协议，印度将实施"卡拉丹河全面开发项目计划"，为其封闭的东北部地区沿加拉丹河开拓出一条从米佐拉姆邦通往孟加拉湾的实兑港的出海口和贸易通道，该项目已经实施。

2. 贸易增长迅速

中国与印、孟、缅贸易从2000年的29.14亿美元、9.18亿美元和6.21亿美元上升为2012年的664.72亿美元、84.51亿美元、和69.72亿美元。云南与印、孟、缅的贸易从2000年的0.45亿美元、0.08亿美元和3.63亿美元上升为2012年的4.6亿美元、0.71亿美元和22.72亿美元。

表1　　　　中国与孟、印、缅贸易额统计（2000—2012年）　单位：亿美元

年份	印度	孟加拉国	缅甸	总计
2000	29.14	9.18	6.21	44.53
2001	35.96	9.72	6.32	52.00
2002	49.46	10.99	8.62	69.07
2003	75.95	13.68	10.77	100.40
2004	136.04	19.63	11.45	167.12
2005	187.03	24.81	12.9	224.74
2006	248.61	31.89	14.60	295.1
2007	386.47	34.59	20.57	441.63
2008	517.80	46.80	26.26	590.86
2009	433.81	45.82	29.07	508.70
2010	617.60	70.59	44.40	732.59
2011	739.18	82.60	65.00	226.78
2012	664.72	84.51	69.72	818.95

资料来源：1990—2001年数据参照中国统计出版社相关年份的《中国对外经济统计年鉴》，并整理；2002—2012年数据参照中华人民共和国商务部亚洲司数据库，http://yzs.mofcom.gov.cn/date/date.html。

表 2　　　　　　云南与孟、印、缅贸易额统计（2000—2012 年）　单位：亿美元

年份	印度	孟加拉国	缅甸	总计
2000	0.45	0.08	3.63	4.16
2001	0.57	0.17	3.93	4.67
2002	0.58	0.21	4.07	4.86
2003	0.61	0.28	3.20	4.09
2004	1.23	0.51	6.32	8.06
2005	1.25	0.74	5.51	7.50
2006	1.40	0.65	6.92	8.97
2007	3.33	0.51	8.74	12.58
2008	5.86	2.19	11.93	19.98
2009	3.79	1.45	12.27	17.51
2010	6.78	1.25	17.59	25.62
2011	8.42	1.44	20.72	30.58
2012	4.6	0.71	22.72	28.03

资料来源：云南省商务厅规财处。

3. 相互投资及工程承包明显增长

2000 年以前，印度在中国达成的协议投资额不多，实际利用的金额就更少。2000 年以后，印度在中国达成的协议数量、协议金额及实际利用金额都有显著增长。投资领域主要是软件业、钢铁制品、纺织品、化学品、汽车部件、医药等行业。印度服务业在中国的投资包括饮食、娱乐、文化、银行等。此外，印度公司正在把燃气轮机、钢材、钢铁厂等项目作为投资的重要领域。许多中国企业也将印度市场作为"走出去"战略的目标市场，中国企业在印度投资的领域主要有电信、冶金工业、商业、办公及家用器材、交通工业、电子设备（包括计算机软件与电子产品）等。2000—2011 年中国在印累计完成承包工程营业额 265.46 亿美元，其中 2011 年完成营业额 74.42 亿美元，同比增长 14.63%。2003—2011 年，中国对印非金融类直接投资金额 3.94 亿美元，其中 2011 年我对印投资 1.8 亿美元。2000—2011年，印来华实际投资 4.3 亿美元。

2000 年以来，孟加拉国的经济出现了持续增长，引进的直接投资也在大幅提高，中国已成为孟加拉国的投资大国之一。2000—2011 年中国在孟累计完成承包工程营业额 63.29 亿美元，其中 2011 年完成营业额 20.73 亿美元，同比增长 483.95%。2003—2011 年，中国对孟非金融类直接投资金

额 4411 万美元，其中 2011 年我对孟投资 1032 万美元。2000—2011 年，孟来华实际投资 3738 万美元。

缅甸是中国的友好邻居，双边投资合作近年发展也很快。2000—2011 年中国在缅累计完成承包工程营业额 67.09 亿美，其中 2011 年完成营业额 14.47 亿美元，同比增长 8.53%。2003—2011 年，中国对缅非金融类直接投资金额 18.23 亿美元，其中 2011 年我对缅投资 2.18 亿美元。2000—2011 年，缅来华实际投资 6839 万美元。

表3　　　中国在孟、印、缅承包工程项目营业额统计（2000—2012 年）

单位：万美元

年份	印度	孟加拉国	缅甸	总计
2000	919	22042	17848	40809
2001	1360	34298	24909	60567
2002	5764	40024	28805	74593
2003	8485	34882	37074	80441
2004	23773	51426	33120	108319
2005	40100	60815	28672	129587
2006	110271	48495	27789	186555
2007	193955	38753	43402	276110
2008	420856	25545	68278	514679
2009	579396	33862	83030	696288
2010	525532	35500	133316	694348
2011	744166	207304	144684	1096154
2012	669331	146176	219811	1035318

资料来源：1991—2006 年数据参照中国统计出版社相关年份的《中国对外经济统计年鉴》，并整理；2007—2011 年数据参照中华人民共和国统计局《中国统计年鉴》，并整理。

表4　　　中国对印、孟、缅直接投资流量统计（2003—2011 年）

单位：万美元

年份	印度	孟加拉国	缅甸	总计
2003	15	141	—	156
2004	35	76	409	520
2005	1116	18	1154	2288
2006	561	531	1264	2356

续表

年份	印度	孟加拉国	缅甸	总计
2007	2202	364	9231	11797
2008	10188	450	23253	33891
2009	2488	1075	37670	41233
2010	4761	724	87561	93046
2011	18008	1032	21782	40822

资料来源：相关年份的《中国对外直接投资统计公报》。

表5 印、孟、缅对中国直接投资统计（2000—2012年）单位：万美元

年份	印度	孟加拉国	缅甸	总计
2000	1044	66	230	1340
2001	1197	226	226	1649
2002	3057	48	1676	4781
2003	1593	306	351	2250
2004	1948	749	878	3575
2005	2140	885	374	3399
2006	5239	642	736	6617
2007	3304	145	326	3775
2008	8805	65	330	9200
2009	5520	93	339	5952
2010	4931	18	352	5301
2011	4217	495	1021	5733
2012	4406	227	384	5017

资料来源：相关年份的《中国统计年鉴》。

大批云南企业已把目光投向南亚市场。南天集团、云铜集团、云南白药集团、云天化集团等企业已与印度企业有了广泛接触和合作，云南省对印度的投资以云南联通公司为先导，其后有云南山瀑图像传输有限公司，该公司在印度班加罗尔与当地3家高科技企业达成合作协议，共同在印度创建由山瀑公司控股的首个高科技股份有限公司，这是云南省首家在印度通过合资方式建立的公司。在经济合作方面，云南省与印、孟、缅的经济合作主要在交通、旅游业、IT产业、农业、矿业、小水电等领域。2007年云南省与缅方签署了共建"中缅农业科技示范园"的协议。2008年帮助缅甸建设边境

"动物疫病监测实验站"等。

4. 人文交流日趋活跃

1999 年以来，云南与孟、缅、印的人员交流不断增加。云南省领导层多次出访印孟缅三国，印孟缅的高级官员也纷纷到云南访问，包括印度前总统，孟加拉国两任总理，缅甸最高领导人等，都率庞大代表团访问云南。经贸、旅游、商界等领域、各部门与印孟的交流不断增多，文化交流日趋频繁。

教育合作方面，由于云南在南亚的知名度不断提高，印度、孟加拉国等南亚国家到云南求学的学生不断增加。云南高校云集了数千名南亚学生，云南大学、昆明医科大学等高校也招收了博士、本科的学生。云南大学已在孟加拉国兴办了孔子学院。

学术交流日趋活跃。中国社科院、中国国际问题研究所、云南省社科院/省东南亚南亚研究院、省政府发展研究中心等与印度中国研究所、加尔各答阿萨德亚洲研究所、印度政策研究中心、孟加拉国政策对话中心等南亚智库研究机构有长期合作交流关系。中国方面举办的主要国际论坛有："中国—南亚智库论坛"、"昆明—加尔各答（K2K）合作论坛"、"中印合作论坛"等各类研讨会，互派学者短期访问。云南大学、大理学院等招收和派出留学生，开展学术交流频繁。10 年来云南省社科院学者与包括印度前总统、历任印度驻华大使和总领事、孟加拉国驻华大使及商务部长、外交部等高官进行座谈交流十余次。接待印孟学者百余人次。

总之，在 BCIM 论坛的影响和推动下，四国各方通过接触和交流增强了互信和了解，大大推动了中国、云南与各国的合作，提升了云南和西南在国家全方位对外开放中的地位，也提升了云南和西南在印度、孟加拉国等南亚国家的知名度。在当前世界和地区经济、政治异常复杂多变的发展阶段，更需要相关各国加强合作与交流，共同应对来自各方面的挑战。全球化使得任何一个国家不可能孤立地发展，全球性、地区性的问题也不可能由一个国家独立地去解决。只有合作才能使各国获得共同发展，只有创新才会有活力，只有坚持才会有成功。相信在四国的共同努力下，这一地区的合作将会迈出更大的步伐。

孟中印缅经济走廊建设进程与展望

陈利君①

孟中印缅四国山水相连，合作交流的历史源远流长。2013 年 5 月中国总理李克强访问印度，双方签署的《中印联合声明》指出，鉴于 2013 年 2 月孟中印缅汽车拉力赛的成功举行，双方同意与其他各方协商，成立联合工作组，研究加强该地区互联互通，促进经贸合作和人文交流，并倡议建设孟中印缅经济走廊。同年 10 月印度总理辛格访华，双方就推进经济走廊建设的相关工作进一步达成共识。12 月，四国联合工作组会议如期在中国昆明召开。这说明建设孟中印缅经济走廊不仅在中印之间达成共识，而且已进入四国共同推进的新阶段。建设孟中印缅经济走廊不仅会对孟中印缅地区的互联互通、经济合作产生深远的影响，而且也会对中国与南亚国家的开放与合作、实现共同发展产生重要影响。

一　孟中印缅经济走廊提出的背景

孟中印缅经济走廊是以昆明、曼德勒、达卡、加尔各答等沿线重要城市为依托，以铁路、公路、航空、水运、电力、通信、油气管道等国际大通道为纽带，以人流、物流、资金流、信息流为基础，通过共同打造优势产业集群、特色城镇体系、产业园区、口岸体系、边境经济合作区等，形成优势互补、分工协作、联动开发、共同发展的经济带。建设经济走廊的重要目的是充分发挥各自的比较优势，通过加强区域内交通联系，减少区域运输成本和贸易成本，促进沿线国家的产业分工与合作，推动各种资源和生产要素自由流动，实现优化配置，促进共同发展。孟中印缅经济走廊的提出与孟中印缅四国长期以来持续推进的孟中印缅地区经济合作紧密相关，也与当今的国际大趋势有关。

---

①　云南省社会科学院南亚研究所所长、研究员。

1. 孟中印缅地区经济合作论坛直接推动了经济走廊的提出

尽管历史上孟中印缅地区的联系十分紧密，但在新中国成立后的很长时期孟中印缅地区都没有合作机制来推动本地区的经济合作。1999年孟中印缅（BCIM）四国学者共同发起在昆明举行了第一次会议，四国代表签署了《昆明倡议》，以促进经济合作和学术交流。这开创了当代孟中印缅地区经济合作的先河。2000年四国在印度首都新德里召开了第二次孟中印缅地区经济合作与发展会议。2002年在孟加拉国首都达卡召开了第三次会议，通过了《达卡声明》，四方正式把该会议名称更名为孟中印缅地区经济合作论坛。2003年第四次会议在缅甸首都仰光召开，发表了《仰光声明》。2004年第五次会议在昆明举行，会议签署了《昆明合作声明》等框架性文件，确立了论坛的宗旨、原则、发展方向及合作机制等。四国不仅提出要继续推动在交通、贸易、旅游、文化等重点领域开展务实合作，而且提出要在科技、教育、环境保护、人力资源开发、友好城市缔结、非传统安全问题（如毒品走私、非法移民）等其他领域进行有效合作。由此，该论坛形成了每年轮流在四国召开的多边会议。孟中印缅地区经济合作论坛从首次共同签署具有里程碑意义的《昆明倡议》开始，到2013年止，已先后在中国昆明、印度新德里（或加尔各答）、孟加拉国达卡、缅甸仰光（或内比都）召开了11次会议，在多个领域达成了共识，先后通过了《达卡声明》《昆明合作声明》《德里声明》《加尔各答声明》《仰光声明》《内比都声明》等一系列促进合作的"倡议"或"声明"，这既反映了各方增强合作交流的强烈愿望，也为四国推动经济走廊建设提供了内在动力。例如2011年1月在昆明举办的孟中印缅地区经济合作论坛第九次会议，就将人文领域合作、地区经济合作、区域互联互通基础设施建设和孟中印缅合作论坛机制建设等作为主题研讨，并积极推动四国在交通、贸易、旅游及文化等重点领域开展务实和有效的合作。云南省秦光荣省长在致词中还就推动四方务实合作提出了四点建议：一是共同推动合作升轨。二是提高合作实效。落实好成立四方商务理事会、开展昆明—加尔各答国际汽车拉力赛等论坛会议磋商确定的具体事宜。三是拓展合作领域。四是推进交通对接。他希望论坛进一步与相关国家就云南连接缅甸通往孟加拉国和连接印度的陆上通道建设问题达成共识，加快推进建设，争取早日在四方间构筑起更加便捷、高效的国际运输大动脉。参加此次会议的印度前外交秘书埃里克·冈萨夫说，中印的交通连接对两国十分重要，不仅要推进公路、铁路等基础设施建设，还应促进包括知识层面、智力层面的互联互通，如文化、教育、企业交流等。2013年2月23—24日，孟中印缅地区合作论坛第十一次会议在孟加拉国首都达卡召开，这次会议讨论的议题包括：贸易、投资和金融领域的合作；加强多种方式的互联互通；塑造能源合作；建立有效合作的机制。另外，孟中印缅地区经济合作论坛还举行汽车集结赛，务实推进四国通道的连接。2012 年 2 月 8—18 日，来自孟中印缅四国的 12 名代表组成的考察团对沿线进行了路考，车队从昆明出发，途经中国瑞丽、缅甸曼德勒、印度英帕尔、孟加拉国达卡等地，最终抵达印度加尔各答。2012 年 2 月 15 日，孟加拉国交通部部长奥拜杜尔·卡德在达卡会见孟中印缅四国汽车集结赛联合道路考察组时说，汽车集结赛是孟中印缅合作的重要项目，将推动四国互联互通，促进相互间的文化和人员交往。孟交通部及他本人将继续支持和推动汽车集结赛的举办，为实现区域互联互通，造福人民做出积极努力①。2013 年 2 月 22 日至 3 月 5 日成功进行了首届孟中印缅汽车集结赛，车队从印度加尔各答出发经孟加拉国杰索尔、达卡、锡莱特，印度锡尔杰尔、因帕尔，缅甸卡勒、曼德勒，中国瑞丽、腾冲、大理，最后到达中国昆明，历时 12 天，总里程约 2800 公里。这不仅表明孟中印缅打通陆上交通通道是完全可行的，而且有力地推进了孟中印缅地区经济合作。目前，BCIM 论坛已成为中国推动与南亚开放与合作的一个重要机制。这直接促成了孟中印缅经济走廊的提出。

2. 世界区域经济一体化的大趋势促进了孟中印缅经济走廊的提出

20 世纪 90 年代以来，随着世界经济全球化和区域经济一体化的加快推进，世界范围内的区域合作组织迅速发展，各国之间的相互联系、相互依存更加紧密。北美自由贸易区、欧洲联盟、亚太经合组织、东南亚区域合作联盟等区域、次区域合作机制不断发展，并在地区合作中扮演着越来越重要的角色。这使得越来越多的国家都参与了国际性或区域性合作组织，也为各地区的区域、次区域合作带来了机遇。在这一大背景下，孟中印缅四国都参与和推进了多个区域合作组织，如南亚区域合作联盟（简称"南盟"，SAARC)②、环印度洋地区合作联盟（简称"环印联盟"，IOR-ARC)③、环

---

① 《孟加拉国交通部部长会见孟中印缅四国汽车集结赛联合道路考察组》，http：//news. 163. com/12/0215/17/7QAPAR1B00014AEE. html。

② 1985 年 12 月，南亚 7 国领导人在孟加拉国首都达卡举行第一届首脑会议，会议发表了《达卡宣言》，制定了《南亚区域合作联盟宪章》，并宣布南亚区域合作联盟正式成立。2005 年 11 月阿富汗加入南盟，成为南盟第八个成员。中国、日本、韩国、美国、欧盟、伊朗、毛里求斯、澳大利亚和缅甸是南盟观察员。

③ 1993 年南非外交部长博塔访问印度时首次提出了建立环印度洋区域合作设想。1994 年毛里求斯外交部长卡斯纳里访问印度时再次提出"印度洋经济圈"设想，倡导建立印度洋周边国家经贸合作组织，得到环印度洋各个国家的积极响应。1997 年 3 月环印度洋 14 个国家在毛里求斯首都路易港召开部长级会议，通过《联盟章程》和《行动计划》，宣告环印度洋区域合作联盟正式成立。

孟加拉湾经济合作组织（BIMSTE）① 等，并就加快建立自由贸易区，促进地区经济合作与发展进行了广泛交流和探讨。这体现了南亚地区各国推进区域经济一体化、进一步加强合作的强烈愿望。但在现实当中，尽管南亚地区建立的南亚区域合作联盟时间较长，但南亚地区的经济合作与世界其他地区（如欧盟）快速发展的形势相比，其进展相对缓慢。即使是与周边的"东盟"相比也存在较大的差距。1999 年 11 月举行的第二届东盟非正式首脑会议宣布，六个老成员自 2005 年 7 月起开始降税，2010 年 1 月 1 日将关税削减为零，实现完全自由化；东盟越、老、缅、柬 4 个新成员亦于 2015 年达成自由化目标。尽管 2004 年第 12 届南盟峰会签署了《南亚自由贸易协定框架条约》，要求南亚各国从 2006 年开始降低关税，取消非关税壁垒，建立南亚自由贸易区，以推动南亚区域内部经济合作②，但实际进展缓慢，区域内贸易壁垒依旧大量存在，至今不仅有大量商品未列入关税减让清单，而且列入减让清单的也多为贸易量较小的商品，这不仅使南盟成员国之间的贸易往来水平很低（不到10%），也使得南亚地区的经济一体化发展水平较低。孟中印缅作为相互毗邻的发展中国家，发展经济的任务十分繁重。而该地区的区域、次区域合作组织密集，四国都希望通过参与区域、次区域合作获得更大发展，以充分挖掘自身潜力，实现优势互补，促进共同发展。面对当前国际金融危机的冲击、新一轮全球产业结构的调整及竞争的加剧，四国都希望顺应时代发展潮流，把握历史机遇，妥善处理相关问题，深化区域经济合作，促进经济发展，缓解贫困。而共同推进孟中印缅经济走廊建设，对于四国扩大相邻地区的开放，改善基础设施，实现贸易便利化，以及促进本地区经济发展和增进人民福祉都有重要作用。

3. 孟中印缅合作取得了许多实效助推了孟中印缅经济走廊的提出

孟中印缅四国幅员辽阔、资源富集、人口众多、物产丰富、经济互补性强、合作潜力巨大。四国是连接亚洲各区域、次区域的重要枢纽，可把中国、东南亚、南亚三大新兴市场紧密联系在一起。四国加强合作，加快次区

---

① 由孟加拉国、印度、斯里兰卡、缅甸、泰国、尼泊尔、不丹组成。又称为孟印缅斯泰经济合作组织或东南亚、南亚7 国经济合作组织，它成立于 1997 年 6 月，最初只有孟加拉国、印度、斯里兰卡、缅甸和泰国5 个国家参加。2004 年 2 月不丹和尼泊尔先后成为该组织的新成员国，使之扩大成为 7 国经济合作组织。2004 年该合作组织改名为"孟加拉湾多层次经济技术合作机制"。该组织宗旨是本着平等互利的原则，促进东南亚与南亚各成员国之间的经济发展和交往。

② 南亚自由贸易协定规定，非最不发达国家（印度、巴基斯坦、斯里兰卡）2006—2008 年内关税降为 20%；2008—2013 年内印度、巴基斯坦关税降至 0%—5%；2008—2014 年内斯里兰卡关税降至 0%—5%；2008—2011 年内对最不发达国家的关税降至 0%—5%。最不发达国家（孟加拉、尼泊尔、不丹和马尔代夫）2006—2008 年内关税降为 30%；2008—2016 年内关税降至 0%—5%。

域经济发展，可增强各国的经济实力，改变贫困落后的面貌。自1999年孟中印缅（BCIM）地区经济合作论坛创立以来，四国充分发挥资源禀赋各异、文化多样、经济互补性强等特点与优势，相互取长补短，大力推进交通、经贸、旅游、人文等领域合作，使得经贸合作规模日益扩大，合作领域日益拓宽，合作内容日益增多，合作形式日益多样化，有力地推动了孟中印缅地区经济合作与发展，展现出了广阔的合作前景。这为孟中印缅经济走廊的提出创造了条件。

二　建设孟中印缅经济走廊的重要意义

尽管近年来孟中印缅四国经济发展取得了巨大成绩，但四国仍然是发展中国家，加快发展的任务依然十分繁重。建设孟中印缅经济走廊，深挖四国经贸合作潜力，对于加强四国经济联系、促进区域经济共同发展，具有十分重要的意义。

1. 有利于创造良好的地区发展环境

当前，世界多极化、经济全球化深入发展，文化多样化、社会信息化持续推进，科技革命孕育新突破，全球合作向多层次全方位拓展，"和平、发展、合作、共赢"的时代潮流更加强劲。特别是新兴力量的快速发展和整体经济实力的增强，为世界经济发展增添了新引擎和新动力。但国际上仍然充斥着形形色色的冷战思维，传统安全威胁和非传统安全威胁相互交织，局部动荡和热点问题复杂难解。同时，国际金融危机影响深远，世界经济增长的不稳定不确定因素增多，全球发展不平衡加剧。世界经济正处于战略结构调整阶段，各国既处于深化合作期，又处于摩擦多发期，合作共赢成为各国唯一的正确选择。尽管目前孟中印缅四国都确立了自己的发展目标，但要实现目标，却离不开良好的周边和国际环境。中国一直坚持走和平发展的道路，明确提出坚持开放的发展、合作的发展、共赢的发展，通过争取和平国际环境发展自己，又以自身发展维护和促进世界和平，扩大同各方利益汇合点，推动建设持久和平、共同繁荣的和谐世界。在和平发展道路与和谐世界理念的指导下，中国外交始终坚定维护国家主权、安全、发展利益，加强同各国交流合作，推动全球治理机制变革，积极促进世界和平与发展。为了把握好战略机遇期，加快发展，中国正在努力创造"四个环境"，即和平稳定的国际环境、睦邻友好的周边环境、平等互利的合作环境和客观友善的舆论环境。同样，印度、缅甸、孟加拉国也属于发展中国家，加快发展成为各国"头等大事"，而加快发展需要和平稳定的国际环境和外部条件，其中保持良好的地区环境和周边环境最为重要。而孟中印缅情况复杂，仍面临不少困难和挑战，发展环境需要不断改善，这成为四国加快发展的重要制约因素。目前，孟中印缅地区加快发展的最大机遇在周边，最大的挑战也在周边；最有希望的在周边，最容易出问题的还是在周边。但稳定的周边环境需要共同呵护，才能破解共同的难题。如果四国人民携手合作，努力做和平的维护者和促进者，同心维护和平，就能寻求更大发展。如果四国都坚持开放、合作、共赢的理念，政治上增强互信，经济上努力扩大各方利益的汇合点，文化上加强沟通协调，就有可能实现本地区长治久安，就能为促进共同发展提供安全保障。而且也只有增进理解、凝聚共识、充实内容、深化合作，才能协调各方面的利益诉求，形成能够保障互利共赢的机制。建设孟中印缅经济走廊是当前四国加强合作、密切各方经济关系、促进共同发展的有效途径，也是进一步沟通相互往来、加深相互理解、增强互信的重要渠道。同时，四国通过经济走廊建设深入开展地区经济合作，不仅有利于促使本地区较快地融入世界经济发展大潮，增强各国的经济实力，改变本区域封闭落后的面貌，创造有利于区域发展的和平稳定环境，而且有利于促进"南南合作"，提高本区域国家的国际地位，促进与发达国家公平对话，进而改善四国发展的国际环境。

　　2. 有利于促进互联互通

　　中国的发展离不开亚洲和世界，亚洲和世界的繁荣稳定也需要中国。尽管孟中印缅是世界重要的新兴市场，战略地位也十分重要，但长期以来由于各国交通、通讯、电力、信息等基础设施十分落后，互联互通水平很低，远远不能适应本地区经济社会持续发展的需要。建设孟中印缅经济走廊，必须加快国际大通道建设，加快实现互联互通，以增强本地区经济发展的动力。而国际大通道的建设不仅有利于充分发挥本地区的区位优势，沟通"三亚（东亚、东南亚、南亚）"、"两洋（太平洋和印度洋）"，优化各国的各种资源配置，带动沿线国家经济社会发展，而且有利于印度、缅甸、孟加拉国以及其他国家与中国加强经济合作，搭乘中国经济快车，促进经济共同发展。对于中国特别是云南来说，也有利于建设中国连接东南亚、南亚的国际大通道以及第三座亚欧大陆桥建设，深化与印缅孟的经贸合作，为中国及云南的经济发展开辟更加广阔的空间，还有利于推进云南从"大通道"到"桥头堡"建设的转变。

　　3. 有利于深化与印缅孟的经贸合作，促进共同发展

　　在世界上，建设经济走廊，都会对沿线国家和地区的经贸合作、经济发展和民生改善产生巨大影响。例如欧洲通过高速公路网、铁路网的连接建设

经济走廊，有力地推动了欧洲经济的合作与融合，促进了欧盟的形成和共同
发展。北美建立的经济走廊不仅促进了美加的经济合作，而且也促进了北美
自由贸易区的形成。目前，孟中印缅已成为世界经济发展最有活力的地区之
一。加强区域经济合作，不仅可以扩大贸易规模，而且可以大量引进资金、
技术和管理，加快这一地区经济发展。建设孟中印缅经济走廊是促进这一地
区产业发展和经济繁荣的有效途径，是四国推进区域经济合作的重要举措。
一是有利于促进四国建立相互开放的经济体制，把四国市场有效连接起来，
推动四国经济的沟通与融合，提高区域合作水平。二是有利于吸引世界各地
的资金和技术开发本区域丰富的资源，创造出巨大的投资和消费需求，促进
共同发展。因为孟中印缅经济互补，各国可以依托各自的比较优势，进行跨
国界、大范围的经济结构调整，推进产业结构升级，为四国产业发展找到新
的发展空间。三是有利于改善孟中印缅地区的交通运输条件，而交通建设的
改善有利于缩短孟中印缅货物运输的距离，降低企业物流成本，改善贸易环
境，促进经贸合作和增加人员往来，加快人流、物流、资金流、信息流的形
成。四是有利于促进生产要素在区域内的合理流动和优化组合，促进四国产
业分工与合作，使四国的区位、资源、经济以及技术、市场、资本、文化等
优势得到进一步发挥。因为孟中印缅资源分布不均，完全依赖国内资源供给
将难以实现持续高速增长，建设经济走廊可以在更大的空间范围内获取资
源，增加资源供给和降低资源的供给成本，促进经济可持续发展。五是有利
于促进经济走廊沿线资金的流动、资源的互补和产业的融合，使其成为国际
区域合作的洼地，成为充满活力的新的区域经济增长极，从而加快区域经济
发展进程，逐步缩小与发达国家的差距。六是有利于提高四国参与国际竞争
的能力。孟中印缅地区是世界上人口最多、最具市场潜力的地区。孟中印缅
经济走廊使占全世界人口一半的地区联成一片，为四国实施"走出去"开
放战略，有效拓展国际市场，增强产业、产品市场竞争力，提供了基础条
件。如果孟中印缅经济走廊与其他通道和市场连接，将大大提高四国在更大
范围、更广领域和更高层次上参与国际经济技术合作和竞争的能力。可见，
孟中印缅经济走廊是四国推进经贸合作的重要载体，是造福沿线各国人民的
经济走廊，符合沿线各国的利益。

　　4. 有利于维护边疆和谐稳定

　　长期以来，由于孟中印缅四国边疆地区社会经济发展水平较低，人民贫
困，影响了边疆的稳定和民族团结。建设孟中印缅经济走廊不仅有利于四国
加快开放步伐，加强经济合作，促进整个国家经济发展，促进"南南合
作"，而且也使中国西南、缅甸北部、印度东北部、孟加拉国东部等边疆地

区有了与国内中心城市连接、与国外大市场连接的机会，而这有利于促进区域统一市场的建立，打破边疆地区封闭落后、观念保守的状态。一旦边疆地区的开放和发展条件得到改善，其丰富的资源将成为吸引外来资金、技术、人才的热土，从而振兴边疆地区经济，改变落后面貌，缩小其与本国发达地区的差距，为其解决非传统安全问题创造条件。而这有利于促进本国边疆稳定、民族团结和社会和谐。

5. 有利于改善孟中印缅四国政治关系

尽管近年来四国关系不断向前发展，但同时也还有许多问题等待解决。建设孟中印缅经济走廊，为四国经济发展提供了相互渗透、相互流动、相互促进的舞台，有利于四国加强经济联系，促进经济合作，共同开发资源，增加人员往来，缓解贫困，实现共同发展。而这种给四国和四国人民带来实实在在利益的合作项目有利于扩大四方的共同利益，拉近各方距离，加强相互沟通，增加共识，增进友谊，消除误解，增强相互间的信任感，从而改善孟中印缅四国政治关系。

可见，推进孟中印缅经济走廊建设具有深远的战略意义和现实意义。既有利于加快交通、通信等基础设施建设，改善本地区经济发展环境，加快各国经济发展，增强各国的经济实力；也有利于吸引外来投资，优化资源配置，形成合理的国际分工，促进经济结构调整升级；既有利于促进"南南合作"，创造和平与发展的地区国际环境，也有利于拓展发展空间，增强经济发展的动力，实现共同发展，改善区域人民生活条件。同时还有利于解决这一地区存在的各种非传统安全问题，维护边疆稳定。因此，它符合区域内各国的根本利益。

三　建设孟中印缅经济走廊的基础与条件

依托骨干交通线发展通道经济，建设经济走廊，已成为推动区域经济发展的重要模式。孟中印缅经济走廊以铁路、公路为主要载体，纵贯孟加拉国、中国、印度、缅甸四个国家，辐射南亚、东南亚、中国三大市场，是一个推动区域内投资贸易发展、人员交流以及各类产业合作的主轴。目前，推进孟中印缅经济走廊建设已有良好的基础和条件。

（一）建设基础

中印是世界毗邻的两大文明古国，缅甸和孟加拉国长期作为双方的沟通桥梁或组成部分，并深受中印文明的影响。汉代开辟的"南方丝绸之路"就已将四国连接在一起。20世纪第二次世界大战时期开辟的中印公路（又称史迪威公路）、驼峰航线、中印输油管道再次把四国紧密联系在一起。千百年来，孟中印缅四国间的经贸和文化交流一直没有中断过。二次世界大战各民族国家建立后，虽然四国曾存在矛盾、分歧甚至冲突，但自20世纪90年代特别是进入21世纪以来，四国关系不断改善，扩大开放、加快发展、加强合作，已成为四国政府和人民的共同愿望。而且经过多年的共同努力，孟中印缅之间的合作也取得了巨大成绩，这为孟中印缅经济走廊的提出和建设奠定了良好基础。

1. 合作机制日益完善

孟中印缅地区经济合作论坛首先由学术界提出，完全是一个"二轨"会议。会议名称从最初的"国际研讨会"发展为"孟中印缅地区经济合作论坛"，现正向"孟中印缅合作论坛"发展。参加会议的人员从最初的只有学者参加，发展为有官员、学者、企业界共同参加的"政府主导、多轨并行"的"一轨半"会议，四国官员、学者、企业在这一平台上相互交流、对话，有力地推动了四国合作。2004年还在昆明建立了孟中印缅（BCIM）地区经济合作论坛办公机构，作为联系四国的常设机构，主要负责论坛日常事务联络、建立资料数据库、执行论坛会议委托的事务等，这为BCIM论坛框架内的活动提供了组织、技术和信息保障，使合作机制更加稳定和富有成效。2012年2月19日在孟中印缅地区合作论坛第十次会议上同意成立孟中印缅商务理事会①，共同推动地区间的经济合作。云南省贸促会与孟加拉国工商会、印度工业联合会和缅甸工商会在加尔各答签署了协议。目前，孟中印缅地区经济合作论坛已成为本地区最重要的次区域合作机制之一，对促进次区域合作与发展发挥了重要作用。与此同时，云南省作为中国参与论坛的主体，积极发挥区位优势，努力推动合作机制与平台的建设，相继推动了中国—南亚商务论坛、昆明与加尔各答国际学术会议、中国（云南）与缅甸合作论坛等在云南的召开，推动了中国云南省与印度西孟加拉邦、昆明市与加尔各答市、中国云南与缅北等经济合作机制与平台的建立。另外，中国已成为南盟观察员、中国—南亚博览会已在昆明举办。这使得本地区的合作机制日益完善、合作内容与形式更加丰富。

2. 经贸合作规模不断扩大

在孟中印缅四国政府及孟中印缅地区经济合作论坛等机制的推动下，四

---

① 理事会将通过组织代表团访问、互换信息、参加会议、举办展览和建立网站等方式开展活动。理事会实行轮值主席制，主席由轮值国推荐担任，每个国家推荐2名代表进入理事会。首任轮值主席国由中国担任。

国经贸合作领域不断拓宽，合作规模不断扩大，文化交流持续加强，成果日益丰硕。以经贸合作为例，近年来，孟中印缅四国间的经贸合作规模大幅提升。1999—2012 年中国与印度、孟加拉国、缅甸的贸易快速增长。1999 年中国与印孟缅三国的贸易额为 32.11 亿美元，2003 年突破 100 亿美元（达100.5 亿美元），2012 年达 818.95 亿美元，比 1999 年增长了 24.50 倍。同期，中印贸易额从 19.88 亿美元增加到 664.72 亿美元，增长 32.44 倍，中缅贸易额从 5.08 亿美元增加到 69.72 亿美元，增长 12.72 倍，中孟贸易额从 7.15 亿美元增加到 84.51 亿美元，增长 10.82 倍。中国已成为印度第二大贸易伙伴，印度成为中国在南亚地区的最大贸易伙伴。同期，云南与印、孟、缅三国的贸易也不断增加，1999 年云南与印、孟、缅的贸易额分别为2761 万美元、195 万美元、29952 万美元，2012 年尽管受世界金融危机的影响，云南与印、孟的贸易额下降，但仍分别达 46092 万美元、7084 万美元，而与缅甸的贸易额则达 22.20 亿美元。目前，印度、缅甸、孟加拉国已成为云南重要的贸易伙伴。

3. 互联互通水平大大提高

在 1999 年，中国与南亚国家没有一条固定的航线。随着四国间的合作不断增多，交通连接也不断取得新进展。2000 年 12 月 4 日，云南省首开昆明—印度新德里商务包机，结束了中印之间长期以来不通航的历史。2002年 4 月 1 日东航云南公司开通昆明—曼德勒航线。2004 年 12 月在昆明召开的第五次会议上，提出开通加尔各答—达卡—曼德勒—昆明空中航线，推进"孟中印缅地区旅游合作"等。2005 年 5 月东方航空正式开通北京—昆明—达卡国际航线。随后，又陆续开辟了昆明—加尔各答、昆明—仰光、昆明—加德满都、昆明—科伦坡、昆明—马累航线。与此同时，云南"连接周边、通江达海"的公路网也初步形成，7 条通向邻省的干线公路，除滇藏公路外，基本实现高等级化。滇缅双方还共同推出了畹町—腊戍、瑞丽—八莫、瑞丽—曼德勒、勐海—勐拉—景栋等边境旅游线路。目前云南正在加大力度推进"四出境"的公路、铁路建设。其中昆明到中缅边境口岸瑞丽、腾冲的高速或高等级公路已建成通车，中国腾冲—缅甸密支那的二级公路也建成通车。如果从昆明经保山腾冲、缅甸密支那到缅印边境的班哨，再到印度雷多，只有 1200 多公里，比绕道马六甲海峡近 4000 多公里。如果全部建成高等级公路，从昆明到印度雷多全程只需十多个小时。另外，印缅孟对通过亚洲公路网、泛亚铁路连接四国的通道也表现出积极的愿望，并积极推进印缅、孟缅、印孟的交通连接。这有力地促进了孟中印缅四国间及其与次区域外国家的客货运输，也为建设孟中印缅经济走廊建设提供了通道基础。

4. 经贸合作领域不断拓宽、合作形式日益多样化

深化与周边国家的经贸合作，对于推进区域经济合作，共同营造和平稳定、平等互信、合作共赢的地区环境具有重要的战略意义。近年来，中国与孟印缅的经贸合作领域不断拓宽，合作内容日益丰富，合作形式日益多样化。在合作领域方面，最初孟中印缅地区合作论坛关注的主要是交通、贸易、旅游与合作机制四大问题，但随着论坛讨论的深入，合作领域不断拓宽。除原来的四个外，已扩大到投资、服务贸易、电信、软件、农业、医药、科技、教育、文化以及非传统安全等领域。从合作形式看，除贸易外，四国间的投资、工程承包项目也明显增长。截至 2012 年 9 月，中国在南亚国家签订的工程承包合同额累计达 1024 亿美元，完成工程承包营业额 664 亿美元；中国累计对南盟各国非金融类投资近 23 亿美元。中国同南亚各国在基础设施和双向投资领域的合作也迅猛发展。截至 2012 年底，中国在印累计签订工程承包合同额 601.31 亿美元，完成营业额 335.18 亿美元；经经商务部批准或备案的中国对印非金融类直接投资金额达 7.25 亿美元，印度来中国设立的非金融类投资项目 800 个，实际投资 4.86 亿美元。中国在孟累计签署承包工程合同额 88.84 亿美元，累计完成营业额 87.64 亿美元；中国对孟非金融类直接投资存量为 1.21 亿美元，孟对中国实际投资 4048 万美元。中国企业对缅甸直接投资存量为 23.7 亿美元；缅甸企业对中国累计直接投资为 1 亿美元。云南的云天化、云铜、昆钢等企业已与孟印缅也开展了许多合作。一批对区域经济发展起着重大和先导作用的大项目（如中缅油气管道）也进入了实质性合作阶段。这表明四国经贸合作迈上了新的台阶，且其合作领域已超出经济合作的范围而扩大到其他领域。

5. 人员交流日益密切

随着四国交通条件的改善，航空航线不断增加，公路、铁路、水运逐步实现对接，大大促进了四国人员流动。商务、学术、文化、教育等合作交流不断增多，高级官员互访频繁，民间交流日趋活跃。2011 年世界各国赴缅旅游人数为 81.6 万人次，缅甸旅游收入为 3.19 亿美元。2012 年赴缅游客人数突破百万大关，旅游收入达 5.34 亿美元。在 2012 年缅甸入境游客中，中国游客人数排在第二位，约 7 万人。1990 年印度到中国旅游的人数为 1.43 万人，2000 年上升到 12.09 万人，2012 年达 61.02 万人（见表 1），居来中国旅游人数的第 16 位。2012 年中国公民首站访印度的人数也达到 11.83 万人次，比 2010 年增长 19.1%。云南的高校还吸引了许多南亚国家的学生来学习，其中大理学院自 2005 年开始招收南亚留学生以来，至 2011 年已招收来自印度、巴基斯坦、尼泊尔和孟加拉国等国留学生 498 名，主要

就读于基础医学院、临床医学院和文学院。云南还有许多高校在境外设置办学点，例如云南大学在孟加拉国开设了孔子学院，在缅甸兴建了福庆孔子课堂等。云南广播电视大学与孟加拉国南北大学签署了合作协议，将在孟加拉国南北大学建立云南开放大学孟加拉国学习中心，而孟加拉国南北大学也将建立中国研究中心。云南财经大学、昆明理工大学等高校也与印度的高校签署了合作协议。另外，中国以及云南与缅甸、印度、孟加拉国的学者也频繁互访和交流。

表 1　　　　　　**2012 年来华旅游入境人数（按年龄、性别分）**

国别	合计	年龄					性别	
	（万人）	14 岁及以下	15—24 岁	25—44 岁	45—64 岁	65 岁及以上	男	女
总计	2719.16	111.79	215.87	1229.72	988.70	173.07	1737.76	981.40
亚洲小计	1664.88	57.05	130.35	783.98	588.35	105.15	1093.54	571.34
日本	351.82	11.78	13.74	139.22	151.76	35.32	270.49	81.33
韩国	406.99	17.99	29.31	159.16	165.46	35.07	256.88	150.11
朝鲜	18.06	0.13	1.89	7.63	8.17	0.24	14.12	3.94
蒙古	101.05	3.37	11.82	60.08	24.82	0.97	53.40	47.65
菲律宾	96.20	1.79	7.16	60.57	25.04	1.64	72.01	24.19
泰国	64.76	1.74	4.83	30.09	23.63	4.47	31.04	33.72
新加坡	102.77	5.33	6.45	37.71	45.03	8.25	65.16	37.62
印度尼西亚	62.20	2.57	6.21	30.77	18.67	3.98	32.46	29.73
马来西亚	123.55	5.13	8.04	56.67	45.19	8.51	74.96	48.59
巴基斯坦	9.67	0.24	1.09	5.66	2.49	0.19	8.71	0.96
印度	61.02	2.05	4.65	37.10	15.41	1.82	50.45	10.57
尼泊尔	4.09	0.09	0.36	2.82	0.79	0.04	3.36	0.73
斯里兰卡	4.27	0.06	0.43	2.47	1.24	0.08	3.32	0.96
哈萨克斯坦	49.14	1.13	5.70	27.30	14.20	0.81	28.40	20.74
吉尔吉斯斯坦	4.81	0.08	0.59	2.68	1.40	0.06	3.32	1.50

资料来源：中国旅游局：《2012 年 1—12 月来华旅游入境人数（按年龄、性别分）》，http：//www. cnta. gov. cn/html/2013 - 1/2013 - 1 - 17 - 17 - 12 - 76724. html。

（二）建设条件

尽管孟中印缅经济走廊建设面临一些问题，如互联互通水平较低、合作机制层次低、非传统安全问题多、实效合作的大项目较少、政治互信水平有待进一步提高等，但目前推进孟中印缅经济走廊建设仍然有许多有利条件，这些条件包括以下几个方面。

1. 有共同合作的愿望

中国政府及相关部门多次表示，中国高度重视与孟加拉国、印度和缅甸的关系，积极推进合作。在历次论坛会议上，中方都表示，要一如既往地继续支持云南为论坛发展做出的不懈努力，并期待着云南与其他各方一道，共同推动论坛不断取得新的更大的发展①。2005 年 4 月温家宝总理访问孟加拉国，双方发表的《中华人民共和国政府和孟加拉人民共和国政府联合公报》指出，"加强交通领域合作，双方同意开通中国北京经停昆明与孟加拉国达卡间的空中直航，致力于最终建立中国昆明至孟加拉国吉大港间的陆路联系"②。2010 年 3 月孟加拉国总理访问中国，胡锦涛主席在北京会见孟加拉国总理谢赫·哈西娜时说，中孟两国同为亚洲发展中国家，都面临促进经济社会发展、提高人民生活水平的任务，都致力于区域合作和亚洲的振兴与发展。中方愿同孟方深化务实合作，扩大贸易规模，促进双向投资，鼓励两国企业开展多领域合作，推动两国互联互通建设。哈西娜表示，孟加拉国希望同中国保持高层及其他各级别交往，加强交流互鉴，扩大在经贸、农业、人文等领域友好合作③。双方发表的《中华人民共和国与孟加拉人民共和国联合声明》也指出，"双方同意加强两国交通联系，继续探讨建设连接中国和孟加拉国公路的可能性"，"双方同意继续加强在区域合作中的沟通与协调，同意继续积极参与和推进孟中印缅地区经济合作进程"④。2010 年 9 月云南省长秦光荣在拜会孟加拉国总理哈西娜时说，希望加强双方合作，尽早建成中缅孟国际大通道。哈西娜说，"孟加拉国期待建立穿越缅甸到中国的公路与铁路直接连接"，在公路、铁路建设方面与中国加强合作⑤。2013 年 6 月26 日，中国交通运输部副部长冯正霖在达卡与孟加拉国交通部部长赛义德·阿布·侯赛因举行工作会谈。双方重点就加强两国交通运输领域全面合作深入交换意见。冯正霖表示，此行的目的是探讨如何共同推动建设连接中

---

① 中国外交部部长助理程国平在孟中印缅第九次会议开幕式上的致词。参见《云南日报》2011 年 1 月 19 日。

② 《中国和孟加拉国政府发表联合公报》，《人民日报》2005 年 4 月 9 日第 3 版。

③ 《胡锦涛会见孟加拉国总理哈西娜》，http：//www. chinanews. com/gn/news/2010/03 – 19/2180515. shtml。

④ 《中华人民共和国与孟加拉人民共和国联合声明（全文）》，http：//news. xinhuanet. com/politics/2010 –03/19/content_ 13205582. htm。

⑤ 《中国与孟加拉国将建穿越缅甸通道，直通南亚》，http：//news. 163. com/10/0901/16/6FGPEPM3000146BD. html。

国、缅甸、孟加拉国和印度的公路项目。侯赛因感谢中方对建设该经济走廊的重视。他表示，当前区域互联互通合作势头良好，孟方愿与中方一道，积极协调其他两国，尽早启动该公路的建设。双方商定尽快组织四国专家进行实地勘探，本着先连通再提高的原则，逐步完善公路通道。同时，在公路通道建设具备一定可行性的前提下，启动商谈四国客货运输协定。在与孟加拉国航运部部长沙贾汗·汗会谈时，沙贾汗·汗通报了孟政府海运和港口领域的发展规划，希望继续加强与中方的合作，推荐有实力和技术的中国企业参与投资和建设①。2013 年 7 月 1 日中国外交部王毅部长在文莱斯里巴加湾会见孟加拉国外长莫尼时表示，孟中印缅经济走廊是中国同周边互联互通以及东亚与南亚相互对接的重点项目，希望中孟与有关国家积极配合，使该项目早日启动。莫尼表示，孟方希望借鉴中国发展的成功经验，同中方加强合作。孟方将积极支持和参与"孟中印缅经济走廊"建设。2013 年 7 月 1 日云南省省长李纪恒在昆明会见孟加拉国外交秘书穆罕默德·沙希杜尔·哈克时说，希望滇孟双方继续加强高层互访，不断加深了解、增进互信、扩大共识；继续加强经贸往来，云南将鼓励有实力的企业"走出去"参与孟加拉国经济建设，争取在综合交通、能源和矿业开发等领域实现新的合作，并借助南博会等平台开展全方位经贸合作；继续推动孟中印缅经济走廊建设，推动互联互通，不断提升合作层次；继续加强民间和人文交流，努力使双方在文化、科技、卫生等领域合作取得新成效，推动双方友谊不断巩固和加深。哈克对李纪恒提出的建议表示赞同，他说，孟滇双方经济互补性强，合作潜力巨大，贸易水平有巨大的提升空间，我们期待着能与云南共同开辟更多合作领域，不断提升合作层次②。2013 年 10 月 20 日中国外交部长王毅同来华进行正式访问的孟加拉国外长穆尼举行了会谈。王毅表示，中方愿同孟方保持高层互访，深化务实合作，加快推进中孟印缅经济走廊建设和大项目合作，增进人文交流，加强在国际地区问题上的协调配合，推进双方关系不断迈上新水平。穆尼赞赏中方新一届政府为推进双方关系所做努力，欢迎并愿积极参与孟中印缅经济走廊建设。孟方愿与中方共同努力，全面深化和提升双边关系水平，共创孟中关系新辉煌③。

　　2005 年温家宝总理访问印度，双方同意建立"面向和平与繁荣的战略

　　①　《中国与孟加拉国就深化交通运输领域合作交换意见》，http：//www. chinadaily. com. cn/hq-pl/zggc/2013 – 06 – 28/content_ 9441274. html。

　　②　张潇予：《李纪恒会见孟加拉国外交秘书哈克一行》，《云南日报》2013 年 7 月 2 日。

　　③　王毅：《加快推进中孟印缅经济走廊建设》，http：//news. 163. com/13/1020/16/9BL5G30U00014JB5. html。

合作伙伴关系"。2006 年 11 月胡锦涛总书记访问印度，双方不仅签署了
《中印双边投资促进和保护协定》，而且发表了《联合宣言》，提出了充实和
加强两国战略合作伙伴关系的"十项战略"。其中，在第七项战略"促进跨
边境联系与合作"中指出，"双方对孟中印缅地区经济合作论坛建议组织的
加尔各答—昆明（经过孟加拉国和缅甸）公路汽车赛表示欢迎"①。2008 年
1 月印度总理辛格访问中国，双方发表的《中华人民共和国和印度共和国关
于二十一世纪的共同展望》指出，"双方支持和鼓励区域一体化进程，认为
这是形成中的国际经济体系的重要特征，为发展提供了互利机遇"②。2010
年 12 月温家宝访问印度，双方发表的《中华人民共和国和印度共和国联合
公报》指出，印方欢迎中国企业参与印度的公路、铁路等基础设施建设和
制造业；双方鼓励两国企业扩大相互投资与工程承包合作，妥善处理经贸摩
擦和分歧，共同反对一切形式的保护主义。2013 年 5 月 4 日，印度财政部
长奇丹巴拉姆在亚洲开发银行举办的第 46 届年会呼吁，"希望亚洲开发银
行成为连接印度、孟加拉国、缅甸和中国经济走廊的合作伙伴"。2013 年 5
月李克强总理访问印度，双方正式提出推进孟中印缅经济走廊建设。2013
年 10 月 22 日至 24 日印度总理曼莫汉·辛格访问中国，双方发表的《中印
战略合作伙伴关系未来发展愿景的联合声明》指出，双方已就孟中印缅经
济走廊倡议分别成立工作组。双方将同孟、缅保持沟通协商，并于 12 月召
开孟中印缅联合工作组首次会议，研究孟中印缅经济走廊建设的具体规
划③。中国与缅甸也一直在推进通道建设。2010 年 5 月 18 日中国交通运输
部部长李盛霖与缅甸国家和平与发展委员会第一秘书长丁昂敏乌在缅甸首都
内比都举行会谈，双方就加快实施中缅交通基础设施互联互通工程中的具体
合作项目交换了意见。丁昂敏乌指出，在交通基础设施建设领域，缅甸有许
多地方需要借鉴中国的成功经验，学习中国基础设施建设的先进技术，通过
发展交通基础设施建设，帮助缅甸人民发展经济、摆脱贫困，缅方愿意通过
各种渠道与中方开展合作与交流。双方表示，将加快构建高效便捷的运输通
道，为两国经济的发展与繁荣、人民生活的改善做出积极努力。在与缅建设
部会谈中，双方签署了公路建设合作谅解备忘录；在与缅交通部会谈中，双

---

　　① 中印发表《联合宣言》，《北京日报》2006 年 11 月 22 日，http：//news. sina. com. cn/c/
2006 - 11 - 22/063910564461 s. shtml。

　　② 《中印签署二十一世纪的共同展望文件》，http：//news. xinhuanet. com/newscenter/2008 -
01/15/content_ 7422185. htm。

　　③ 《中印战略合作伙伴关系未来发展愿景的联合声明》，《人民日报》2013 年 10 月 24 日第
3 版。

方进一步探讨了开展陆水联运合作的可能性；在与缅铁道部会谈中，双方就商签公路运输协定达成共识，同意尽早完成协定的谈判和签署工作，为两国跨境运输提供制度保障和便利安排①。2010 年 6 月国务院总理温家宝在内比都与缅甸总理登盛举行会谈时表示，中缅两国地缘相连，经济互补性强，开展互利合作前景广阔。下阶段，双方要规划好合作重点领域和项目，加快推进基础设施互联互通，如期、保质建成双方已商定的能源、交通等大型项目。中方愿继续为缅甸经济社会发展提供力所能及的援助②。登盛表示，缅甸高度赞赏中国的发展，从战略高度重视两国合作，将抓紧落实双方商定的重点合作项目。2011 年 5 月缅甸总统吴登盛访问中国，双方发表了《关于建立全面战略合作伙伴关系的联合声明》，双方同意"本着平等互利、优势互补、注重实效的原则，进一步提升两国经贸合作规模和水平，逐步加强健康、稳定、可持续的经贸合作关系"。2012 年 12 月缅甸国家计划与经济发展部部长甘佐在大湄公河次区域（GMS）经济合作第十八次部长级会议说，GMS 国家需要进一步加强在交通运输方面的合作，加速推动区域的一体化进程。"缅甸十分关注发展 GMS 交通走廊和经济走廊的建设，希望通过努力能够促进本区域的互联互通和竞争力，促进区域的全面发展"③。2013 年 8 月在昆明举行的首届中国云南—缅甸合作论坛上，双方就推进孟中印缅地区经济走廊建设、通关便利化、经贸合作、民间交往等进行了广泛交流。缅甸外交部副部长吴丹觉表示，希望与云南在交通、教育、科研、边境农业等诸多领域加强交流合作，欢迎更多的云南企业到缅投资兴业。缅甸驻昆明总领事馆总领事吴丁温也表示，孟中印缅经济走廊对于云南和缅甸来说又是一次崭新的商机，"孟中印缅经济走廊的建成，不仅能促进中缅、滇缅的合作，更能以两方带动四方。目前，滇缅双方正在打造跨境交通运输网络、能源合作机制框架和商贸旅游一体化，相信经济走廊建成后，将更加助推这三大项目的进程"④。2013 年 8 月 28 日，中国外交部长王毅会见了来华出席中国—东盟特别外长会议的缅甸外长温纳貌伦。王毅表示，当前中缅关系发展势头良好。两国应推进全面合作，坚定发展睦邻友好。中缅应着力抓好重大

---

①　《中缅合作推进交通基础设施互联互通》。

②　《温家宝与缅甸总理登盛举行会谈》，http：//politics. people. com. cn/GB/1024/11779419. html。

③　《大湄公河次区域成立铁路联盟推动互联互通》，http：//news. china. com. cn/live/2012 - 12/13/content_ 17669124. htm。

④　《建设孟中印缅经济走廊：云南重大的对外开放机遇》，《昆明日报》2013 年 8 月 20 日，htp：//news. yninfo. com/yn/jjxw/201308/t20130820_ 2121162_ 3. html。

经贸合作项目，积极推进基础设施互联互通，探索构建孟中印缅走廊。温纳貌伦表示，缅方珍视中国长期以来对缅的支持和帮助，将坚定不移发展缅中全面战略合作伙伴关系。缅中经贸关系惠及双方，缅方愿与中方加强重大项目、互联互通等方面合作，共同维护边境稳定①。从以上可以看出，孟中印缅经济走廊建设已得到四方的认可。

2. 有良好的区位优势

孟中印缅区域地处"三亚两洋"的结合部，北部、东北部与中国连接，东部通过中南半岛连接太平洋沿岸国家，西部与南亚、西亚连接，南部濒临印度洋，可沟通东亚、东南亚、南亚三大市场，区位条件优越。区域内孟中印缅"山同脉、水同源"，习俗相近，人文相亲，便于沟通。特别是缅甸是沟通东南亚、印度与中国的重要通道，也是沟通中国与印度洋的桥梁和纽带。如果孟中印缅四国加快经济走廊建设，建立起互利互惠的战略合作关系，不仅有利于密切双边、多边投资和经济联系，推进这一地区经济合作，而且将获得相应的地缘政治利益，甚至改变南亚、东南亚地区现有的地缘政治格局。因此，加快孟中印缅经济走廊建设不仅有助于充分发挥孟中印缅优越的地理条件和人文优势，促进东南亚、南亚、中国三大区域市场相互融合，而且还可带动周边国家经济发展，并加强亚洲地区的经济合作，推动整个亚洲区域内市场的形成，为地区乃至全球的经济增长带来新动力。

3. 有明显的互补性

孟中印缅资源禀赋各异，经济互补性强，有巨大的合作与互动空间。目前，中国已经进入了工业化中后期阶段，而印度、孟加拉国、缅甸工业化仍然处于起步阶段。中国制造业强大，已成为世界新的制造业中心，被称为"世界工厂"，而印度以服务外包和IT产业为主的现代服务业发展成就举世瞩目，已形成比较优势，被称为"世界办公室"。缅甸、孟加拉国的矿产、海产品、木材、黄麻等资源丰富，人口众多，工业化水平低，制造业对GDP的贡献率不高，其经济增长潜力巨大。即使在农业领域，四国也各有优势，开展合作的前景广阔。由此，孟中印缅四国在资源、市场、产业、产品、技术、人才等方面形成了很强的互补性。目前，印度、缅甸、孟加拉国经济发展速度正在加快，有大量的公路、铁路、港口等基础设施需要建设，而中国在基础设施建设和对外工程承包方面具有优势。随着中国经济实力的增强，对外投资能力也大大提高。据2013年1月联合国贸发会议发布的报

---

① 《王毅会见缅甸外长温纳貌伦》，http://www.fmprc.gov.cn/mfa_chn/zyxw_602251/t1070251.shtml。

告，2012 年由于全球经济复苏乏力，企业跨国投资能力和意愿下降，全球跨国直接投资总量为 1.3 万亿美元，同比下降 18.3%。但中国对外投资却继续增加。2012 年中国境内投资者共对全球 141 个国家和地区的 4425 家境外企业进行了直接投资，累计实现非金融类直接投资 772.2 亿美元，同比增长 28.6%。另外，中国与印度、缅甸、孟加拉国都签署了投资保护协定，这使得孟中印缅经济、贸易、投资合作有很大潜力可挖。通过建设孟中印缅经济走廊，彼此不仅可以更好开展互利合作，而且有利于实现优势互补，共同发展。

4. 有巨大的合作潜力

孟中印缅四国山水相连，人文相通，人口众多，自然资源丰富，合作潜力巨大。四国人口约 27 亿，总面积 1000 多万平方公里。近年来，孟中印缅经济快速发展，增长率每年都在 5% 以上，成为世界重要的新兴市场。特别是中国和印度已成为世界最大的消费市场之一。但孟中印缅四国都还没有完成工业化和城镇化的进程，其市场开发潜力巨大。这使得孟中印缅地区成为当今世界最具吸引力的地区之一。从未来发展形势看，在今后 20 年内，中国和印度还有可能成为世界第一和第二大经济体。2013 年 5 月 19 日世界银行发布的《全球发展展望》报告显示，到 2030 年，中国和印度将成为世界上最大的投资者。这为我们之间的合作提供了广阔前景。2008 年以来全球爆发的金融危机影响深远，不仅引发了主权债务危机、欧元危机，而且使得全球经济增长率下滑，孟中印缅四国也深受其影响。2012 年中国经济增长率为 7.7%，而印度为 5.3%。按财年看，2011—2012 财年印度经济增长率为 6.5%；2012—2013 财年仅为 5%，为 10 年来最低。截至 2012 年底，印度经常项目赤字占国内生产总值的比重已达 6.7%。孟加拉国、缅甸的经济也不同程度受到影响。这不仅使我们看到了孟中印缅对外部市场依赖的脆弱性，而且也使我们看到了进一步推进区域合作的紧迫性与重要性。因为建设孟中印缅经济走廊可以提振我们的经济发展信心。

5. 有良好的外部环境

在全球区域经济合作方兴未艾的大背景下，世界促进经济增长、加强区域合作的机制和倡议越来越多，各经济体之间的联系日益紧密，区域资源、市场日益整合。1978 年中国实行了对外开放的政策，20 世纪 90 年代以来印度、孟加拉国也实行了全面开放的政策，新世纪以来缅甸也加快了开放步伐，四国奉行的开放政策为孟中印缅合作与经济走廊建设奠定了坚实稳定的基础。近年来，孟中印缅四国政府在双边领导人会晤以及签署的各类文件中都表示要加强合作。在举行的多次孟中印缅论坛会议上，四国学者和官方也都表示要积极支持 BCIM 论坛的发展，使论坛成为四国促进合作、增进了解、深化互信的重要平台。目前，中国正在实施新一轮西部大开发战略，云南正在推进中国面向西南开放的重要门户建设。印度、孟加拉国正在深入实施"东向"政策。2004 年 11 月 30 日印度与东盟签署了《印度—东盟和平、进步和共同繁荣伙伴关系协定》。2009 年印度和东盟签署了《货物自由贸易协定》。2012 年 12 月印度在新德里举办了纪念印度与东盟建立对话关系 20 周年的"印度—东盟纪念峰会"。期间，印度和东盟结束了自由贸易协定（FTA）项下关于服务与投资的谈判，各方承诺将加强相互投资，提高人员和技术的交流。峰会还通过了《东盟与印度纪念峰会展望声明》，提出将印度与东盟的对话伙伴关系提升为战略伙伴关系，并致力于推动东盟与印度在政治、经济、安全、社会文化等领域的合作。2009 年印度与东盟 10 国的贸易额为 320 亿美元，2012 年上升到 750 亿美元。各方一致同意，争取在2015 年达到 1000 亿美元，2022 年达到 2000 亿美元。2013 年印度与东盟通过了服务与投资贸易协定的最终文本，标志着双方离正式签署全面经济伙伴关系协定（Comprehensive Economic Partnership Agreement，简称 CEPA）又迈近了一步。缅甸与中国、印度、孟加拉国的关系源远流长，正在加大开放的力度，促进与周边国家经济合作。同时，四国的高层互访日益频繁，并签署了许多推进经贸合作的文件、协议、备忘录。中国"十二五"规划纲要也明确提出要推动区域合作进程，深化同新兴市场国家和发展中国家的务实合作。

　　近年来，亚洲在世界经济低迷的情况下仍然保持着较快的增长步伐，对世界经济增长的贡献率超过了 50%，从而成为拉动世界经济复苏和增长的重要引擎，这使全球经济增长的焦点转向了亚洲。同时，亚洲国家间的经济合作日益密切，展现出良好的合作前景。目前，孟中印缅四国的重要贸易伙伴、吸引外资来源地以及游客等都来自亚洲地区。可以说，加强合作已成为孟中印缅四国发展经济的内在需求。但要实现新的发展，则需要寻找新的合作思路。如果孟中印缅四国不断协调相互的利益诉求、形成新的保障互利共赢的机制，共建孟中印缅经济走廊，进一步加强合作，不仅将为彼此的经济发展提供更多机遇，而且将为本地区的人民提供更多就业和增加收入的机会；不仅有利于促进本地区经济社会文化的合作和相互援助，加速本地区经济增长、社会进步和文化发展，而且有利于加强与其他国家的合作，促进南亚、东南亚人民的福利改善和生活质量提高，从而为亚洲繁荣发展做出巨大贡献。可见，建设孟中印缅经济走廊迎来了战略机遇期。

6. 有较好的合作基础

近年来，中国一直坚持"大国是关键，周边是首要，发展中国家是基础"的对外交往政策，印度、孟加拉国、缅甸都是中国重要的邻国和周边国家，中国也一直希望通过各种方式与其加强合作。经过多年的努力，孟中印缅的发展条件都大为改善，经济实力明显增强，为深化四国合作创造了广阔的空间，也为加快推进孟中印缅经济走廊建设奠定了坚实的基础。同时，不断加深的合作，不仅为四国人民带来实实在在的好处，而且带来了更高层次的需求，这将有利于推进孟中印缅经济走廊建设。

7. 孟中印缅都重视周边外交与合作

近年来，孟中印缅为了推动经济更好发展越来越重视周边外交和推动与周边国家的经贸合作。2013 年 10 月 24 日至 25 日中国举行了周边外交工作座谈会，习近平总书记在会上指出，要更加奋发有为地推进周边外交，为我国发展争取良好的周边环境，使我国发展更多惠及周边国家，实现共同发展。要努力使周边同我国政治关系更加友好、经济纽带更加牢固、安全合作更加深化、人文联系更加紧密。要本着互惠互利的原则同周边国家开展合作，把双方利益融合提升到更高水平，让周边国家得益于我国发展，使我国也从周边国家共同发展中获得裨益和助力。要着力维护周边和平稳定大局，着力深化互利共赢格局，积极参与区域经济合作，加快基础设施互联互通，构建区域经济一体化新格局。要广结善缘，把中国梦同周边各国人民过上美好生活的愿望、同地区发展前景对接起来，让命运共同体意识在周边国家落地生根①。印度近年来也十分重视周边外交，其领导人以及外交部长等不仅与南亚的马尔代夫、斯里兰卡、不丹、尼泊尔和孟加拉国等南盟国家往来频繁，积极推进南盟自由贸易区建设，而且实施了"东向"战略，加强与东南亚国家以及与中国、俄罗斯、卡塔尔等国家的合作。例如，2011 年 9 月印度总理辛格访问了邻邦孟加拉国，两国不仅签署了一份全面合作框架协议，而且在边界领土、经贸、可再生能源、渔业、动物保护及教育等领域达成一系列协议或谅解备忘录。这是印度总理自 1999 年以来首次访问孟加拉国，不少印度媒体将辛格此访称为一次"破冰之旅"。两国还签署了最终边界划定协议，解决了困扰两国关系多年的飞地领土交换问题，印度将通过孟加拉国向其开放境内公路和铁路等基础设施项目，进一步打通与南亚乃至东南亚地区国家的联系。另外，印度还积极推进与周边国家的能源合作。印度

---

① 《习近平：开展周边外交要有立体多元跨越时空视角》，http：//news. sina. com. cn/c/2013 – 10 – 25/201028533791. shtml。

已获得了缅甸 A1 号海上天然气田 30% 的股份，在缅甸泰曼提河流域建设水电项目。正在推进在缅甸建立天然气发电厂、将电能输送到印度的计划。印度在孟加拉国建立了燃气发电站，在斯里兰卡亭马可里建设火力发电站，在不丹、尼泊尔建立水电站，将电力输送到印度。谋划建设从土库曼斯坦经阿富汗和巴基斯坦到印度、从伊朗经巴基斯坦到印度的天然气管道。准备在阿富汗 100 个村庄转让太阳能发电技术。从卡塔尔、沙特阿拉伯、伊朗等国签订长期购油合同，进口石油、液化天然气。可以说，印度正在不断通过加强对话、扩大经贸合作、增加投资贷款等方式拉近其同周边国家的关系。孟加拉国、缅甸的周边外交与合作近年来也日益活跃。孟加拉国已正式加入《东南亚友好合作条约》，与印度、缅甸的合作日益增加。2008 年 4 月 14 日孟加拉国首都达卡与印度西孟加拉邦首府加尔各答之间的铁路客运服务在中断 43 年之后正式恢复，标志着孟印两国正式实现铁路客运服务。近年来，缅甸致力于推进政府转型、政治改革以及民主进程，实现民族和解，促进经济发展，改善民众生活。与东盟、印度、孟加拉国的合作也不断增加，例如缅甸每年从印度购买数百万吨柴油，以满足国内需求。与美国、日本、欧洲的关系不断改善。2011 年 1 月与美国互派大使，12 月美国国务卿希拉里访问缅甸。2012 年 7 月 11 日美国总统奥巴马宣布减轻对缅甸制裁，准许美国公司在缅甸投资。11 月 19 日美国总统奥巴马访问缅甸，表示将正式放松对缅甸的贸易限制。随着中国经济的快速发展和国际影响力的提升，孟、印、缅等周边国家也更加重视对华关系，希望搭上中国发展的"快车"。2010 年 6 月温家宝总理对缅甸进行正式访问，9 月丹瑞大将对中国进行国事访问。2011 年 5 月吴登盛总统对中国进行国事访问，两国发表联合声明，宣布建立全面战略合作伙伴关系。2012 年 9 月中国全国人大常委会委员长吴邦国对缅甸进行正式友好访问。2013 年 4 月吴登盛总统对中国进行国事访问并出席博鳌亚洲论坛 2013 年年会。访华期间，习近平主席同吴登盛总统举行会谈并发表了《中华人民共和国和缅甸联邦共和国联合新闻公报》。目前，中国是缅甸最大的外资来源国和第二大贸易伙伴。2011 年中缅双边贸易额达 65 亿美元，中国对缅投资达 202.6 亿美元。孟中印缅四国加大周边外交与经贸合作为建设孟中印缅经济走廊创造了条件。

8. 有成功的经验可以借鉴

目前，不仅许多地方已建成了经济走廊，而且还有许多经济走廊正在建设。中国与周边国家也在推进经济走廊建设。东盟国家已签署了《东盟互联互通总体规划》，正在大力推进区域内的经济走廊建设。中国与东盟建立了交通部长会议机制，正在推进"两廊一圈"、南北经济走廊和东西经济走廊建设。2013 年 9 月在广西南宁举行的中国—东盟互联互通交通部长特别会议，以交通基础设施"硬件"建设和运输便利化"软件"改善为主要议题，讨论了如何推进中国—东盟陆上和海上互联互通合作，发表了《中国—东盟互联互通交通部长特别会议联合声明》，以大力推进互联互通。另外，中国还与缅甸在大湄公河次区域（GMS）经济合作框架下进行互联互通合作。2011 年温家宝总理在印尼巴厘岛出席第十四次中国与东盟领导人会议时倡议，成立中国—东盟互联互通合作委员会，加快推进互联互通。2012 年 12 月大湄公河次区域（GMS）经济合作第十八次部长级会议决定成立 GMS 铁路联盟，协调域内铁路干线对接，加快推动跨境铁路项目实施，以促进各成员国间的互联互通和经济社会协调发展[1]。目前，每年昆交会都会举行 GMS 经济走廊活动周，澜沧江—湄公河已通航，昆明至曼谷的公路大通道已建成，泛亚铁路东线境内段即将完成。这些都为建设孟中印缅经济走廊提供了借鉴的经验。

四 建设孟中印缅经济走廊的反响与环境评估

孟中印缅经济走廊提出后，已引起各方面的巨大反响。尽管印、孟、缅三国媒体对四国经济走廊的报道不太多，但这一构想已引起孟中印缅四国政府及欧美的关注。印度尼赫鲁大学教授狄伯杰说，建设孟中印缅经济走廊十分必要，因为四国地理毗邻，经济互补性强。随着相关投资的引入，印度东北部地区的基础设施建设将会有很大的提升，社会问题也会逐渐得到解决。印度前外交秘书埃里克·冈萨夫 2013 年 5 月 23 日对《环球时报》记者表示，孟中印缅走廊一旦建立，受益最大的无疑是印度西孟加拉邦。该邦是印度东部经济、科技、文化和教育中心，在钢铁、纺织、造船、农业、金融等领域均有较强实力，与孟、缅及中国西南交往历史悠久，在印度"东向"战略中具有重要的地位。该邦首府加尔各答为印度第三大城市、东部和东北地区商业中心以及最大的港口，也是印度华人的最大聚居地。此外，印度共产党（马）曾在当地执政近 40 年，民众对华友好基础远高于印度其他地方。埃里克·冈萨夫还认为，经济走廊的辐射作用有望促进南亚、东南亚、东亚三大经济板块的联合发展。同时，这种合作方式也有利于形成一种开放型的灵活机制，各相关国家都可根据发展的需要来选择参与，形成一个

---

[1] 《大湄公河次区域成立铁路联盟推动互联互通》，http://news.china.com.cn/live/2012-12/13/content_17669124.htm。

新的有影响力的区域合作组织。缅甸仰光大学国际关系系主任查查森说，由于缅甸多年受西方的经济制裁，经济不发达，境内的交通设施非常落后。但缅甸处于这条经济走廊的中心地带，能帮助中国通往其他东南亚国家，也有助于实现印度的雄心。建设孟中印缅经济走廊对改善缅甸交通、加强基础设施建设、实现产业转移、发展加工制造业和商业物流具有重大意义。孟加拉国经济学家拉曼表示，建设孟中印缅经济走廊可以刺激孟与有关国家之间的贸易，将使所有利益相关者受益。2013 年 5 月 22 日德国财经网发表了题为《中印更加接近》的评论说，孟中印缅经济走廊是一个里程碑式的大项目。中印两国领导人提出的孟中印缅经济走廊将推动两大市场更加紧密联系，也有利于印度产品销往中国。5 月 23 日美国伍德罗·威尔逊国际学者中心南亚东南亚研究学者迈克尔·库格尔曼在接受《环球时报》记者采访时说，尽管中印之间存在边界争端，但两国都想建立良好的贸易关系，孟中印缅经济走廊建设的前景是乐观的。另外，四国都有强烈的增强经济联系的期望，这给建立经济走廊提供了良好势头①。

　　2013 年 6 月在缅甸内比都国际会议中心举行了第二十二届世界经济论坛东亚峰会，来自 55 个国家和地区的 900 多名政府首脑、商界代表和专家学者就缅甸和东盟的发展进行了广泛而深入的讨论。同时，孟中印缅经济走廊也成为了此次东亚峰会关注的焦点。本次峰会联席会议主席、印度塔塔咨询服务有限公司副董事长拉马都莱说，建设孟中印缅经济走廊非常有必要，经济走廊覆盖的面积约为 165 万平方千米，人口达到 4.4 亿，经济发展潜力巨大。"缅甸正处在经济转型的过程中，需要中印两国的技术和资金支持，塔塔集团已经决定在缅甸设立信息技术培训学校，帮助缅甸培养人才。"英特尔公司下属的英特尔投资在东亚峰会上宣布向两家印度和一家新加坡的电子商务公司投资 1600 万美元，还说"中国和印度在信息产业和外包产业方面有着丰富的经验，中印两国可以帮助缅甸和孟加拉国发展信息产业"。缅甸消费品公司总经理卡雅称，"我的公司一直参与缅甸和印度的边境贸易，孟中印缅经济走廊的建设将为公司的进出口贸易提供更多渠道"。香港缅甸商会联合香港理工大学举办了"缅甸投资环境最新发展"研讨会。香港缅甸商会经理池明珠说，"孟中印缅经济走廊的建设将为香港投资者投资缅甸和东南亚提供更广阔的平台。"印度 SMW 媒体分析师里图拉吉博士表示，孟中印缅经济走廊强调四国之间的经贸合作，印度"向东看"政策不仅强

　　① 吕鹏飞、暨佩娟等：《孟中印缅经济走廊，四国心气渐高》，http：//news. cnwest. com/content/2013－05/24/content_ 9315277. htm。

调印度和东南亚国家在经济领域的合作，还包含在能源、安全和海上贸易等领域的合作。印度"向东看"和孟中印缅经济走廊可以互为补充，促进亚太地区的经济发展。缅甸全国民主联盟经济委员会成员尤敏钦说，"孟中印缅经济走廊的建设将促进缅甸的经济发展，给缅甸带来实实在在的利益，中国是缅甸的老朋友，缅甸欢迎来自中国的投资"。新加坡《海峡时报》资深编辑拉维·维勒认为，孟中印缅经济走廊的建设将极大地促进四国的经济发展，提高四国人民的生活水平。新加坡东南亚研究院高级研究员、缅甸籍学者丁貌丹表示，孟中印缅经济走廊的建设会产生溢出效应，对四国的经济发展都有好处。新加坡国立大学东亚研究所高级研究员赵洪也认为，孟中印缅经济走廊潜力巨大，印度、缅甸和孟加拉国都需要来自中国的资本和技术，孟中印缅经济走廊将成为新的区域合作平台。北京大学教授查道炯认为，"孟中印缅四国人口众多，发展潜力巨大，建设孟中印缅经济走廊的抓手是修路，四国之间实现互联互通之后联系才会更加紧密"。日本庆应义塾大学教授竹中平藏认为，孟中印缅经济走廊是个很好的设想，建成之后将形成新的物流体系，激活缅甸和孟加拉国的经济发展。随着经济的发展，东南亚地区的经济分工也会发生变化。中国目前已经到了可以向周边国家提供资本和技术的发展阶段，经济发展相对落后的缅甸和孟加拉国获益最大。竹中平藏还说，孟中印缅四国政治稳定，投资环境良好，中国和印度联手形成的巨大消费市场将会拉动世界经济增长。他建议，"要激活孟中印缅经济走廊，不能只靠政府投资，四国需要鼓励更多的民营企业在这一区域相互投资"[1]。

但也有不少人认为建设孟中印缅经济走廊会遇到许多问题。印度新德里中国问题研究所郑嘉宾认为，孟中印缅经济走廊涉及的地区有的地方基础设施跟不上，制约了这些地区的经济、人文交流。如印度东北部地区的基础设施建设就十分薄弱。还有一些印度人认为，建设孟中印缅经济走廊会使中国在该地区影响力扩大，而印度东北部地区贫困问题突出、地区安全形势不稳、存在分离主义倾向，这会加大印度对其控局难度。德国《明镜》周刊驻印度记者在《胜利的微笑》报道中说，"中国在印度洋周边的影响力增加让印度别无选择，只能与强大的邻居结成经济合作伙伴"。美国学者库格尔曼认为，本地区商业贸易欠发达，区域合作不尽如人意，建设孟中印缅经济走廊难度大。

客观分析，建设孟中印缅经济走廊确实会面临一些问题与挑战。一是资金短缺。孟中印缅四国都是发展中国家，不仅经济实力有限，财政都处于赤

---

[1] 《打造区域合作新平台》，《人民日报》2013年6月8日。

字状态，而且资本市场发展滞后，融资渠道少，要筹集巨额资金建设国际大通道、实现产业对接十分困难。二是四国各方面差距悬殊。孟中印缅国情不同，人口规模、经济规模、土地面积、人均 GDP、社会制度、投资环境、文化教育、风俗习惯等方面差异性较大，这会影响各国对经济走廊建设的态度以及参与水平。再加上目前各国口岸建设滞后，口岸管理制度、运输标准和金融服务等各不相同，通关便利化有待进一步提高。三是区域内关系错综复杂。中印、印孟、孟缅都存在领土争端，互信水平有待提高。同时，区域内非传统安全问题突出，建设孟中印缅难免会遇到各种阻力。四是企业实力有限。孟中印缅四国特别是缅甸和孟加拉国大企业少，实力弱，使得许多企业难以参与经济走廊建设，从而影响经济走廊的带动力。如果大量企业不能参与经济走廊建设，不仅会影响经济走廊的建设，长期如此还可能使一些国家缺乏建设经济走廊的驱动力。五是外部因素干扰。目前，印度、缅甸、孟加拉国受区域外大国因素的影响较大。美国、日本以及欧盟等区域外国家或组织都加紧与其加强联系，加大合作力度。一些国家还利用各种手段拉拢其围堵中国，这使得孟中印缅经济走廊建设会受到各种干扰。

但从总体上看，建设孟中印缅经济走廊的共同利益大于分歧；机遇大于挑战。四国对建设孟中印缅经济走廊的分歧不会太大，但在怎样建设上可能会出现较大分歧。目前各国最关心的是本国在孟中印缅经济走廊建设中的地位、作用，以及它能否给本国带来利益和安全。从孟中印缅论坛获得的信息看，要推进孟中印缅经济走廊建设，需要设计一个各方都能够接受的方案。而这一方案由于四国存在利益差异，各方会对线路走向、先建后建路段、出资方式、利益分配等提出要求。孟加拉国政策对话中心拉马图拉就认为，孟中印缅四国应该把注意力集中在对主要通道的认定上，以便实施合作。同时，要消除有形和无形障碍，保证物流和人流通畅。既要解决孟中印缅之间基础设施网络的缺失问题，又需要主要通道的途经国进行大胆决策，做出进一步的政治承诺，寻求与每个成员国合作，以保障所有国家享有平等进入国际市场的机会。另外，还要增强公众对运输一体化的意识、加大基于邻国经济互补之上的平衡贸易等。而运输一体化进程需要在经济上可行、政治上容易接受，而且还能适应社会发展的需求①。因此，建设孟中印缅经济走廊容易得到四方支持，但需要加强与各方沟通协调。

---

① ［孟］M. 拉马图拉：《推进孟中印缅交通连接及对策建议——孟加拉国的思考》，《东南亚南亚研究》2010 年第 3 期。

五 加快推进孟中印缅经济走廊建设的对策建议

尽管孟中印缅地区经济合作取得了不少成绩，但与世界经济全球化的新形势和孟中印缅的巨大潜力相比，我们之间的合作层次、合作规模、合作便利化程度、信息交流水平等都远远不适应当前和未来地区经济发展形势的需要，还需要共同努力不断推动四国开展更加务实的合作，提升合作层次和水平，以实现互利共赢和促进共同发展。而建设孟中印缅经济走廊就是我们推进合作的新亮点，也是我们四国开展次区域经济合作的重要走廊。只要我们共同努力，持续不断地推进孟中印缅经济走廊建设的各项工作，相信未来孟中印缅的合作必将展现出光明的前景。为了加快推进孟中印缅经济走廊建设，需要采取以下对策措施。

1. 加快建立孟中印缅经济走廊合作机制

尽管孟中印缅地区经济合作已得到四国学术界的认同，且把建设孟中印缅经济走廊作为推进孟中印缅地区经济合作的一个重要内容，但孟中印缅经济走廊建设是一项复杂的工程，需要协调的内容很多，面临的挑战也很多，仅靠学术界或地方来推动是不行的，需要四国政府部门来协调和推动，才容易取得更多实质性的进展。为此，四国政府应高度重视，建立起不同层次的合作机制，以加快推进孟中印缅经济走廊建设。一是建立高层协调机制。四国从各自相关部委抽调高层人士组成孟中印缅经济走廊建设联合工作组，从大局出发，加强统筹协调，形成更多共识，商签《孟中印缅经济走廊建设谅解备忘录》，制定相互衔接统一的经济走廊建设规划。要明确各自分工，研究、确定经济走廊建设的重大问题，共同编制孟中印缅经济走廊建设规划，努力从国家战略层面进行设计和推动，切实解决孟中印缅经济走廊建设中的有关问题，以促进互利共赢和共同发展。二是建立走廊沿线城市政府部门间的协调机制，加快项目实施。昆明要与走廊沿线的曼德勒、吉大港、加尔各答等城市建立经贸、金融、税收、工商、环保、旅游、文化、教育、科技等领域的协调机制，实现双边或多边多领域的合作与互动。三是建立产业合作机制，将产业合作与孟中印缅次区域经济合作相结合，并相互促进。四是建立和完善商会交流合作机制，推进孟中印缅企业间的合作。五是建立民间交流合作机制，密切双方的人员往来，增进相互了解，推进促进合作。

2. 以交通为重点加快推进互联互通建设

互联互通对于提高贸易便利化水平、促进生产要素自由流通有重要作用。建设互联互通的国际大通道是推进经济走廊建设的基础，而交通领域的互联互通必须先行。实现区域内互联互通，建立可靠的区域供应链体系，提高供应链智能化水平，不仅有利于提高贸易便利化水平，降低商品流通时间和节约交易成本，促进四国经贸合作，而且有利于增强本地区的经济联系和市场竞争力，推进区域经济一体化。随着四国经济发展迅速，交通设施已跟不上发展的步伐，并成为制约孟中印缅经济合作的"瓶颈"。目前，四国除航空领域的互联互通较好以外，其他领域的互联互通还十分薄弱。从公路方面看，尽管四国都有一些公路与周边地区连接，但没有一条公路把四国联系起来，而且公路等级低。从铁路看，基础更差，不仅没有一条铁路把四国联系起来，而且各国设备老化严重。从配套设施看，仓储、货场、换装等基础设施不全且不配套，运输量有限。这使得孟中印缅经济走廊建设需要以改善交通基础设施建设为核心。尽管近年来四国为此做了许多努力，中缅公路中国段已基本改造完成，中国腾冲至缅甸密支那已建成二级公路。2001年印度帮助缅甸建了一条连接印缅的160公里的高等级公路，被称为"印缅友谊公路"。2002年4月印、缅、泰三国外长不仅商定修建一条从印度莫雷经缅甸蒲甘至泰国湄索的公路，还同意开辟一条从泰国北碧经缅甸土瓦深水港至印度港口的海上运输线。中国还积极支持《东盟互联互通总体规划》，并参与东盟国家的公路、铁路、水运、电力、通信等领域的互联互通项目建设。2001年举行了澜沧江—湄公河首航仪式。2003年孟加拉国前总理卡莉达·齐亚访问缅甸，与缅甸总理丹瑞将军会晤时提出修建一条孟缅直通公路的建议，以促进两国文化旅游事业发展和加强边境贸易。2004年4月孟缅两国签署了修建达卡至仰光公路的协议，并在距孟加拉国东部城镇科克斯巴扎15公里的拉穆举行了开工仪式。该公路被称为孟缅友谊公路，全长133公里，其中孟加拉国境内需修建13公里，缅甸境内需修建97公里。孟方已向缅方提供1000万美元建设资金。一旦该路修通，将大大改善孟加拉国与缅甸、中国的交通联系①。2007年4月孟加拉国交通部长和缅甸交通部副部长在缅甸首都内比都共同签署了边境友谊公路直通协议，该边境公路长25公里，将把该国东南部的贡德姆与缅甸的博利巴泽尔连接起来②。2008年缅甸还在孟缅边境地区缅方一侧的东彪镇建立边境贸易区。2010年7月印度

---

① 任佳、王崇理、陈利君：《孟中印缅地区经济合作的回顾与展望》，《云南日报》2004年12月22日。

② 缅孟公路始于孟加拉国的岗丹地区，通过缅甸的东彪、建祥（昂细彬）、貌夺、布帝洞与皎多（实兑—仰光公路）相连接。貌夺至东彪的水路开通。东彪至建祥的公路线选址已经确定，缅甸至孟加拉国友谊大桥以及始于石碑文的线路勘察和通往缅甸东彪镇边境贸易区的跨境公路修筑工作也在推进中。

向到访的缅甸领导人丹瑞承诺，将提供 6000 万美元赠款，帮助修建一条公路把缅甸和印度的米佐拉姆邦连接起来。印度还计划建造一条通往缅甸、泰国、柬埔寨和越南的四车道高速公路①。可见，孟中印缅对加强交通联系有积极性，现四国要充分发挥各自的区位优势，加强合作，把交通领域的互联互通作为合作的优先领域和重点方向，积极推进孟中印缅铁路、公路通道建设，进而使四国经济在更广阔的领域和市场内快速推进。四国在加强本国交通建设的基础上，要采取共同协商、先易后难的方式加快互联互通的交通运输网络建设，努力构建综合立体的交通运输体系，以深化区域经济合作。一是共同推进交通合作。四国要将打造区域交通走廊作为推动区域经济合作的重要举措，抓紧铁路、公路通道连接问题的研究，建立以航空、通讯为先导，公路为基础，铁路为动脉，水运、电力、输油管道为补充，集公路、铁路、水运、航空等多种通道为一体的立体大通道。二是共同成立 BCIM 交通协调办公室，推进签署《BCIM 互联互通战略框架》，统筹规划基础设施建设，确定近期、中期和远期交通合作目标及具体合作项目，明确公路、铁路通道走向，并协调 BCIM 铁路公路干线、技术标准的对接以及车辆相关标准②，推进运输技术标准一体化。三是以公路、铁路为主加快基础设施建设。采取灵活多样的融资方式筹措建设资金，加快修建缺失铁路，提升不达标的公路等级，促进区域铁路、公路互联互通。对于公路通道，可以采取先连通、后提高标准的原则。四是推进签署《过境运输框架协议》，完善便利化措施，促进跨境客货运流动便利化。五是加强交通通道与港口连接，为孟中印缅内陆地区提供出海口。六是建立配套的集装箱、仓储服务等设施，通过经济走廊的辐射效应，带动经济走廊周边区域发展。七是鼓励私营部门参与互联互通建设。

3. 加强对孟中印缅经济走廊建设的研究

深化四国经贸合作需要新的推动力。孟中印缅经济走廊为四国提供了巨大的发展潜力和市场需求，四国应加快经济走廊建设研究步伐，为编制可行性研究报告奠定基础。一是联合开展可行性研究。孟中印缅四国智库机构要专门成立研究经济走廊的课题组，一方面加强对经济走廊建设前瞻性和可行性研究，以应对将来可能出现在孟中印缅间的交通运输发展和需求增长问

---

① 该公路是"印度—湄公河走廊"计划的一部分，从印度阿萨姆邦高哈蒂（Guwahati）经过缅甸曼德勒或仰光到越南。

② 因为孟中印缅铁路、公路标准不统一。如缅甸铁路是米轨，与我国的铁路网络就不能很好对接。

题。研究范围应包括经济和商业方面的可行性研究以及对环境影响的评估①。另一方面进行经济技术论证，对相关的铁路和公路建设、线路选择、产业布局、城市发展等进行深入研究，为经济走廊建设的顺利推进奠定基础。二是举办孟中印缅经济走廊建设学术研讨会。在推进经济走廊建设的过程中，应特别重视发挥智库机构的作用，共同举办孟中印缅经济走廊学术研讨会，就相关问题进行学术探讨和提出对策建议。三是提升孟中印缅地区经济合作论坛层次。在李克强总理访问印度时，孟中印缅合作机制已经被写入了联合声明，但目前孟中印缅合作论坛还未完全上升到政府层面，需要继续不懈努力提升合作层次。四国学者要积极向各自政府反映，让政府高度重视孟中印缅合作和经济走廊建设，以形成合力，共同推动经济走廊建设。四是利用中国—南亚博览会这一平台，加强探讨和合作，为经济走廊建设注入新的动力。

4. 务实推进区域合作，不断拓宽合作领域

建设孟中印缅经济走廊就是要推进四国多层次、多元化的合作，建成一条互利合作共赢的经济带，以实现优势互补。因而它是一条商贸走廊、旅游走廊、友谊走廊、合作共赢走廊，也是促进区域经济合作的新引擎。目前，中国与孟加拉国、印度和缅甸是重要的经贸伙伴，但合作形式和内容较单一、合作平台层次低、贸易结构和商品结构单一，必须秉持开放合作的精神，拓展合作领域，推进合作形式向多元化发展。面对新形势、新任务和新要求，各方要进一步拓展互利互惠空间，加强在相互投资、贸易、基础设施建设等领域深化合作，加深利益融合，提升多边合作水平。一是要不断扩大孟中印缅贸易规模。贸易发展是构建经济走廊的物质基础，也是推进经济走廊建设进程的重要动力。目前，孟中印缅贸易基数低、规模小、比重轻、发展不平衡。中国特别是云南要不断优化贸易结构，进一步扩大与孟印缅的贸易规模，提高贸易渗透度与依存度。二是进一步扩大开放，深化区域经济合作。制定相互优惠的经贸合作政策，放宽对外商投资的领域，加大相互投资合作力度。尤其是要加强在基础设施、农业、矿产资源、水电、新能源等重点领域合作，为经济走廊建设创造条件。三是在落实已经确定的具体项目的基础上，加大磋商力度，达成更多共识，不断提出新的合作思路、合作目标、合作项目。特别是要将提出的项目和建议具体化，以更加务实地推进合作。四是合力建设 BCIM 官方网站或商务门户网站，加强商务信息沟通，促

① ［孟］M. 拉马图拉：《推进孟中印缅交通连接及对策建议——孟加拉国的思考》，《东南亚南亚研究》2010 年第 3 期。

进经贸、投资合作。五是推动贸易投资便利化。协调完善各种法律法规及标准，简化经贸合作和人员往来手续。积极推动各方在对方国家设立官方或民间贸易促进机构。

5. 促进"软件"的互联互通

互联互通建设是全方位的，既包括"硬件"，也包括"软件"。"硬件"主要指基础设施和交通运输领域的互联互通，"软件"主要指制度（法律法规、政策）、技术、人文和情感等领域的互联互通。如促进区域经济合作、相互开放市场的通关程序、检验检疫；促进产业升级与对接的制度、政策；促进信息沟通、人文交流的制度、政策以及促进民间交流和民众情感的态度、政策等。当前最重要的是在加快交通基础设施建设的同时，要借鉴中国与东盟推进互联互通的经验①，加快信息、政策、教育、人文等领域的互联互通，使交通走廊向经济走廊转化。一是继续发挥四国在资源、产业、市场等方面的互补优势，营造更加透明、稳定和开放的政策环境，在加强经贸合作的同时，大力推进文化、教育、新闻媒体以及信息、软件、金融、农业、环境保护、新能源、反贫困等领域的合作。二是加强人文交流。人文交流合作对于四国加深了解、增进友谊、达成共识、促进人员往来、密切经贸合作具有十分重要的意义。因此，今后四国要在人文交流方面加大合作力度，通过交流增进共识，通过共识促进发展。三是加强与沿线国家在经济法律法规、技术标准与程序以及物流、科技、知识产权、法律咨询、商务咨询、会计服务、信息服务等领域的合作。同时，加强沿走廊中心城市的政治、经济、教育、文化、科技、旅游等方面的合作与交流。四是加强信息交流。目前，各国在信息技术合作方面较为滞后，今后要加强信息交流，推进电子商务平台的应用，促进贸易便利化。五是加强感情上的互联互通。通过民间友好组织加强交流合作，加深彼此了解，夯实双方睦邻友好的社会基础。

6. 加大孟中印缅产业合作力度

建设经济走廊就是要充分发挥交通联通带来的人流、物流、资金流、信息流的优势以及低成本优势，加强互补性的产业合作，发展壮大各具特色的优势产业，建立一批产业基地，促进区域分工、优势互补、共同发

---

① 目前，东盟已对互联互通的内涵做出明确规定，即互联互通（Connectivity）包括物理连接（Physical Connectivity）、制度的连接（Institutional Connectivity）和人与人之间的连接。其中，物理连接又包括运输、信息与通讯技术及能源，制度的连接包括贸易自由化与便利化、投资与服务自由化和便利化、多边认证协定、区域运输协定、跨境手续简化、能力建设等，人与人的连接包括教育和文化交流及旅游。

展，将"交通通道"变为"经济走廊"。因而，经济走廊的建设最终要落到经济上，而经济合作的核心是产业合作。一是加强产业合作机制建设。充分发挥彼此资源的比较优势，以互联互通的综合运输大通道为载体，以经济、贸易、产业的互补性为基础，以优势产业合作为核心，以项目合作为平台，不断深化和拓展产业合作，把孟中印缅经济走廊建设成为交通完善、物流通畅、优势互补、合作便捷的国际经济大通道，成为促进孟中印缅经济合作与增长的新的增长极。二是调动各方的积极性。将经济走廊建设与孟中印缅的经济发展规划相结合，与沿线国家的资源优势、经济优势、产业优势相结合，以充分调动沿线各国的积极性，形成合力来推动经济走廊的建设。三是加强产业协作。孟中印缅四国经济结构各有千秋，经济互补性强。比如中国的第二产业发达，而印度的服务业有比较优势。要充分利用孟中印缅四国的地缘优势，积极进行科学合理的产业协作与分工，促进产业结构优化升级，大力开展优势互补的产业合作，推动经济走廊的最终形成。四是设立孟中印缅经济开发园区。要充分考虑经济走廊沿线各国的产业特点、能力和潜力，依托昆明、曼德勒、达卡、加尔各答等重要城市，建立相关产业园区，"以点带面"加强合作，使经济走廊发展成为连接孟中印缅的经济带、产业带和城镇群。这既可以充分发挥产业的集聚效应和规模效应，又可使沿线各国获得更多利益。五是推进产业化与城镇化的结合。经济走廊需要产业化和城镇化作支撑。孟中印缅经济走廊沿线经济发展不平衡，落差大，需要充分发挥沿线核心城市的集聚辐射作用。各主要城市可以按照各自的产业优势进行分工合作，促进产业结构调整升级，形成梯度产业转移体系，共同打造区域竞争力，将孟中印缅经济走廊建设成为造福于沿线各国人民的经济增长带。

7. 建设孟中印缅旅游圈

孟中印缅四国历史悠久，文化璀璨，自然风光旖旎，旅游品牌众多，是亚洲旅游资源最为富集的地区之一。目前，孟、印、缅三国都已成为中国公民出境旅游目的地国家，三国旅游部门也与中国国家旅游局签署了旅游合作备忘录。云南省自2002年与印度西孟加拉邦之间达成初步合作意向以来，举办了"中印旅游友好年"、"中印旅游高峰论坛"、"中国云南与印度西孟加拉邦旅游交流合作研讨会"以及"印度之夜"（2007年举办昆明国际旅游交易会期间）等活动，积极推介印度。印度、孟加拉国、缅甸也到云南举办"不可思议的印度"、参加中国国际旅游交易会等推介旅游。2008年印度正式批准对加尔各答机场进行扩建，使其设施达到"国际水平"。改造期限为30个月，投资194.3亿印度卢比（30.9亿人民币），年客运能力将扩展至 2000 万人次①。云南还与孟加拉国和印度也分别签署《旅游合作谅解备忘录》《云南省旅游局（现为旅游发展委员会）与印度旅行商协会合作协议》。同时，昆明至仰光、曼德勒、达卡、加尔各答以及芒市至曼德勒等的航线已开通。目前，印度来华游客总数超过 60 万人次，成为中国入境游主要客源市场之一。其中，印度赴云南游客人数从 2008 年的 25132 人次增加至 2012 年的 51776 人次，已成为云南省的主要客源国之一；昆明往返孟加拉国达卡的航班天天满载。缅甸也是中国主要客源国之一，每年来中国的游客达 60 万人次左右，其中，云南是缅甸游客的首选。孟加拉国与中国的旅游合作正在拓展。未来孟中印缅应继续加大旅游合作力度，共同促进本区域旅游业开发，打造"孟中印缅旅游圈"。一是尽快建立政府间的旅游合作机制，开展定期或不定期的对话，协调 BCIM 四国间的旅游合作问题，打造统一旅游目的地，共同繁荣 BCIM 旅游市场。二是打造交通快捷和人员过境便利的孟中印缅旅游圈。进一步增加昆明至印度、缅甸、孟加拉国主要旅游目的地的空中和陆路交通线，或增加印缅孟经昆明中转到中国其他城市的航班。加强孟中印缅旅游企业之间的相互交流与合作，组织四国旅行社共同对相关旅游线路进行实地考察，提出共同开发的旅游产品。加强主要景点、景区安全保障机制的建立，共同开发旅游产品、开辟旅游线路、开拓旅游市场。率先实现旅游团队人员过境手续便利化，促进孟中印缅旅游圈建立。三是加强旅游宣传促销合作。积极开展互为目的地的旅游宣传促销活动，以专项旅游和特色旅游为重点，开拓区域内的旅游市场，发展四国旅游产业。四是扩大旅游产业相互投资合作。制定国家间旅游合作便利化措施，积极组织各类企业到对方进行旅游开发，并给予一定的优惠政策。五是开展旅游教育培训合作，提高旅游管理、服务人才水平。

8. 设立孟中印缅经济走廊建设基金

建设孟中印缅经济走廊，经费是关键，有了经费的支撑，不仅可以深化对经济走廊建设的统筹协调、加大推进力度，而且可以加快一些项目的进度，持续推动四国产业合作与对接，为经济走廊建设提供有力支撑。但孟中印缅都是发展中国家，建设资金缺乏。特别是缅甸和孟加拉国，由于经济相对落后，国内筹资困难。因此，四国必须从国际及国家层面考虑建设资金问题，采取多种方式筹集建设资金，以突破资金瓶颈，务实推进走

---

① 重点是将第二条跑道延长至 3293 米，以适合"大型商用飞机"使用；升级导航设施；增加停机位和更多飞机滑行道；改造至机场的公路和铁路交通。2007—2008 财年加尔各答机场的客流量为 750 万人次，预计到 2015—2016 年将上升至 2470 万人次。

廊建设。一是孟中印缅四国政府要增加投入或提供优惠贷款，特别是中国
和印度要为经济走廊建设提供更多的资金支持。二是要吸引国际社会、国
际组织以及民间资本参与建设。孟中印缅毗邻地区是经济相对落后的地
区，交通基础设施落后，依靠自身的力量在短期内难以完成经济走廊建
设。四国要共同寻求国际机构和组织的支持和援助，尤其是要吸引世界银
行（World Bank）、国际货币基金组织（IMF）、亚洲开发银行（ADB）、
亚太经社会（ESCAP）、亚太经合组织（APEC）等组织的支持来推进基
础设施项目。对于产业投资项目，可更多利用商业银行贷款、私人投资和
买方信贷。对其中的一些项目可考虑用资金换产权的方式吸引私营部门前
来投资。三是加强与沿走廊各国的沟通与协商，设立孟中印缅投资合作基
金、中国—南亚银行联合体来推进孟中印缅经济走廊的基础设施、能源资
源开发、信息通信等重大投资合作项目的建设，以加快孟中印缅基础设施
建设步伐。另外，中印作为大国，还可考虑为缅甸、孟加拉国提供更多的
通道建设、产业发展、民生改善援助。

9. 继续推进四国友好关系的发展

周边国家是中国重要的战略依托，做好周边工作，对推进我国社会主
义现代化、实现中华民族伟大复兴、扩大对外开放、确保边疆和平稳定具
有重要意义。建设孟中印缅经济走廊是充分发挥区位优势，依据历史渊源
和现实需要而提出的重大合作项目。而且携手合作，振兴经济，改善民
生，符合四国和四国人民的根本利益。近年来，孟中印缅四国关系取得了
快速发展，高层互访频繁，民间交流日益活跃，合作机制日益增加，经贸
合作规模不断扩大，为建立密切、共享的经济关系发挥了重要作用。但目
前孟中印缅之间仍然存在许多问题，例如缅甸中央和地方矛盾复杂，印度
和孟加拉之间的矛盾也较多，中国和印度之间的边界问题也没有解决，使
得彼此间的政治互信程度还不够高，这对建设经济走廊形成了制约。特别
是在经济走廊建设牵涉中国与东盟、南亚甚至与域外国家之间的关系的情
况下，只有不断加强与孟印缅国家各层互访与交流，进一步改善和发展四
国的关系，进一步增信释疑，夯实中国与孟印缅的战略和政治互信，才能
更好地推进经济走廊建设。为此，四国要把发展友好关系作为重要任务，
进一步增加高层交往，形成定期会晤机制，切实增强双边关系的稳定性，
加深政治安全领域的互信。要着眼大局、包容互谅、搁置争议、管控分
歧，通过对话、协商与合作化解误解和矛盾，协调利益关系，增进互信。
要以经济发展为中心，以改善和加强双边关系为基础，通过开放与合作共
谋发展。鼓励四国地方省市缔结友好关系，促进省（邦）、市合作。加强

友好交流，举行四国青年代表团年度互访活动，加强四国新闻媒体交流与合作，鼓励四国加强语言教学合作，促进四国人民相互了解和友好感情。积极推进孟中印缅区域合作组织的交流，发挥互补优势，通过双边、多边合作机制共同推进孟中印缅经济走廊建设。

全球经济格局再平衡背景下的
孟中印缅经济走廊

俞文岚①

2013 年 5 月 20 日，李克强总理在新德里与印度总理辛格共同倡议建设孟中印缅经济走廊，从而加快了这一区域经济发展的进程，使中印次区域合作重新焕发活力。这不仅是中印合作发展的共同需要，也是全球经济格局发展变化的需要。孟中印缅经济合作走廊的建设不仅会使中印次区域合作成为亚洲经济发展的新引擎，无疑也会给云南带来一个实现开放跨越发展的新机会。

一 新环境下全球经济治理模式的变革使孟中印缅经济走廊的建设成为必然

世界经济不平衡的出现在很大程度上受跨国公司全球化战略的影响。金融危机爆发前的世界经济不平衡，既存在于发达国家之间，也存在于发展中国家和发达国家之间。这种新的现象归根结底是经济全球化背景下，跨国公司在全球不断扩张和逐利的结果，是全球产业转移和重新分工中国际资本和发展中国家廉价要素的结合。在全球化趋势不会逆转的情况下，资本、要素和市场等资源的不对称分布，很难改变跨国公司的投资行为。同时，发达国家要求发展中国家进一步开放市场、主要发展中国家较快的经济增长和明显的成本优势，进一步强化了跨国公司的投资行为。2008 年全球金融危机的爆发，是对世界经济不平衡的一次强制调整。10 年前，按现值美元估算，美国占全球经济总量的 32%，发达国家整体所占比例是 80%。到 2012 年，美国的比例已经下降到 22%，发达国家整体下滑至 62%，而亚洲发展中国家比例从 8% 上升为 18%。

但是，随着世界经济的复苏，美国经济持续增长，欧洲经济走出衰退，

---

① 云南省社会科学院南亚研究所副研究员。

新兴市场国家金融市场却再现动荡因素，而发达国家对全球经济的影响力已经减弱，它已难以应对一个快速变化的后危机世界的诸多问题，世界经济再平衡难度加大。而全球流动性泛滥增加了世界经济的不确定性，也增加了世界经济再平衡的困难。为转移危机，发达国家均不同程度地试图在规避WTO规则前提下提高贸易壁垒，美国和日本央行继续实行量化宽松的货币政策，欧元区维持低利率政策，全球货币供应量持续超出实体经济的需求，导致流动性泛滥，美元指数持续创出历史新低，推升国际大宗商品和资产价格上升，使得股市虚假复苏和波动，风险更多向新兴市场国家转移。但若新兴经济体发生新的金融风险，发达国家的经济发展也将难以独善其身。

各国实践证明，用赤字财政和货币扩张来创造有效需求的方式并非完全有效，总量刺激对于全球失衡以及治愈根植在各经济体内多年的"顽疾"的效果也非常有限。解决全球性的经济危机，各国需要的不是一次又一次的政策刺激，而是经济结构的重建。因此，全球治理模式也必将发生新的变革，虽然这会是一个漫长而痛苦的过程。世界经济再平衡需要各国发展方式和治理结构进行有效的转换和调整。缓解世界经济失衡需要主要经济体的消费、储蓄和投资结构进行实质性调整。然而，这需要世界经济理论的创新和国家政策的创新，核心是美欧等发达国家超前消费和透支消费行为的调整。对发展中国家而言，通过收入分配制度的改革和社会保障体系的建设，来启动消费并逐步摆脱过分依靠投资和出口的模式，同时要努力减少经常项目的赤字，主动进行经济结构的调整，包括增加教育的投资、提高劳动者素质、增加基础设施投资、鼓励技术创新等方面。但这些内容都涉及经济利益的重大调整，需要大量的投入，是一个中长期的过程。而另一方面，如不改变现有的以美元为主体的国际货币体系，世界经济不平衡状况也难以从根本上改变，而改变以美元为主体的国际货币体系则是一个更漫长的过程。因此，有学者指出，处理经济危机的根本办法，是发达国家以真正的合作与分担风险的精神与发展中国家配合、共同努力，建立一个有利于发达经济体和新兴经济体共同、和谐、相互促进的良性循环的经济发展格局，或是形成一些新型区域合作协调机制，使得各参与国家、次区域合作地区以及非政府组织等行为体均可以共同参与政策的制定和执行，加强经济政策协调，实现参与各方的利益，从而寻求一种新的世界经济治理模式，孟中印缅经济走廊建设的提出无疑应该是这个治理模式下的一种新尝试。中印两国作为亚洲最大的两个国家，也是近年来世界经济中发展最快的两个新兴市场，中印两国的携手合作将为新兴的发展中国家在全球治理新模式的重塑中获得更多的权重系数，会对世界经济的再平衡产生重大的影响。

二　中国积极探索适应新的全球产业链架构的对外开放新体制和新机制为孟中印缅经济走廊提供更大的可能

经过 30 多年的改革开放，中国通过加入 WTO 获得了通往国际市场的机遇，成为全球第一大出口国，完成了全球化的进程。然而，为摆脱金融危机的影响，发达国家纷纷加紧了重塑全球贸易和投资规则的过程与速度，全球贸易和投资正在发生三个显著变化：一是由于技术革命，智能化制造和数字化服务结合，推动了新产业形态和新商业模式；二是服务贸易迅速发展，服务已经脱离制成品，成为重要的贸易产品；三是全球贸易规则发生了变化，以美国为首的发达国家正在积极制定新一轮的贸易规则，《跨太平洋伙伴关系协定》（TPP）及《跨大西洋贸易与投资伙伴协议》（TTIP）正在商谈中，以促进贸易规则向投资规则的转化，更注重服务领域和高端核心技术的开放，而且是由过去的多边合作越来越多向双边的、区域的、诸边的合作发展。同时，随着经济新兴体的快速发展，亚洲正日益成为全球经济发展的中心，跨国公司不断向亚洲集聚。然而，中国不断攀升的要素成本正成为国际竞争的不利因素，行政审批、外汇管制以及市场开放程度的制约等重重束缚也限制了中国的国外投资规模以及在华跨国公司机构的功能提升。

面临新的变化，必须要探索我国对外开放的新思维和新机制，寻找中国对外经济发展的新引擎。2013 年 9 月，国务院正式批准设立中国（上海）自由贸易试验区，被普遍认为是中国进入了改革开放的新时期。试验区范围涵盖上海市外高桥保税区、外高桥保税物流园区、洋山保税港区和上海浦东机场综合保税区等 4 个海关特殊监管区域，总面积为 28.78 平方公里。实验区设立的目的是围绕改革开放和制度创新这一核心，探索中国要素市场开放、政府边界厘清和行政管制放开的路径，注重投资和金融领域更深层次的开放，尝试通过减少贸易壁垒、强调贸易投资便利化、减少行业准入限制等措施来加大开放力度。通过进一步的开放，加速要素资源流入，吸引更多跨国公司总部到上海，并且赋予其功能。同时，试验区也将搭建平台，让中国的企业走向世界，在实验区建立起适应新的全球产业链架构的对外开放新体制和新机制，成为中国融入经济全球化发展的重要载体，为中国扩大开放和深化改革探索新思路和新途径，并逐渐在全国范围内复制和推广其成功经验，从而在全国范围内形成新的开放格局来释放新的增长能量，使中国的改革开放和经济发展迈向更深、更广的全方位开放新时代，支撑中国未来更长时期的发展。这样的背景为中印缅孟走廊的合作机制共同形成提供了更多的灵活性，也为中印缅孟实现共同合作提供了更为宽广的空间。

三 推动孟中印缅经济走廊的实现，将成为亚洲经济发展的新引擎

世界经济一体化和区域经济集团化的迅猛发展，使国家和地区之间产业分工的范围迅速扩大。各国和地区生产、制造具有比较优势产业的产品，换取不具比较优势产业的产品，经济资源跨国配置的机制使经济运行效率大大提高。经济全球化不断扩大的市场也使亚洲原有的以产业转移模式（即"雁行模式"）逐步被打破，原有的垂直分工贸易体系逐步演变为垂直分工和水平分工并存的局面，并直接导致了亚洲地区新的产业链和供应链的出现，从而加强了亚洲各国经济结构的互补性，也使得亚洲经济一体化成为一种需要。而全球治理模式的变革，使地区间经济合作成为促进经济发展的新热点，相邻区域的地理位置越来越成为区域经济集团化发展的重要因素。地理相邻的区域一般有着较为相似的文化渊源以及宗教信仰，因此更容易开展国家之间商品、服务、人员、信息和资本的交流，更有利于区域经济的深入发展。

作为同处一个大陆板块，山水相连，商贸、文化、宗教联系源远流长的孟中印缅四国，是世界上国家之间相互交往最早、合作历史最长的地区之一。具有地理位置毗邻、文化相近而自然资源又各有差异的特点。孟中印缅四方在地理位置上不仅相互为邻，而且都有各自的地理优势，尤其是缅甸和孟加拉国的海岸优势还可以惠及到云南这样的内陆省份。例如缅甸拥有漫长的海岸，北自缅（甸）孟（加拉）交界处的内府河口起，南至德林达依的果桑角止，全长 2200 多公里，拥有领海 21.29 万平方公里。延绵数千里的海岸线和众多的出海口，使缅甸比内陆国家拥有明显的海运优势。经海上不仅可以直达孟加拉国的第一大港口城市吉大港，而且可以通往印度、斯里兰卡、马来西亚及印度尼西亚等南亚和东南亚诸国。畅通无阻的海洋，为海运提供了最理想的捷径。从仰光驶往印度的加尔各答仅780 海里（1440 公里），西出斯里兰卡的科伦科坡 1250 海里（2320 公里），南下新加坡也才 1120 海里（2070 公里）。迈出近海以后，那就可以驶往世界的任何港口。不同的资源禀赋和不同的发展阶段，使四国形成了互有需求、良性互补、合作大于竞争的形势，通过贸易便利化，利用和发挥各国比较优势取长补短、扩大贸易和投资，会给各方带来好处，有利于

各国产业结构的调整，也有利于经济的持续发展。因此加强孟中印缅四国合作，推动区域经济一体化，既符合中国的利益，也符合这些国家的利益。孟中印缅四方这样紧密的地理位置关系和各自优势，使云南、印度东北部地区、缅甸、孟加拉国四方的经济关系也紧密地联系起来，为四方开展更深层次的区域性合作提供了较好的基础条件，使孟中印缅四国的合作具有长期发展的现实条件和可能性。

但由于孟中印缅四国相毗邻地区大都处于较封闭和经济发展水平的较低状态，与人口数量和经济总量相比，相互间的人员交流不多，经贸往来较少，贫困问题突出，与世界经济开放的态势和地区经济一体化的态势不相吻合。2013 年 5 月 20 日，李克强总理在新德里与印度总理辛格共同倡议建设孟中印缅经济走廊，可以进一步促进孟中印缅这一相邻区域利用资源优势的同构性，共同联手发展优势产业的规模，提升抵御外部市场的风险能力；也能利用资源优势的差异性，发展互补性产业，形成区域内互补性的国际分工，从而加快这一区域经济发展的进程，使中印合作重新焕发活力，建立一个有利于中国和印度这两大新兴经济体和谐、相互促进的良性循环的经济发展格局，实现中国和印度在既保证各方利益的前提下又可以按共同利益的原则参与世界经济政策的制定和执行，加强世界经济政策协调，从而共同去和发达国家协调，寻求一种新的世界经济治理模式。这对于推动中印两个大市场紧密连接，共同培育亚洲合作的新亮点，打造世界经济的新引擎，为亚洲和世界提供巨大的发展潜力和市场需求，推动中印面向和平与繁荣的战略合作伙伴关系继续向前发展有着重大而深远的意义。

四 云南是推进孟中印缅经济走廊
最理想的连接地带

云南有 39.4 万平方公里的国土面积。北面和东面与东亚大陆融为一体，南面与太平洋和印度洋合围的中南半岛和马来半岛直接接壤，西面和西南面则面向印度洋和南亚地区。这就使云南成为沟通"三亚"（东亚、东南亚和南亚）、"两洋"（太平洋和印度洋）的关键区域，它既是中国连接东南亚和南亚地区的重要前沿，也是南亚国家"向东看"与东南亚国家相互联系不可回避的重要通道，更是东南亚、南亚国家进入中国的重要枢纽。从云南的省会城市昆明经滇西，借缅甸由仰光港出海，比从经广州或广西海港至仰光港要近 4700 公里以上；也可经缅甸进入印度东北部地区，沿阿萨姆铁路达到孟加拉国的吉大港，经马六甲海峡进入太平洋，前往世界各地，也比经广州、北海绕道马六甲海峡的水上航路近 6000 多公里。这样，在地理位置上，就使云南不仅成为中国从陆上走向南亚国家的最便捷通道，也是西部地区进入南亚国家、走向世界的最便捷海上通道，还是南亚国家从陆上进入中国内地大市场的必经之地。在历史上中国内地和印度的贸易交往就是通过"古南丝绸之路"，从云南取道向西，经缅甸，进入印度东北部地区，然后到达印度内地市场来进行的。抗战时期，在美国的协助下，中、印、缅三国人民又共同修建了经缅甸连接中印两国的"史迪威公路"，成为中国抗日战争时期的一条重要物资运输生命线和重要的陆上国际通道。

而随着中国改革开放的进一步深化以及中国面向西南开放战略的推进，云南面向缅甸、印度、孟加拉等东南亚、南亚国家实施开放的战略地位日益凸显，不断加强云南同孟、印、缅等周边国家的合作，也就成为云南扩大对外开放的主题。云南是中国著名的"有色金属王国"、"动植物王国"和"药材之乡"，各种资源十分丰富，经过多年的开发建设，云南的经济社会发展已经取得了明显的成效。2012 年云南国民生产总值第一次过了万亿元，2013 年上半年经济数据初步核算，云南省生产总值（GDP）完成 4640.59 亿元，同比增长 12.4%，增速居全国第二位，西部第二位，比 2012 年同期提高 0.7 个百分点，高于全国 4.8 个百分点。2011 年 5 月，国务院出台了《关于支持云南省加快建设面向西南开放重要桥头堡的意见》，提出到 2020 年把云南建设成为我国面向西南开放的战略通道、合作平台、产业基地、交流窗口、生态屏障，使云南成为我国面向西南开放的桥头堡，推动我国与东南亚、南亚的交流合作向更宽领域、更深层次、更高水平迈进。通过"桥头堡"战略的实施，一方面可以打通我国与东南亚、南亚国家的经济文化交流通道，促进中国—东盟自由贸易区建设，拓宽我国特别是西部地区发展的外部空间，把沿边开放提高到一个新的层次和水平；另一方面，通过桥头堡建设，可以充分展示我国维护世界和平、促进共同发展的良好形象，贯彻落实中央"与邻为善、以邻为伴"的外交方针和"睦邻、安邻、富邻"的外交政策，有利于构建和谐稳定的西南周边，形成一个稳定的区域圈，实现本地区的和平与繁荣。"桥头堡"战略不仅明确了新形势下云南在国家对外开放和区域发展战略中的功能定位，也突出了云南在中国与周边国家区域合作中的前沿性、重要性和带动性作用，为云南以开放促开发、以合作促发展，实现经济跨越发展提供了历史性发展机遇，成为云南经济跨越发展的助推器。

五 云南可以在孟中印缅走廊的建设中促进自身的开放式跨越发展

改革开放 30 多年来，特别是实施西部大开发战略以来，云南坚持把东南亚、南亚作为对外开放的重点，对东南亚、南亚开放取得了显著成绩，通达条件极大改善，口岸建设渐成体系，特色优势产业初具规模，发展环境不断优化，与周边国家的合作不断深化。云南在对外开放的硬件建设和软件建设方面均取得了显著成绩，也为桥头堡建设打下了良好的基础。桥头堡建设两年以来，作为立足云南、面向西南、服务全国的全局性工程，整个桥头堡的建设启动工作富有成效。经过国务院的批准，国家多个部委建立了协调机构，建立了一个国家层面的协调推进机制，定期要召开联席会议，推进桥头堡建设；启动了中缅油气管道等一批能源、交通、水利的产业发展重点项目；中国—南亚博览会于 2013 年 6 月正式落户昆明，并取得了良好的效果；8 月《云南瑞丽重点开发开放试验区建设总体规划》获国家发改委批复，要求云南省利用瑞丽对缅贸易陆路口岸的优势，努力把试验区建设成为我国沿边开发开放的经济贸易窗口，为中国沿边地区的开放开发积累经验。11 月 20 日，中缅油气管道全线贯通并投产，成为我国第四条能源进口战略通道，由东北、西北、西南陆上和海上组成的四大油气进口通道战略格局逐步成型，并将结束滇、黔、桂地区没有管道天然气的历史，改变当地原有的能源结构，为云南和西南地区的经济发展提供新的条件支撑。

可见，只要把握住国家对外开放战略部署的调整机会，云南完全有条件，也有能力实现开放式跨越的发展，形成具有云南特色、结构合理、定位清晰、功能突出的发展格局，成为西南内陆沿边开放走出去的"先行区"。中印携手共同打造孟中印缅经济走廊，将为云南的对外开放和经济发展提供又一个广阔的市场和增长的引擎。

第一，印、孟、缅各国的资源优势与云南有很强的互补性，可以实现各方的资源优化组合，为推动云南与这些国家的经贸合作产生重要作用。

第二，通过扩大云南与这几个国家相互之间的陆上贸易规模，可以进一步提高贸易层次，实现中印这两个市场的融合对接，加快构筑连接云南与东南亚南亚国家的第三亚欧大陆桥。

第三，通过加强云南与这些国家的经贸合作，可以在云南与这一次区域间建立更加紧密的制度安排，从区域优势的高度共同制订产业合作发展规划，尽快形成具有规模效应的产业带和产业群，发挥各方的比较优势，从而加速云南产业结构的合理化、高级化和国际化。

第四，云南与这些国家间可以通过洽签双边自由贸易协定或建立自由贸易区的方式加强区域经济合作，可以实现云南与这些国家间从传统意义上的货物贸易逐步向服务贸易、贸易投资便利化、人力资源开发、中小企业合作、政府采购和电子商务等新的领域扩展，建立起多层次、多样化、相互联系又相互促进的复合型地区合作框架，加速云南与这一区域国家间的自由贸易进程，促进云南对外经济的快速发展，促进中国面向东南亚南亚开放战略的实施。

第五，借上海自贸试验区的改革开放经验，加快云南瑞丽重点开发开放试验区的建设，并推进一批沿边城镇的新开放，形成云南新的开放格局。

第六，要加快云南承接国外和东部沿海地区劳动密集型产业、资源深加工型产业、生产性服务业等产业的转移，重点打造出口加工、特色产业、物流三个基地，推动优势产业向周边国家辐射转移，加快资源优势向产业优势转化，着力构筑中国经云南直达印度洋的交通、能源、信息、贸易通道和中国的沿边开放带，把云南建成中国面向印度洋沿岸国家的外向型产业基地和进出口商品生产加工基地，形成中国面向西南开放的产业集聚地、沿边开放经济区、国际化的现代交通物流体系，形成中国西部内外联动、互利共赢的开放型产业体系。

云南与孟中印缅经济走廊建设

胡　娟①

孟中印缅经济走廊建设的构想缘起已经运行了十余年的孟中印缅（BCIM）地区合作论坛。早在 1999 年 8 月在昆明举行了由中国、印度、缅甸和孟加拉国四个国家学术界共同举办的首届"孟中印缅（BCIM）地区合作（又称：孟中印缅地区经济合作与发展研讨会）"，宣告了四国合作启动。它为四国拓展开放空间，把几大市场紧密联系在一起，加快次区域经济发展，增强各国的经济实力，改变贫困落后的面貌，开创一种"南南合作"机制，形成良好的周边环境和国际环境，为本国、本地区的现代化建设服务。在过去十余年的时间里，孟中印缅地区合作取得了让人引以为荣的成绩，该机制已逐渐由学术主导的"二轨"层面向政府决策和可行性操作的"一轨"层面靠拢，如今，经济走廊建设将成为推进孟中印缅区域经济合作的重要发展战略，其核心是将次区域交通走廊的建设与经济发展相结合，其重点是把交通走廊转变为经济走廊，其目的是为各国之间的经济、教育、人文等方方面面的合作与往来提供最大化的便利。

一　孟中印缅经济走廊提出的背景与意义

1. 孟中印缅经济走廊提出的背景

孟中印缅四国在地理上山水相依，历史文化交往源远流长。四国幅员辽阔、人口众多，总面积达 1340 万平方公里，人口近 28 亿，占世界总人口 40%。四国市场需求庞大，资源能源富集，经济发展充满了活力与潜力。孟中印缅经济走廊建设的提出可谓并非偶然。

首先，是区域经济一体化快速发展，使得孟中印缅四国增强了推动区域合作的意愿。从 20 世纪下半叶开始，区域经济一体化卓有成效地推动了世界经济的巨大发展，许多国家和地区已经从中受益匪浅。随着中国、

① 云南省社会科学院南亚研究所所长助理、助理研究员。

印度等新兴国家经济快速的增长，他们参与区域合作的热情也在增长。国际区域经济一体化和经济全球化共同发展已经成为趋势。北美自由贸易区、欧盟、中国—东盟自由贸易等区域经济合作的成功运作都产生了巨大的示范效应并对世界经济发展及经济关系产生重大影响。由于历史、现实等原因，南亚区域次区域合作进程缓慢。中、印、缅、孟都处在经济社会发展的关键时期，需要挖掘自身潜力，实现优势互补、共同发展。面对国际金融危机冲击和新一轮全球产业竞争，各国有必要、也必须顺应时代要求，把握历史机遇，共同推进孟中印缅经济走廊建设，为实现本国、本地区的发展创造条件。

其次，中印关系经历了"双崛起"时代的深度磨合，最终渐渐进入良性的合作、竞争、共赢的互动状态。如果说此前孟中印缅（BCIM）地区合作难在印度对中国日益崛起的经济实力的担心和中印两国互信的缺失的话，此次我们可以看作这个在亚洲同时崛起的大国，经历了深度磨合之后，开始释放出新的信号。两国开始走向务实的战略合作。如前所说，李克强首访选择印度，本身就令人寻味。印度也给出了前所未有的积极、合作的姿态。进入良性的合作、竞争、共赢的互动状态的中印关系令人期待，孟中印缅经济走廊或许就是一个重要的开端。

再次，中国的坚持不懈和云南的"桥头堡"建设为孟中印缅经济走廊建设奠定了良好的基础。尽管过去的十多年在国外乃至国内，孟中印缅（BCIM）地区合作一直面临各种困难，不同的声音也不绝于耳，但是中国，尤其是云南一直坚持不懈地在推动。在中国新一轮西部大开发和十二五规划中，云南正在按照国家对沿边开放的布局，把云南建设成为面向西南开放的桥头堡。可以说孟中印缅经济走廊建设的成效已经开始显现，尤其是中国南亚博览会永久落户昆明，使得云南在孟中印缅经济走廊建设中具有不可替代的重要作用，并且创造了诸多的有利条件。云南作为中国面向东南亚、南亚甚至印度洋的地区枢纽的轮廓已经初步显现，孟中印缅经济走廊建设的基础已经十分成熟。

最后，中国高度重视推进沿边开放，孟中印缅经济走廊建设逢新机。十八届三中全会《决议》指出，适应经济全球化新形势，必须推动对内对外开放相互促进、引进来和走出去更好结合，促进国际国内要素有序自由流动、资源高效配置、市场深度融合，加快培育参与和引领国际经济合作竞争新优势，以开放促改革；扩大内陆沿边开放。抓住全球产业重新布局机遇，推动内陆贸易、投资、技术创新协调发展。创新加工贸易模式，形成有利于推动内陆产业集群发展的体制机制。支持内陆城市增开国际客货运航线，发展多式联运，形成横贯东中西、联结南北方对外经济走廊。加快沿边开放步伐，允许沿边重点口岸、边境城市、经济合作区在人员往来、加工物流、旅游等方面实行特殊方式和政策。建立开发性金融机构，加快同周边国家和区域基础设施互联互通建设，推进丝绸之路经济带、海上丝绸之路建设，形成全方位开放新格局。《决议》中的上述政策是孟中印缅经济走廊建设前所未有的利好消息。

2. 建设孟中印缅经济走廊的意义

经济走廊是在地理上把一个国家或多个国家的若干地区联结起来的经济主轴。从狭义上讲，是连接相关各国的基础设施，包括铁路、公路、江河航运，航空网、光缆、油气管道等，是经济交往的纽带和动脉。而从广义上讲，则是交通与经济的紧密互动关系，是以交通通道建设为基础，产业、贸易和基础融为一体，带动沿线经济发展的轴心。[1] 孟中印缅经济走廊建设对这一地区也将产生十分深远的意义。

（1）有助于四国的经济合作将取得跨越式的突破。孟中印缅地区合作发展十余年来，不仅在周边产生了广泛的影响，也得到了中央层面的肯定和支持。但是四国的经贸合作仍然主要是以货物贸易、边境贸易的方式进行，合作方式单一，相互投资、经济技术合作、服务贸易、技术贸易等进展缓慢。贸易合作方式单一，经济合作水平低，区域集体竞争力的提升没有得到充分的整合和提升。经济走廊以线带点、以点带面，涉及整个次区域的发展与合作，带动和促进整个次区域的经济社会发展，而不局限于某一国家、某一地区、某一产业、某一项目，它是跨国、跨地区的，是产业链、项目群，其规模和效益也是全局性的。[2] 经济走廊的建设将首先四国的经济合作将取得跨越式的突破，成为各国发挥地缘经济优势加速区域合作、实现本地区经济潜力最大化的战略突破口。

（2）有助于四国互联互通程度的提升。经济走廊的建成依托的是交通走廊的支撑。为了推动交通运输走廊向辐射带沿线地区发展的经济走廊转化，四国必将着手推动交通基础设施建设的完善。孟中印缅路上贸易通道和空中走廊一旦建成，将把中国、印度和中南半岛的铁路系统、公路系统和空运系统紧密连为一体，不但实现了区内的互联互通，更使得这一地区由过去三大交通网络的末端变为交通枢纽。

（3）有助于四国毗邻地区的非传统安全问题解决。90 年代中期以来，

---

[1] 刘稚：《大湄公河次区域经济走廊建设与中国的参与》，《当代亚太》2009 年第 3 期。

[2] 同上。

威胁国家安全的因素不断增多，对一国乃至世界都产生了巨大影响。于是，国家安全的研究不再仅仅局限在军事、政治和外交领域，与国家安全密切相关的经济安全、生态环境安全、信息安全、恐怖主义、走私贩毒、疾病蔓延等非传统安全问题成为各国开展区域合作时的热点。四国毗邻地区虽然当前面临着相对稳定的边界局面，但这些地区存在着相当程度的潜在威胁和非传统安全隐患是不争的事实，例如中缅边境、印缅边境、印度东北部地区。中国和孟印缅四国作为近邻，在应对具有全球性灾害的时候应该建立长期的、有效的合作机制，采取具有全球性的应对方式在防灾、减灾、救灾领域加强合作。此外，中国和孟印缅四国还需要在比邻地区深化和规范公共疾病预防领域的合作。

（4）有助于四国人文交流和教育合作的推进。中国与印、孟、缅各国有着悠久的人文交流与合作历史。中国历史上著名的"南方丝绸之路"、"茶马古道"开始了中国与南亚次大陆的经贸往来，同时也开启了中国与孟加拉国、印度的文化交流。两千多年来，中国和印、孟、缅各国的文化交流与传承从未间断。中国云南在推进面向西南开放的孟中印缅经济走廊建设的过程中，必然也将大力推进与印、孟、缅各国的经贸和人文合作与交流。随着孟中印缅经济走廊建设的推进，中国云南将成为中国文化与东南亚、南亚文化交流的重镇。

二　孟中印缅经济走廊建设的制约因素

在过去十余年的时间里，孟中印缅地区合作取得了让人引以为荣的成绩。孟中印缅经济走廊沿线地区自然资源极为丰富，各地经济多元化，互补性强，发展潜力巨大，经过各国多年的努力，四国间的铁路、公路、水运等交通基础设施有了明显改善，走廊网络的形成为本区域形成广阔的经济增长空间和一体化进程创造了条件。该机制已逐渐由学术主导的"二轨"层面向政府决策和可行性操作的"一轨"层面靠拢，但是该机制也一直面临着诸多制约因素，主要包括如下几个方面：

1. 印度因素

印度与中国同为"孟中印缅论坛"机制中的大国，对机制的态度和在其中的影响至关重要。过去印度的举措比之于其他三国表现得较为被动和消极。一方面是因为中印关系本身错综复杂（由于中印边界问题一直未能解决，中印始终缺少战略互信）；另一方面是因该机制直接关涉的印度区域（印度东北部）被认为是印度在政治、安全和经济上都比较敏感的边境地区，这使印度在实施该地区对外经济合作前必须认真考虑其他方面的问题。甚至由印度学者认为参与"对外开放"会带来麻烦，导致该地区的不稳定因素增长，以及促成外来商品在这一经济落后地区的倾销。

2. 基础设施因素

交通基础设施落后，互联互通性差，是制约四国贸易发展的关键因素。对于四国（包括中国云南）的基础设施长期以来都是制约经济发展的瓶颈。四国之间陆路交通不畅的局面很大程度上影响了该地区的经贸合作。在基础设施建设的推进上，中国和孟加拉国的态度比较积极。孟加拉国与中国并不接壤，但如能通过云南连通与孟加拉国的陆路交通，设法从吉大港进入孟加拉湾，能大大缩短中国与东南亚和南亚国家的贸易距离，也将为中国寻找抵达孟加拉湾的出海口提供一种潜在的选择。但印度方面也表现得顾虑重重，进展缓慢。从地缘上看，印度东北部开放的直接对象将包括孟加拉国、缅甸和中国西南地区，间接可扩大到东盟和整个亚太地区。但印度一方面有安全层面的顾虑，另一方面投资不足也造成目前该地区交通基础设施建设进展缓慢。印度政府或公营部门不可能承担所有投资，而私营企业的介入并未受到充分鼓励。

3. 经济合作水平低

经济走廊涉及的各国各方在资源、条件、人力、技术、财力、设施等方面各不相同、差异很大，主要体现在各有优势与不足，可以通过经济走廊的建设取长补短、互为补充、共同发展。四国之间的进出口贸易的品种单一，资源型产品占主体地位。以云南来看，云南和其余三国的贸易除了磷化工产品的出口和矿产品的进口外，高附加值的商品贸易数量很小。四国的贸易虽然处于上升趋势，但是除中缅之间的经济关联较高外，其余国家间的经济体量和合作潜力远不相称。

三　云南参与孟中印缅经济走廊建设的前期工作与进展

云南是中国通往东南亚、南亚的窗口和门户，地处中国与东南亚、南亚三大区域的结合部。拥有国家一类口岸 13 个、二类口岸 7 个，与缅甸、越南、老挝三国接壤；与泰国和柬埔寨通过澜沧江—湄公河相连，并与马来西亚、新加坡、印度、孟加拉等国邻近，是我国毗邻周边国家最多的省份之一。历史上著名的"史迪威公路"和"驼峰航线"

就经过云南境内。① 经过改革开放三十多年的探索，云南已经参与了国内外各种层次的区域合作，尤其是对外面向东南亚、南亚的合作在全国独树一帜；对内与贵州、广西和西藏等相连省份和自治区以及和北上广、香港和台湾地区等先进省份和地区的合作也取得了显著的成绩。云南已经成为国内各省份与东南亚、南亚等各国经济交流的重要枢纽。在孟中印缅经济走廊建设这项工作中云南是一个重要的参与者。云南已经开展并正在开展大量的研究工作，并取得了许多成绩。

（一）基础设施建设方面

云南地处祖国西南边陲，基础设施落后一直是云南经济社会发展面临的最大瓶颈，被称为制约云南经济社会发展的"拦路虎"。为了参与孟中印缅经济走廊建设，云南在基础设施建设领域下了许多功夫。

一是交通、通信建设取得了显著成效。截至 2011 年底，云南省公路总里程达 21.45 万公里，初步形成了"七入省四出境"的格局。铁路建设形成了以滇藏、成昆、内昆、贵昆、南昆、云桂、渝昆、沪昆以及中越、中老、中缅、中缅印为主的"八入省四出境"的格局。航空已建成 12 个机场，共开通航线 238 条，通航城市 98 个。即将通航的昆明长水国际机场是中国面向东南亚、南亚和连接欧亚的继北京、上海和广州之后的第四大国家门户枢纽机场，是中国西部地区唯一的国家门户枢纽机场。水运方面，云南正打造"两出省、三出境"的水运通道。通讯通道等也迈出了巨大步伐，根据国家外交战略和经贸合作有关部署，从 2004 年开始，中国电信集团制订了"大湄公河次区域信息高速公路"规划方案，云南公司具体承接了"南亚东南亚信息高速公路"建设。中国电信云南公司已经完成了中缅、中老国际通信光缆建设，并与老挝电信开通了中老国际电路。早在 2007 年，中国电信集团在云南就建成了中国第四个国际通信出口局——昆明区域国际交换中心，并成为唯一指定参与 GMS 信息高速公路合作的中方电信公司。

二是能源、水利基础设施建设加速推进。2011 年云南电网省调直调发电装机容量达到了 3005.5 万千瓦。云南已经形成了以水电为主的国家级清洁能源和可再生能源基地，新兴石油炼化基地也正在推进过程中。华能集团、大唐集团、国电集团、华电集团、中电投集团、中广核集团、长江三峡集团等 10 多户央企能源企业，近年来纷纷与云南签订战略合作协议，大力开发云南丰富的水电、风电、太阳能等清洁能源，努力打造我国重要的清洁

① 云南省人民政府网站，http：//www. yn. gov. cn/yn_ yngk/yn_ sqgm/201111/t20111107_ 1895. html。

能源基地。随着"西电东送"、"云电外送"规模的扩大,云南还正在成为境内外电力交换枢纽。与此同时,云南还实施了"兴水强滇"的战略,2011 年,全省完成水利投资 201.2 亿元,增长 34%,新开工 41 项骨干水源工程,全省在建重点水利工程达 135 项;建成水库 35 座,新增库容 3.22 亿立方米。

三是环保和防灾基础设施建设取得新进展。2012 年 4 月 9 日,云南省政府环保部签署《部省共同推进孟中印缅经济走廊建设合作协议》。环保部提出,将大力支持云南环境保护工作,帮助云南省充分利用好各项环保政策,采取切实可行的措施,促进云南省在孟中印缅经济走廊建设中实现在发展中保护、在保护中发展。减灾方面,从云南"无灾不成年"这一省情特点出发,云南省近年来整合多方力量构建防灾减灾体系,使全省预防和处置地震、地质、气象、旱涝等灾害的能力迅速提升。

尽管云南基础设施建设取得了巨大进展,但云南的交通运输、通讯、电力、信息等大通道建设仍然较落后,互联互通水平很低,与孟中印缅经济走廊建设的要求相比仍然有较大差距。由于基础设施建设投入大、周期长,未来云南仍然需要国家更多的支持。

(二) 加强国内国际区域合作方面

孟中印缅经济走廊建设是国家战略,仅凭云南一省的参与是难以做得好的。这就要求在孟中印缅经济走廊建设进程中必须把对内开放与对外开放紧密结合起来,加强云南同国内其他地区的横向经济联合和协作,积极引进省外资金、技术、人才,主动承接东部产业转移,形成分工明确、优势互补、功能协调、有效互动的区域空间布局,才能切实增强桥头堡面向西南开放的实力与能力。要充分利用云南参与的国内区域合作机制,积极融入泛珠江三角经济区、长江三角经济带,加快与西部省区的合作;推动成昆经济带、昆渝经济带、南昆经济带建设;以铁路、公路、航空、内河航运能力的改善为重点,加强滇川、滇渝、滇黔、滇藏合作,深化滇粤、滇港、滇桂、沪滇、滇浙合作;完善市场、金融、信息、人力开发、公共服务管理,积极培育中介组织,为国内其他省(区、市)企业进入东南亚南亚提供良好的平台和优质的服务,共同推进孟中印缅经济走廊建设。[①]

(三) 对外开放方面

在孟中印缅经济走廊建设过程中,必须推进区域内国家间相互尊重与理

---

① 刘稚、刘思瑶:《论云南参与区域合作和桥头堡建设之间的关系》,《云南师范大学学报》2011 年第 6 期。

解、相互共处与共生、相互接纳与包容，相互合作与互助，最终形成共同体，促进共同发展。我们在推进区域合作的过程中，要更加重视本区域内发展不平衡等问题，以更加开放包容的心态来对待周边国家的变化，更加重视周边国家的国情、利益与关切，在扩大开放与推进合作中将开放包容、互利共赢作为重点工作。树立机遇大于挑战的意识，积极推进多元多样多层次的区域合作，努力寻求共同利益，实现包容性发展。不仅重视与周边国家发展经贸关系，促进经济共同发展，而且要努力拓展人力资源开发、科教合作、信息共享、基础设施互联互通等改善民生方面的合作，推进可持续开发，实现与周边国家互补多赢互利共赢。为此，云南坚持开放包容，努力实现互利共赢。不仅重视与周边国家发展经贸关系，促进经济共同发展，而且要努力拓展人力资源开发、科教合作、信息共享、基础设施互联互通等改善民生方面的合作，推进可持续开发，实现与周边国家互补多赢互利共赢。

（四）桥头堡物流基地建设方面

经过多年的努力，云南的综合交通体系已经取得巨大的改善。"中国连接东南亚、南亚的国际大通道"已经初具雏形，云南铁路"八出省四出境"、公路"七出省四出境"和水运"两出省三出境"的交通格局初步形成，建设进程正在提速。未来云南将构建现代综合交通运输体系。推动形成以航空为先导、铁路和公路为骨干、水运和管道运输为补充、区域综合枢纽为联结，多种运输方式相互衔接、高效便捷、内通外畅、城乡一体的交通运输网络。

现代物流已成为新的经济增长点，成为国家和地区经济实力和发展水平的一个重要标志，成为企业降低成本、提高劳动效率的"第三利润源"。近年来，中国及云南省现代物流业发展很快，对经济社会发展起了良好的推动作用。由于云南的地理区位优势，使其具备发展成为东南亚物流中心和泛珠三角"9+2"区域经贸合作的重要物流枢纽和重要物流城市、物流节点的一个重要省份。依托现代化综合交通体系，可以构建桥头堡物流基地，打破了运输环节独立于生产环节之外的行业界限和独立于产业集聚之外的区域限制，从整体上完成最优化的生产体系设计和运营，实现对货物流、资金流和信息流的有机统一，使云南成为中国面向西南开放的物流基地。

（五）口岸建设方面

口岸建设水平和通关水平是衡量一个沿边沿海国家或地区外向型经济发展水平的一个重要指标。在云南建设中国面向南亚的物流基地必须加快口岸建设，实施大通关。要深化海关体制改革，推进海关后移，实行"一站式"通关。要加快昆明、保山、德宏国际物流园区建设，将昆明打造为综合物流园区，将保山、德宏建设为面向南亚的物流基地。要加强口岸基础设施建设，加快联检楼、口岸货场、边贸市场以及口岸道路、通信、供水、供电、环保等建设，努力提高枢纽口岸的辐射力和带动力。要改进通关模式，创新监管方式，通过高科技手段、高素质队伍、高效服务，努力提高通关水平，促进贸易便利化。

　　从孟中印缅经济走廊建设的发起者中国的角度来看，经济走廊建设是中国西向开放的重要形式，意义重大。十八届三中全会指出，坚持世界贸易体制规则，坚持双边、多边、区域次区域开放合作，扩大同各国各地区利益汇合点，以周边为基础加快实施自由贸易区战略。改革市场准入、海关监管、检验检疫等管理体制，加快环境保护、投资保护、政府采购、电子商务等新议题谈判，形成面向全球的高标准自由贸易区网络。孟中印缅经济走廊建设是新时期中国参与国际区域经济合作中的又一个次区域经济合作。随着中国经济的发展和国际地位的不断提高，中国在参与区域合作的作用日益显著，中国以及云南需要为孟中印缅经济走廊建设贡献更大的力量。

问题与对策

印度东北地区对孟中印缅经济走廊
建设的制约性及对策思考[①]

林延明[②]

2013 年 5 月中国总理李克强访问印度期间，中印两国共同倡议建立孟中印缅经济走廊，以推动中印两个大市场更加紧密的联系。在印度参与孟中印缅经济走廊的诸区域中，东北地区是一个集边疆、民族、落后、动乱为一体的特殊地理单元，历史发展进程较为独特，民族矛盾屡次激化，安全形势脆弱敏感，与周边国家和地区的互联互通较为滞后，因此可谓是孟中印缅经济走廊建设的一大制约因素。本文试对孟中印缅经济走廊建设中这一突出制约因素进行分析和把握，并针对这一制约因素，在应当采取什么样的对策措施方面作些思考。

一 印度东北地区在经济走廊所涉
地区中的区位特征

孟中印缅经济走廊涉及的地区主要包括中国的西南省区，印度的东北地区、比哈尔邦和西孟加拉邦，以及缅甸和孟加拉国全境。其中，印度东北地区传统上指的是被称为印度"东北七姊妹"的阿萨姆邦（Assam State）、曼尼普尔邦（Manipur State）、梅加拉亚邦（Meghalaya State）、米佐拉姆邦（Mizoram State）、那加兰邦（Nagaland State）、特里普拉邦（Tripura State）和所谓的"阿鲁纳恰尔邦"（Arunachal Pradesh），[③] 地处北纬 20°1′—29°

---

① 本文系 2014 年度国家社会科学基金青年项目"印度独立以来的边疆政策和边疆治理研究"（项目批准号：14CSS005）的阶段性成果。

② 云南省社会科学院南亚研究所助理研究员。

③ 1951—1953 年，印度强行把东北边界推移到"麦克马洪线"附近。1954 年，印度政府在"麦克马洪线"以南的中国领土上建立"东北边境特区"，归属印度外务部管辖。1973 年，印度将"东北边境特区"改名为"阿鲁纳恰尔中央直辖区"，由联邦政府直辖。1986 年 12 月，印度议会通过法案，将"阿鲁纳恰尔中央直辖区"升格为"阿鲁纳恰尔邦"。中国从未承认过非法的"麦克马洪线"和所谓的"阿鲁纳恰尔邦"。

30′、东经 85°49′—97°30′。① 锡金邦（Sikkim State）位于北纬 27°04′—28°07′、东经 80°1′—88°55′，虽与东北地区其余诸邦均不相连，但在其于 2002 年 12 月加入东北地区委员会（North Eastern Council，NEC）之后也被视为印度东北地区的一个组成部分。连同锡金邦在内，"扩大后的印度东北地区"② 的土地面积（包含全部有争议的领土）共计 262139 平方公里，约占印度国土总面积（3287590 平方公里③）的 8.79%；据 2011 年印度人口普查的统计数据，该地区的人口总量为 45587982 人，约占印度总人口的 3.77%。④ 与孟中印缅经济走廊建设涉及的其他地方相比，印度东北地区具有如下一些鲜明的区位特征：

（一）与外国的边界线最为漫长，与本国的连接最为薄弱

印度东北地区大体呈倒三角状，北靠中国和不丹，东邻缅甸，南部插入缅甸与孟加拉国之间并与缅孟交界部接壤，西接孟加拉国，西北部沿孟加拉国之上延伸并与尼泊尔接壤。该地区与上述中、缅、孟、不四国之间的国际边界线超过 4500 公里，约占其地区轮廓线（含所谓的"阿邦"）的 90%，同时约占印度国际边界线总长的 50%。显而易见，印度东北地区地处南亚与东亚、东南亚的交接地带，可谓是孟中印缅经济走廊进入南亚次大陆的东大门。

但从其与印度本土的地理连结来看，东北地区却孤悬于次大陆的东北边缘，与印度内地之间仅有一条穿行于尼泊尔和孟加拉国之间的西里古里走廊（Siliguri corridor）的薄弱连接。这条走廊为 1950 年印度政府出于加强对东北地区的控制的目的而予以修筑，起自印度西孟加拉邦东经 88°处，穿行 150 公里后进入东北地区阿萨姆邦，平均宽度仅为 50 公里，东端宽 33 公里，西端才有 21 公里，因其狭窄的形状又被形象地称为"鸡脖"（Chick Neck）。

（二）当地安全局势脆弱多变，属于所在国的国内安全和边疆治理的难题区域

印度独立以来，东北地区一直显示出了对中央的强大离心力，属于印度国内民族矛盾冲突的高发区、重灾区，当地诸族群之间在经济发展程度、社

---

① 此处的维度划分包括了与中国存在领土争议的地区。

② 为以示区别，可将锡金加入前的印度东北地区称为"印度东北地区（不包括锡金）"或"东北地区（不包括锡金）"，而将锡金加入之后的印度东北地区称为"印度东北地区（包括锡金）"、"东北地区（包括锡金）"或"扩大后的印度东北地区"。

③ 该数据为包含全部有争议的领土在内的印度国土总面积。

④ http：//www. censusindia. gov. in/2011census/censusinfodashboard/index. html.

会结构类型、文化习俗传统等多方面的差异性较大，且族群关系在很大程度上体现出了对抗性大于容忍性的特点，因此任何微小的摩擦均有可能导致族群之间的大规模血腥暴力冲突，甚至酿成波及印度全境的全国性危机，2012年的阿萨姆邦骚乱及其引发的一系列连锁反应事件即为明证。① 当前，印度东北地区的安全局势虽在总体上有所好转，但局部恶化的风险依旧存在，尤其是阿萨姆、曼尼普尔、那加兰、梅加拉亚等邦的安全局势在最近几年有明显恶化的趋势。可以说，东北地区在安全领域长期存在的种种问题一直久拖未决，民族分离主义运动时有反弹，反政府的地下武装活动难以禁绝，外来移民与当地原住居民之间的矛盾冲突一点即燃，恐怖暴力袭击和黑社会活动屡禁不止，这些问题交织在一起，给印度的国内安全和边疆治理提出了巨大挑战。

（三）同时涉及所在国与其他三国之间的敏感问题与疑难问题，属于所在国防范外来影响和渗透的敏感区域及进行军事布防的重点区域

孟中印缅经济走廊所涉地区当中，印度东北地区是唯一同时涉及所在国与其他三国之间复杂矛盾纠葛的一个地区，再加上其脆弱多变的安全形势，该地区长期以来都属于印度防范外来和渗透的敏感区域，也是印度在国防安全上进行军事布防的重点区域之一。简略说来，大量孟加拉"非法移民"的存在仍然困扰着印孟双边关系的进一步发展；分离组织和反政府武装相互勾结和跨境犯罪仍是印缅边境安全稳定的主要威胁；而所谓的"阿鲁纳恰尔邦"和达旺问题更是中印边界问题的症结所在。这里重点谈谈印度东北地区涉及中印关系的难解之题。

从中印关系来看，印度在东北地区建立的所谓"阿鲁纳恰尔邦"涉及中印边界问题在历史与当下的症结所在。目前，所谓的"阿邦"下辖13个县，其中达旺（Tawang）、西卡门（West Kameng）、东卡门（Eest Kameng）、帕彭帕尔（Papum Pare）、下苏班西里（Lower Subansiri）、上苏班西里（Upper Subansiri）、西西昂（West Siang）、上西昂（Upper Siang）等八个县的全部，东西昂（East Siang）、洛希特（Lohit）、迪邦河谷（Dibang Valley）等三个县的部分，处于中印边境争议地区；仅有布拉马普特拉河以南的昌朗（Changlang）、提拉普（Tirap）两县不在争议地区。中国关于东段边界争议的主张大体是，"麦克马洪线"是非法的，东段边界争议问题应纳入中印两国整个边界问题的一揽子解决方案，参照实际控制线，以互谅互

---

① 关于发生在 2012 年的阿萨姆邦骚乱及其连锁反应事件的情况，可参见陈利君、林延明《印度阿萨姆邦骚乱及其连锁反应事件分析》，载《世界民族》2013 年第 4 期。

让的原则进行适当调整。此外，达旺地区在历史上归属西藏地方政权管辖，在民族宗教感情方面又与六世达赖喇嘛仓央嘉错的故乡柏嘎紧邻，因此中方提出将达旺地区划归中国。然而，印度却主张在中印双方未找到"公平合理"且双方均能接受的解决方案之前，"麦克马洪线"应被视为合法的国际边界条约，中印东段边界早已划定且不能谈判，对于中方关于就达旺地区的归属问题进行调整的提议，印方也不接受。① 除了久拖不决的边界问题以外，印度政府对"阿鲁纳恰尔邦"的政策也在悄然发生转变：一方面，通过领导人访问等方式，不断发出重视信号，不断加大对当地经济的发展力度，力求尽快改变"阿邦"的封闭落后面貌；另一方面，通过连续增兵中印边境等手段，不断加大对"阿邦"的军事布防力度，不断提高中印边境印度一侧的国防基础设施建设和武器装备部署的现代化水平，力求进一步加强对"阿邦"在事实上的控制。

（四）在所在国的国家发展战略和区域经济合作战略中地位最为尴尬

在印度独立后的一段时期，印度中央政府把在东北地区真正实现民族国家整合视为首要任务，并曾认为东北地区的封闭落后才最符合新德里的利益，由此在很大程度上限制了东北地区经济社会的开发开放步伐。

与孟中印缅经济走廊沿线的其他地区相比，印度东北地区经济开发、社会开放的大幕拉开得比较晚。大体说来，直到 1987 年印度中央政府完成了对东北地区的政治重组，该地区和平统一的历史大局才最终奠定；1991 年中央政府开始推行"东向政策"，东北地区才由远离内地的动乱边疆变成了印度"向东看"的地理前沿。自 20 世纪 90 年代以来，印度中央政府虽然把解决"东北难题"作为"东向政策"的目标之一，也确实加大力度增强该地区的经济发展活力，然而同时也一直对全面开放东北地区存有心态矛盾、留有思想顾虑。

一方面，为进一步加强东北地区与周边国家和地区的联系，促进东北地区对外贸易的发展，印度政府出台了一系列双边或多边的基础设施国际合作项目，其中交通运输项目是主要合作内容，包括建设印缅友好公路、印缅泰三国高速公路、泛亚高速公路、印缅铁路联动项目、加拉丹多模式联运项目（Kaladan Multimodal project）以及史迪威公路等，此外还有诸如印缅孟石油天然气管道工程以及塔曼提（Tamanthi）水利水电工程等其他合作项目。

另一方面，由于印度"东向政策"主要走海上通道的战略考虑，东北地区在印度的国家发展战略和区域经济合作战略中作为"东向地理前沿"

---

①　吕昭义：《达旺历史归属论》，载《中国边疆史地研究》2011 年第 1 期。

的地位实际上名不副实，尤其是与周边毗邻地区实现互联互通显得非常滞后，再加上地方政府常常陷入有意对毗邻地区进行开放和合作但难以获得中央政府支持的困境，该地区从"东向政策"中的获益就显得更加有限。

二　印度东北地区对经济走廊建设的制约性分析

由于上述印度东北地区的区位特征，本文认为该地区构成了孟中印缅经济走廊建设中的一大制约因素，且其对经济走廊的制约性主要体现在如下几个方面。

（一）对印度参与经济走廊建设的决心和力度形成阻碍

自20世纪90年代以来，印度对东北边疆经济社会开发的重视程度日渐提高，为东北地区制订了包括加快基础设施建设、实行新工业政策、加快资金流动等一系列新的发展战略。进一步而言，这一系列开发开放政策的重点是为了消除东北诸邦的"孤立感"，此外也注重结合东北地区的族群关系复杂、文化类型多元、风俗习惯多样等特点，在政策实际推行过程中将扶贫与开发相结合，大力支持当地农、林、园艺、手纺等产业的发展。

然而，主要出于安全方面的考虑，印度开发开放东北地区的一系列政策在很大程度上偏向加强东北诸邦相互之间的沟通以及加强诸邦与国内其他地区之间的联系，而对于开放东北地区的边界以及提升该地区在区域经济合作中的参与程度等问题仍然态度谨慎、顾虑重重、裹足不前。在东北地区参与孟中印缅经济走廊建设的问题上，印度政府更是有意"将东北地区的对外开放绕开中国"，多选取开放该地区的东南部口岸，实为"舍近求远、避重就轻、舍本逐末，既无规模、也无速度，举步维艰，没有实效，没有前途"。① 具体到印度东北地区与周边毗邻地区的互联互通建设，印度政府也表现出如下政策倾向：在政策考虑层面上，偏重交通走廊建设，而轻视商贸物流走廊、产业合作走廊、人文交流走廊等其他走廊的建设；在具体操作层面上，偏重推动东北地区与孟加拉国和缅甸的跨境交通通道建设，而刻意规避东北地区经由缅甸连通中国，从而实际上有意拖延该地区实现与周边毗邻地区真正意义上的互联互通。

（二）对孟中缅三国推进经济走廊沿线毗邻地区的互联互通形成牵制

印度东北地区在孟中印缅经济走廊所涉地区当中的特殊区位特征不仅对

---

① 吕昭义：《印度东北地区的战略转变及推进中国云南与印度东北地区合作的建议》，载《东南亚南亚研究》2009年第4期。

印度加大对经济走廊建设的参与力度产生了阻碍，而且也对孟加拉国、中国、缅甸三国推进经济走廊沿线毗邻地区的互联互通形成了牵制。

从孟中缅三国所面临的共同问题来看，印度东北地区对孟中印缅毗邻地区实现真正意义上的互联互通产生了巨大制约。首先，孟中缅三国都面临着要先打通交通通道才有可能真正实现孟中印缅毗邻地区互联互通的问题，故而也只能把政策措施的重点放在交通走廊建设之上，而对于能源、商贸、物流、产业合作及人文交流等走廊的建设则在很大程度上缺乏现实操作的基础。其次，孟中缅三国在开展与印度的交通通道走廊和商贸物流走廊的建设合作时，都难以绕开印度政府对于东北地区安全局势的顾虑，从而难以单纯地从便利化的角度对交通通道和物流通道的选线问题进行规划设计。最后，在贸易投资和产业合作方面，孟中缅三国在印度东北地区较难找到机会和突破口，而不得不先加强三国彼此之间的交流合作，且在与印度合作时也不得不在一定程度上舍近求远，将合作的重点放在西孟加拉等邦。

从孟中缅三国各自面临的问题来看，印度东北地区同时涉及印度与三国关系中的难解之题，迫使三国都需要认真考虑经济走廊沿线毗邻地区的互联互通可能在东北地区出现"联而不通"甚至是"难以联通"的现实困境，从而加大了三国在经济走廊建设中与印度磋商协调的政策设计成本与外交沟通成本。对于孟加拉国而言，只有同印度在非法移民问题上取得共识并找到解决问题的具体办法，才能使印度进一步开放印孟边界，实现印缅两国边境地区人员与物流的正常往来。对于中国而言，要实现云南等西南省区与印度东北地区的直接联通，首先得破解长期以来印度重点防范中国影响向东北地区"渗透"的难题，化解"中国威胁论"和"中国阴影论"的影响，真正消除印度对于中国人员和资本直接进入东北地区的担忧，才能加快交通、经贸、人文等领域互联互通的建设步伐。对于缅甸而言，在继续开展对跨境犯罪活动的联合打击行动的同时，如何提升缅印双方在其他领域的交流合作，是今后一段时期需要考虑的重大现实问题，否则两国在毗邻地区的合作很可能在安全领域止步不前，而过境贸易等方面的合作则长期停留在较低水平上。

（三）对中国在孟中印缅毗邻地区构建利益共同体形成制约

21世纪是中国改革开放的重大战略机遇期，机遇前所未有，但挑战也前所未有。在进行缜密战略谋划及加快调整外交政策的过程中，中国寻求更加合理的外交布局，期望通过与周边国家进行友好交流合作的方式，维护自身的国家利益，并且实现与其他国家的互利共赢。针对孟中印缅毗邻地区，中国本着互惠互利的原则，积极同孟印缅三国开展合作，寻求与三国编织更加紧密的共同利益网络，把孟中印缅四方的利益融合提升到更高水平，一方面使我国特别是西南边疆的发展从孟中印缅经济走廊的向前推进中获得助力，另一方面也让孟印缅三国在更大程度上分享我国改革开放的发展成果，使我国也从周边国家共同发展中获得裨益和助力。然而，印度东北地区在孟中印缅毗邻地区中具有鲜明的异类特质，尤其是其作为印度国内安全的重点区域和敏感区域的性质，使得印度国内各界总有一些人在冷战思维的陈旧观念下看待孟中印缅经济走廊建设，不断宣扬"中国威胁论"、"中国威胁论"及"中国渗透论"等，认为中国以睦邻友好、互利合作为重点的周边外交政策包藏祸心或有所图谋。在这种思维和观念的影响下，孟中印缅经济走廊建设在今后难免遭遇"安全困境"和"互信困境"，不仅走廊建设向印度方向推进的阻力较大，而且中国在孟中印缅毗邻地区构建利益共同体的长远规划也将受到制约。

三　改变印度东北地区对经济走廊制约性的对策思考

本文认为，作为率先提出 BCIM 合作构想的中国云南，应当充分认识到印度东北地区对孟中印缅经济走廊建设的较大制约性，并通过进一步深入研究找到可以改变这一制约因素的具体措施。对此，本文提出如下几条对策思考意见，以供参考。

（一）媒体先行，加强"云南发展模式"舆论宣传的力度、广度与覆盖度

虽然印度中央政府始终对东北地区参与区域经济合作的问题态度暧昧，但实际上印度学者和东北诸邦政府却早已怀着开放的心态，将寻找机会的目光投向了中国云南。早在 2006 年《印度教徒报》就登载了一篇题为《用云南模式发展印度东北地区》的文章，高度赞赏云南省改革开放的模式及推动边疆民族地区发展的经验，强调云南省"通过基础设施建设、与邻国的外交以及战略营销等途径推进经济发展"的模式给地处中国西南的偏远省份带来了繁荣，并且"使少数民族分享到中国经济繁荣，从而使他们与北京维系得更紧密"，建议印度政府借鉴上述"云南发展模式"，发展本国在地理和人口组成上与中国云南具有不少相似性的东北地区。此后，无论是印度全国性的大报或者东北地区的当地媒体，均不断出现对于中国云南发展模式、发展经验、发展现状等的介绍、报道和评论。但是，相较于印度媒体对于中国云南的关注，云南省媒体有关印度东北地区的关心和报道却很少。因此，在今后一段时期，云南省媒体应更加积极主动地承担其为孟中印缅经济走廊建设营造良好舆论氛围的责任，一方面要加大对印度东北地区的介绍，特别是要加大对于云南企业在东北地区现实机遇的报道，另一方面更要加强对"云南发展模式"的宣传力度、广度和覆盖度，尤其是要增加对云南省与印度东北地区的政界、商界、学界的交往互动的报道力度，着力创造条件，实现云南省媒体与印度媒体关于孟中印缅经济走廊建设相关议题的良性舆论互动，促使中印双方尽快掀起探索云南与东北地区交流合作问题的热潮。

（二）深入研究，加强对经济走廊建设向印度东北地区推进突破口的探索

近年来，不断有印度东北地区的官员和学者提议优先开拓本地区与中国云南的交流合作，曼尼普尔邦在这方面尤为积极，多次派出官员和学者到云南省进行访问、考察，并通过与我省政府部门和学术机构的交流沟通，学习借鉴云南发展的模式与经验，探讨东北地区与云南在各领域进行友好交流合作的现实途径。结合这一实际情况，我省学术界对于印度东北地区的基础研究还显得比较薄弱，而对于通过哪些渠道、哪些手段推进云南省与东北地区交流合作的重大现实问题，探索和讨论得更少。以云南省哲学社会科学省级科研课题为例，近年来比较重要的项目就仅有两项两院课题，即"印度东北地区对中国（云南）与印度经贸合作的影响"和"印度东北部部族冲突的情况及其对 BCIM 合作可能产生的影响研究"，以及一项学科建设项目，即"印度东北地区民族问题研究"。可以说，云南省在跟踪研究印度东北地区情势变化及该地区对于孟中印缅经济走廊建设的观点态度方面，还有很大的拓展空间。今后一段时期，相关部门应加大对科研机构研究印度东北地区的支持力度，而云南省学者也应更加深入研究这一地区，着力在经济走廊建设如何向印度东北地区推进的问题上寻求突破并提出更多具有针对性和可操作性的对策建议。

（三）积极主动，加强与印度社会各界的沟通联系

加强与印度东北地区的交流合作需要我们保持足够的耐心，逐步化解印度方面的疑虑和担忧。在此过程中，云南省还应根据自身作为我国面向西南开放的桥头堡的战略定位，更加积极和主动地通过一切渠道和手段，增强与印度学界、政界、商界等各界人士的沟通联系。

首先，要增强与印度学者尤其是印度东北籍学者的沟通联系。东北诸邦的不少学者都显示出了对云南发展模式和经验的浓厚兴趣，并希望将云南的模式和经验引进东北地区，因此云南省学者应借助中国—南亚智库论坛等平

台，加强与印度学者特别是印度东北籍学者的沟通交流，并结合印度具有浓厚兴趣的话题，加大宣传云南作为我国民族团结进步和边疆繁荣稳定的示范区，在巩固和发展民族团结和边疆稳定、推进兴边富民工程、促进各民族交往交流交融等方面的成功经验，进一步向印方传播中国和平崛起带给世界更多机会以及云南改革开放带给周边毗邻地区更好益处的我方发展理念，从而推动中印两国的学者在孟中印缅经济走廊建设问题上取得更多共识，在孟中印缅毗邻地区互联互通问题上达成更多一致，最终为经济走廊真正向印度东北地区的拓展提供深厚的学理分析基础和价值判断共识。

其次，要增强与印度各级政府的沟通联系。孟中印缅经济走廊建设是否能顺利地向印度方向稳步拓展，孟中印缅毗邻地区的互联互通是否能真正把印度东北地区纳入其中，未来的难点均在于印度政府的态度。因此，云南应积极主动地与印度中央和地方各级政府开展沟通联系。在与印度中央政府的沟通中，应与其坦诚交流云南省作为我国沿边开放的试验区和西部地区实施"走出去"战略的先行区，在对外经贸合作、对外文化交流、通关便利化、生物多样性保护以及人与自然和谐相处等方面勇于先行先试的成功经验，从而为印度中央政府开发开放东北地区提供启发和借鉴，力争让印方对云南省"大开放才有大发展"经验产生共鸣，最终消除其开放印度东北地区边界的顾虑。而在与印度地方政府交往时，应将重点放在推动孟中印缅毗邻地区互联互通的方面，例如可依托首届孟中印缅汽车拉力赛成功举办的经验，与印方共同探讨毗邻地区的多条多向交通通道选线方案。

最后，要增强与印度特别是东北地区商界的沟通联系。孟中印缅经济走廊建设除了要搞好交通通道走廊建设之外，更要推进商贸物流走廊、产业合作走廊及人文交流走廊等方面的建设。因此，云南省应借助中国—南亚博览会、中国—南亚商务论坛、中印经贸合作论坛、K2K 会议等平台，加大与印度特别是东北地区商界人士的交往力度，一方面向印方介绍云南向印度招商引资的优惠条件与良好政策环境，另一方面寻求云南省与东北地区在商贸物流、产业共建、人员交流等领域直接开展合作的机会。

孟中印缅经济走廊的反响及风险

杨思灵①　高会平②

孟中印缅经济走廊建设构想提出之后，印孟缅三国反响不一，各个层次的反响也有所不同。总体看来，现阶段各方对孟中印缅经济走廊的反响既有好的一面，也有不同的声音，凸显了经济走廊建设存在的一定的风险。

一　印度的反响

1. 印度官方反响

从印度官方来看，对孟中印缅经济走廊建设的反响还是比较积极的，这点从中印两国总理 2013 年年内互访达成的合作共识就可以看出。在 2013 年 5 月 20 日的中印联合声明中，两国不仅对孟中印缅地区合作论坛框架下的次区域合作进展表示赞赏，而且鉴于 2013 年 2 月孟中印缅汽车拉力赛的成功举行，双方同意与其他各方协商，成立联合工作组，研究加强该地区互联互通，促进经贸合作和人文交流，并倡议建设孟中印缅经济走廊。在 2013 年 10 月辛格访华时双方发表的《中印战略合作伙伴关系未来发展愿景的联合声明》第四条指出，根据两国领导人达成的共识，双方已就孟中印缅经济走廊倡议分别成立工作组。中方工作组 10 月访印是推动倡议的积极一步，双方将就孟中印缅经济走廊倡议进一步探讨。双方将同孟、缅保持沟通协商，并于 12 月召开孟中印缅联合工作组首次会议，研究孟中印缅经济走廊建设的具体规划。随后 12 月，第一届孟中印缅经济走廊联合工作组会议成功在中国昆明举行。可以说，印度官方的积极反应是使经济走廊合作相关议程得以推进的重要因素。原印度外交秘书埃里克·冈萨夫则表示，中印缅孟经济走廊一旦建立，受益最大的无疑是印度西孟加拉邦。他还表示，虽说建立经济走廊也会面临不少困难，但它的辐射作用有望促进南亚、东南亚、东

---

①　云南省社会科学院南亚所副所长、研究员。

②　昆明市社会科学院社会研究所助理研究员。

亚三大经济板块的联合发展。同时，这种合作方式也有利于形成一种开放型
的灵活机制，各相关国家都可根据发展的需要来选择参与，形成一个新的有
影响力的区域合作组织。印度出口组织联盟区域会长阿格瓦特表示，随着孟
中印缅经济走廊建设，印度东部各邦在商贸领域方面将开创历史新纪元；他
认为孟中印缅经济走廊为中印经贸合作带来了更多机会。① 不过客观而论，
印度官方虽然有意愿推进经济走廊建设，但从其后续举动来看，正如国内有
学者指出的那样，印度对经济走廊的态度仍然暧昧。② 而且囿于中印之间的
结构性矛盾，印度不大可能对经济走廊建设"全面配合"。更为重要的是，
我们从对一些来华印度学者的访谈中也了解到，印度官方对推进经济走廊建
设仍然没有具体的计划及相关规划。

2. 印度媒体反响

如果说在孟中印缅经济走廊被写进中印联合声明之前印度媒体的反响比
较冷淡的话，那么之后发生了一些变化，印度媒体开始关注孟中印缅经济走
廊，包括《印度时报》《印度斯坦时报》在内的一些印度媒体开始关注孟中
印缅经济走廊。但总体来看，印度媒体对经济走廊的关注仍然是零星的，通
过对印度各大媒体网站进行 BCIM 搜索，共找到 12 条相关报道，其中《印
度时报》3 条，《印度斯坦报》2 条（见表 1）。

表1　　　　　　　　　　印度媒体报道经济走廊的部分内容概览

题目	报道时间	报道内容	来源
China, Bangla to push for progress on BCIM ahead of PM's visit	2013 年 10 月 20 日	中国与孟加拉国就经济走廊加强合作	《印度报业托拉斯》
Plan for economic corridor linking India to China approved	2013 年 12 月 20 日	印度批准建设孟中印缅经济走廊	《印度时报》
BCIM corridor gets push after first official-level talks in China	2013 年 12 月 21 日	第一次官方联合工作组谈判	《印度斯坦报》
India and the BCIM: Should the "I" stand up?	2013 年 6 月 6 日	建议印度应改变"消极被动反应战略"，积极参与经济走廊建设	《印度外交政策杂志》（Foreign Policy journal）

① 《借力孟中印缅经济走廊　印度东部将开创商贸领域新纪元》，http：//finance. ifeng. com/a/
20140328/12006592_ 0. shtml。

② 中国人民大学国际关系学院副院长金灿荣、中国台湾政大国际关系中心主任丁树范等：深
圳卫视《专家：印度对建立"孟中印缅经济走廊"态度暧昧》，http：//you. joy. cn/video/
4415004. htm。

续表

题目	报道时间	报道内容	来源
India, China moot trade corridor	2014 年 1 月 5 日	介绍第一次孟中印缅联合工作组会议成果及后续工作：四国在 6 个月之内拿出联合研究报告；每个国家提出在交通基础设施领域的合作建议	《论坛报》 （The Tribune）
Kolkata to Kunming: Indian and Chinese strategies converging to build land and trade ties in northeast	2013 年 12 月 5 日	中印利用经济走廊建设陆海通道	《印度经济时报》
The Dragon's handshake	2013 年 7 月 11 日	介绍经济走廊路线走向，并认为印度对经济走廊建设仍然三心二意	《印度斯坦报》
India unable to make realistic economic choices: China	2013 年 10 月 29 日	回应中国国内学者批评印度国内问题阻碍经济走廊建设	印度 ZeeNews 新闻网
BCIM forum to focus on regional connectivity	2011 年 1 月 20 日	对孟中印缅论坛讨论互联互通进行报道	《印度教徒报》
Despite killings, China to go ahead with economic corridors with India, Pakistan	2014 年 3 月 6 日	昆明 301 与经济走廊	《印度时报》
China's maritime "silk road" proposals are not as peaceful as they seem	2014 年 2 月 24 日	提及	印度邮报在线
China wants to revive "Southern Silk Road" with India	2013 年 6 月 9 日	中国希望通过与印度发展经济走廊恢复南方丝绸之路	《印度时报》

资料来源：笔者根据印度各大英文媒体搜索整理。

3. 印度企业与民间舆论的反响

印度企业与民间舆论的反响较为良好。就企业来看，印度大型钢铁企业积极参加孟中印缅经济走廊汽车拉力赛及相关活动，并为路考提供车辆（向孟加拉国提供），表明印度企业对经济走廊建设充满兴趣。不过也有企业有不同声音，印度东北邦一些企业抵触情绪严重，他们认为，当地的潜力和能力还完全没发挥出来，为何需要引进外力？中央政府应该首先采取措施保护和促进当地企业的自身发展，再考虑打开外部通道。在民间舆论方面，主要表现在印度东北部地区的民众非常希望开放，这点从举行汽车拉力赛及路考活动时经济走廊沿线的民众热情欢迎及参与的程度可以看出来。在访谈中也了解到部分印度东北地区的青年学生非常渴望经济走廊建设能够取得成功，他们认为 BCIM 经济走上的建设可以有效地推动当地经济发展，努力寻求与缅甸和中国的合作也是东北地区融入全球化进程的重要一步。

4. 印度学者的反响

部分印度东北部地区的学者指责印度多年来推进的"向东看"政策也是有名无实，因而对孟中印缅经济走廊没有寄予太大的希望。印度新德里中国问题研究所副主任郑嘉宾表示，中印缅孟经济走廊涉及的地区有一定的边境贸易，但有的地方基础设施跟不上，制约了这些地区的经济、人文交流。"印度东北部地区基础设施建设薄弱，政府又投资不足，这严重制约了当地经济的发展和人民生活水平的提高，进而也滋生了一些社会问题。"不过从实际情况来看，印度一些学者对经济走廊建设还是非常看好的。比如印度尼赫鲁大学教授狄伯杰认为，建设这条经济走廊十分必要，四国地理毗邻，经济互补性强，"随着相关投资的引入，印度东北部地区的基础设施建设将会有很大的提升，社会问题也会逐渐得到解决"。

二　孟加拉国的反响

孟加拉国向来对推进孟中印缅合作较为积极，对推进经济走廊建设也表现出了较为浓厚的兴趣。

1. 孟加拉国官方反响

孟加拉外交部长阿夫萨鲁·阿明与中国外交部长王毅于 2013 年 10 月 13 日举行双边会谈，会谈上孟外长表示，孟加拉国支持孟中印缅经济走廊的建设，并同意与其他各方商议行动的计划以加强孟中印缅区域在经济、贸易和人员往来方面的联系。孟加拉国外长迪普穆妮在接受媒体采访时表示，孟加拉国非常欢迎进一步推动孟加拉国、中国、印度和缅甸四国经济发展，加强四国合作的提议。她高兴地表示，"我们祝贺中国提出了这一富有创新精神的项目（中孟印缅经济走廊），孟加拉国非常欢迎这一提议，并热切期望与中印缅三国一起努力早日将该项提议付诸实施"；"我相信这一项目能够极大加强四国之间的联系，从而推动中国与其他三国之间的经贸发展"。除了经济领域的合作，迪普穆妮还希望这一项目能够成为中国与其他三国实现全面合作的国际框架。她说："它将有望为这几个国家与中国在教育、文化、体育和旅游等领域的合作和联系带来新的动力。"另外，她补充说，经济走廊还将进一步加深四国之间的民间交流。2013 年 10 月，中国国家发改委率"孟中印缅经济走廊"工作组访问孟加拉国，孟方感谢中方牵头落实孟中印缅经济走廊倡议，支持经济走廊建设，并希望以此为契机，吸引更多中国投资，加强本地区互联互通建设，带动孟经济发展。孟加拉国总理顾问

Gowher Rizvi 说：孟加拉国希望成为南亚和东南亚之间互联互通的杠杆，孟中印缅经济走廊正好符合孟加拉国的这一需求。当然，经济走廊也符合孟加拉国扩大与中国、印度和缅甸经济联系的需要。他建议在开展经济走廊建设的同时，大力推进工业园区的建设。

2. 孟加拉国媒体反响

孟中印缅经济走廊一经提出和推动，孟加拉国的部分媒体就进行了报道，不过报道量偏少。笔者对其主要报纸网站进行了搜索，发现一些孟加拉国媒体对孟中印缅经济走廊的报道，比如达卡论坛（Dhaka Tribune）于2013 年 10 月 21 日登载题为"达卡支持 BCIM 经济走廊建设"的文章，对经济走廊建设及中孟代表团之间的互动进行了报道；孟加拉国《每日星报》于 2014 年 3 月 26 日、《星报》于 2014 年 3 月 6 日登载了穆斯塔菲兹拉赫曼教授关于经济走廊的一些看法（见后文）；孟加拉国私营通讯社 UNB 于2013 年 10 月 13 日报道"达卡、北京评估 BCIM 经济走廊前景"。

3. 民间舆论反响

孟加拉国人民普遍对中国怀有好感，也希望扩大与中国的合作，从未出现针对中国合作项目的抵触或排斥情绪。在四国汽车拉力赛及路考活动中，孟加拉国人民表现出了极大的热情。

4. 学者反响

笔者接触的孟加拉国学者认为孟中印缅经济走廊将会成为现代的"丝绸之路"，将面临最低的陆路贸易障碍，有助于四国人员和货物的跨境流动，四国将享受更大的市场准入，并最终促进多边贸易体制。经济走廊的建成，可以吸引更广泛的贸易和投资，可以利用地区内丰富的自然和人力资源发展各种产业和旅游业，给这一落后区域带来巨大的福利，使处于这一走廊中间区域的孟加拉国经济增长的速度大幅度的提升，从而成为孟加拉国繁荣发展的一大机遇。孟加拉国学者穆斯塔菲兹拉赫曼教授在孟加拉国《每日星报》发表了自己关于经济走廊的看法。他认为如果孟中印缅四国互联互通得以建立，那么孟中印缅区域内的贸易与投资将快速增加。

三　缅甸的反响

1. 缅甸官方反响

回顾历史我们发现，缅甸对促进孟中印缅地区合作是非常积极的，正如缅甸共和国大使妙敏丹在第十一届孟中印缅地区合作论坛上提出的一样，降低运输成本、缩短交货时间以及推动贸易便利化，将深化孟中印缅地区在贸易、商业和投资三方面的合作以及提升区域内的人文交流合作。由于缺少无缝连接和缺少相关的基础设施，该区域贸易便利化未得到有力的推进。另一方面，良好的互联互通有利于缩短交货时间和降低交易成本，而生产者与消费者也因提高的竞争力和消费者福利而获取实惠。而且他还特意指出，经过多年的努力，孟中印缅汽车拉力赛事的成功举办加深了各国的友谊。

不过，现阶段，囿于孟中印缅经济走廊建设提出时正是缅甸国内政治局势持续发生较大变化的时候，其国内官方对经济走廊的反响显得非常谨慎，但从缅甸积极派遣其国家计划和经济发展部副部长杜钦山伊率团参与第一届孟中印缅经济走廊联合工作组会议的情况来看，缅甸官方有意愿推进孟中印缅经济走廊建设。杜钦山伊也表示，第一次联合工作组会议设置了许多民生方面的议题，如社会公共事业发展、减贫、农业合作等，希望四国共同努力，实现区域包容性增长。

2. 缅甸媒体反响

2014 年 3 月 21 日，缅甸主流媒体记者团 7 人与中国媒体同行在云南省进行交流，他们表示，孟中印缅经济走廊对中缅双方来说，都将是未来一定时期内的合作重点。缅甸新闻周刊的首席记者 KyawMyoMin 说，通过采访了解到，目前孟中印缅经济走廊的建设中，孟加拉国、中国和印度三方已经在各方面做好开放的准备，缅甸方面因为种种原因尚未完全开放，预计在 2015 年之前，缅甸会出台各方面的措施，确保孟中印缅经济合作的顺利进行。

3. 缅甸民间舆论的反响

虽然没有收集到与经济走廊直接相关的资料，但从近期发生在缅甸的一系列针对中国合作项目的情况来看，缅甸民间舆论对与中国开展合作已经产生了一定的排斥情绪。这点可以从中国驻缅甸大使杨厚兰的讲话中得到佐证，他认为缅甸民间舆论排斥中国企业投资的原因有三个：一是一些企业在与当地民众、媒体、社会团体打交道方面经验不足，令缅甸民众感到透明度不够，对项目给当地带来的好处了解不够；二是随着改革开放，缅甸在环保、社会影响、征地补偿等方面的相关标准在不断提高，一些企业在技术环节上尚需适应；三是不排除一些域外别有用心的组织和势力不希望看到中缅互利合作顺利发展，故意找麻烦。不过，大使也指出，不仅中资企业，包括日本的蒂洛瓦经济特区、泰国的土瓦经济特区等项目近期在土地拆迁补偿等问题上都遭到缅甸当地民众指责。中国由于前两年在缅投资比较大，所以关注点比较高。

4. 缅甸学者的反响

缅甸学者一向积极参与孟中印缅地区合作论坛，对于经济走廊建设也非常看好。缅甸全国民主联盟经济委员会成员尤敏钦说，"中印缅孟经济走廊的建设将促进缅甸的经济发展，给缅甸带来实实在在的利益，中国是缅甸的老朋友，缅甸欢迎来自中国的投资"。缅甸籍学者丁貌丹表示，中印缅孟经济走廊的建设会产生溢出效应，对 4 国的经济发展都有好处。新加坡国立大学东亚研究所高级研究员赵洪也认为，中印缅孟经济走廊潜力巨大，印度、缅甸和孟加拉国都需要来自中国的资本和技术，中印缅孟经济走廊将成为新的区域合作平台。

四　印缅孟对经济走廊的反响特点

首先，就官方反响来看，四国政府均明确要支持经济走廊的建设与发展，这点从各方均积极参加第一次联合工作组会议就可以看出。不过总体来看，各国的反响均不理想，在其国内均缺乏明确的计划和宣传（从媒体反响可以得到佐证，从有限的媒体报道中很难看到各国政府有所行动的报道）。不过就个体差别而言，孟加拉国的官方反响要稍微好一些，有一些部级政府官员公开讲经济走廊的建设好处。印度官方就经济走廊发出积极声音的人比较少；囿于国内政治局势的复杂性，而且也受其民间舆论的影响，缅甸官方发声非常谨慎，很难看到他们对支持经济走廊建设的公开言论。

其次，就媒体反响来看，各国媒体反响并不积极，尤其是三国媒体反响出奇地冷淡。我们通过分别输入 BCIM、BCIM Corridor、BCIM Economic Corridor 三个关键词在三个网站百度、谷歌及搜狗上进行了搜索，得出了一些数据，第一个关键词的数据基本不能采信，因为 BCIM 还代表了一些其他含义，比如化学用品。从另外两个关键词的搜索数据来看，有效数据均非常少。如果以印孟缅的主要媒体作为进行搜索，关于经济走廊的相关网上报道及传统还是非常多的，虽然从新闻条数来看仅几百条，但经过传播，衍生的次级新闻有的多达上百万条，比如通过谷歌搜索引擎，以 BCIM Economic Corridor 为关键词进行搜索，可以搜索到 118 万条有关新闻。而且以谷歌为例，我们可以发现 BCIM Economic Corridor 被转载的新闻量远远大于前两个关键词，这说明孟中印缅经济走廊已经引起了国际舆论的广泛关注。然而，与此相比较，孟中印缅经济走廊在印孟缅三国的反应非常少，反应冷淡。我们在印度主要媒体报纸共找到 12 条报道，在孟加拉国媒体找到 3 条报道，缅甸则缺乏可靠数据。从总体来看，印缅孟各国媒体对经济走廊的反响并不热烈。然而从纵向发展来看，上述这些数据已经是历史发展中的一大步，因为在 2011 年之前在印孟媒体上很难寻找到与孟中印缅合作相关的报道内容。

因此，从发展趋势来看，尽管目前反响仍然不尽如人意，但未来随着经济走廊的不断发展，这种状况可能会发生改变。

表 2　　　　　　　　　以关键词搜索三个引擎的结果情况　　　　　单位：条

搜索关键词	百度	谷歌	搜狗
BCIM	355000	359（510000）	432
BCIM Corridor	1250	256（103000）	164
BCIM Economic Corridor	1210	193（1180000）	158

说明：搜索结果为除去重复新闻后的结果；谷歌内容为包括重复的新闻数量。搜索时间：2014年 3 月 26 日。

　　从具体的反响差别来看，印度媒体的反响既有正面的，也有负面的；孟加拉国的媒体反响基本上是正面的；缅甸媒体在经济走廊上的反响尚未得到数据支撑，但根据来华交流的缅甸记者支持经济走廊建设的说法来看，缅甸媒体至少也有部分对经济走廊持支持态度，当然也不能否认，受政治局势影响，可能反对的声音也同样存在。

　　再次，就各国民间舆论的反响来看，差别较大。印度的民间舆论正面和负面均有，在我们浏览印度网民评论印度时报等报纸媒体关于经济走廊的报道时，有的网民较为客观理性，认为经济走廊建设确实符合双方的利益，但也充斥着各种各样的中国威胁论和指责，有印度网民甚至责骂印度政府与中国建设经济走廊是"愚蠢到无可救药"。在下表中我们根据印度网民对发表在印度时报一批文章的评论情况，从中可以看到，几乎包括了比较普遍的看法和观点，从中也可以看到，对经济走廊的负面看法不容忽视。就孟加拉国的民间反响来看，我们并没有寻找到反对经济走廊的声音；就缅甸而言，我们也没有寻找到其民间舆论直接反对经济走廊的声音，但从此前缅甸民间舆论针对中国企业的举动来看，排斥情绪是存在的。

表 3　　　　印度网民对印度时报文章 "Plan for economic corridor linking
India to China approved" 的部分评论意见

网民	评论内容	评论主旨
Mani Iyer（Bangalor）	It has lot of heckles like illicit drug dealers of Burma, illegal immigrant from Bangladesh, unchecked inferior chinese products entry etc., It has a point whether Chinese companies allow Indians to participate in this corridor linking and Chinese inferior & cheap materials usage., Even then it is opening for tourism with limited expenses.	非传统安全问题对经济走廊会有影响

续表

网民	评论内容	评论主旨
Bahu Virupaksha (PONDICHERRY)	Your commentIndia has a great deal to learn from China and it is wonderful that this economic corridor is being built. Friendship with China is in the interest of both countries as they face a common enemy in USA.	经济走廊符合中印共同利益
Avik Shoutay (Indore, India)	Indians are serious fools to agree to the plan. What if China causes political threat to us.	印度同意建经济走廊计划非常愚蠢
kalpesh (Vadodara)	It is said to be economic corridor... but china can use it for political.	经济走廊可能会被中国用来达到政治目的
ash (Location)	china wants this so it can penetrate deeper into markets to sell its wares. expect local manufacturers to be decimated. china had done similar models in african countries where by pushing cheap products have killed off local manufacturing. in some parts there are alreadt anti-china movements.	中国制造业对印度会造成毁灭性打击
Maheshpal	The project appears to be good on paper. How far will it help Indian exports will define its usefulness or otherwise. let us give it a chance.	经济走廊将有助于印度出口
rk (Location)	...BCIM corridor will only improve trade and cooperation between nations india china myanmar and bangladesh.. ! !. this is good news for not only india and china but the two smaller nations of myanmar and bangladesh.. they can hope for better economic future...! !	经济走廊能够促进各国之间的贸易与合作
Debjyoti Chakraborty (Hyderabad, Andhra Pradesh)	As far as road connectivity is concerned, this is completely to chinese advantage. They are building merchandize supply lines into myanmar and bangladesh. They want to continue their marketing performance of manufacturing industries to sustain revenue earning capabilities. Bangladesh, Myanmar and India will now be flooded with chinese goods. India is already having a tough time controlling the influx of chinese goods. Our merchants may not be able to take advantage of this corridor. It does not say here, what was the distinct advantage for Indian merchants wherein there will be competition they will be able to handle.	宣扬中国商品威胁论
Veejay (Chennai)	This move will help China a lot but will do little or none for India. Because, India has become extremely dependent on China for every thing as rest of the World. When we have plenty technical & non-technical man-power in India we still unable to beat China because of red-tapism, corruption, political bossism and poor infrastructure. We have started importing everything from China including some food items that are cheap and un-healthy.	经济走廊只对中国有好处, 对印度好处很少或无好处

资料来源：根据网站资料整理。http://timesofindia.indiatimes.com/world/china/Plan-for-economic-corridor-linking-India-to-China-approved/articleshow/27669821.cms。

最后，就学者层面的反响来看，印度学者有坚决反对的，也有赞成的；孟加拉国学者普遍赞成孟中印缅经济走廊建设；缅甸学者也很看好经济走廊建设对缅甸的意义和作用。

五　从孟印缅反响看经济走廊建设风险

从上述反响的叙述及特点的总结上，我们可以看出孟中印缅经济走廊的建设与推进存在着不容小觑的风险。在本部分，我们将把可能存在的风险分为概况性风险和具体风险进行叙述。

就概括性风险而言，包括如下方面：

一是印度的"三心二意"。从前文反响分析中我们看到，在孟中印缅经济走廊建设上，印度存在消极被动反应的特点。这种现象的存在主要受到其国内政治局势、民间舆论、学者反对、竞争观念、媒体恶意炒作等因素的影响，从而也导致印度当局在建设经济走廊问题上踟蹰不前。这点我们可以从中印合作的另一案例中找到答案，即中印自由贸易区迟迟未能建立和发展，正是囿于其国内复杂的政治局势及其他因素混合的影响，正如印度驻广州总领事在访问云南省社科院时所说：印度当局与中国签署自由贸易区协定无异于政治自杀。从上述反响分析来看，这种情况在经济走廊建设中也照样存在。那么结果肯定导致印度难以在经济走廊建设上全力的建设和推动，导致经济走廊建设可能陷于缓慢甚至停滞的状态。

二是孟加拉国"心有余力不足"。从反响可以看到，孟加拉国对于建设经济走廊是非常积极的，不管是官员的表态，还是媒体的报道，又或是学者的反响，均表示经济走廊建设对孟加拉国非常重要。但考虑到孟加拉国的经济发展实际，其支撑经济走廊建设的能力有所不足，可能会从投入等方面影响到经济走廊的建设。事实上，孟加拉国官员已经表达了类似的担忧，孟加拉国总理顾问表示：建设经济走廊需要巨大的投入，虽然道路建设工程在技术上是可行的，但需要花时间筹集资金。

三是缅甸受外界蛊惑的政治局势及民间舆论导致经济走廊的不确定性在增加。在军人政府时期，缅甸对开展孟中印缅地区合作的态度非常积极，但自缅甸政府政治转型以来，受到外界因素的挑拨及影响，针对中国企业的反对声音不断涌现。比如前段时间出现的密松电站事件。如果缅甸民间舆论向极端方向发展，则经济走廊建设可能会受到极大的干扰。

从具体的风险来看，我们认为近期内必须要考虑的风险包括如下：

一是缅甸的修宪与大选。缅甸的政治局势正在发生较为激烈的变化，

2013 年缅甸执政党同意修改 2008 年缅甸宪法，2014 年初执政党提交了宪法修改的具体意见，其中包括修改阻碍昂山素季参加选举的条款。目前，昂山素季正积极备战 2015 年缅甸的大选。囿于缅甸政治制度处于混乱与转型阶段，再加上外部势力作祟，不管昂山素季是否竞选成功，缅甸民间舆论走向极端或两极分化的可能性是存在的，出现这样的局面不仅将使缅甸政治出现分裂的可能，同时将使经济走廊遭遇巅峰或停滞危险。

二是印度和孟加拉国的政治发展局势。印度于 5 月进行大选，无论哪个政党执政客观上对经济走廊建设均会产生一定的影响，尤其在新的执政党上台之后，经济走廊能否被优先安排发展可能要打问号。但客观来看，过去几年里，中印在管理双边关系问题上日益成熟，印度新执政者要全盘推翻经济走廊建设的可能性也不大，当然全力推进的可能性也几乎没有。就孟加拉国而言，从历史记录中，我们可以看到，无论是谁执政，与中国开展友好合作均是其对外战略的首选，因此孟加拉国激烈的政治斗争尽管可能会影响到经济走廊建设的效率，但推动经济走廊建设很大程度上是执政党与反对党之间的共识。从这些方面来看，印度及孟加拉国政治局势属于低风险类别。

三是孟中印缅各国在选择经济走廊具体走向方面的分歧与矛盾是否能够及时化解。在经济走廊走向问题上，孟中印缅各国各有打算，这对经济走廊的建设是极其不利的，这种长期分歧与矛盾也增加了经济走廊建设的不确定性，尤其在各国内部及外部地缘环境急剧变化的情况下。旷费日久的谈判必将对各方推动与建设经济走廊的耐心与信心造成不良的影响。

此外，其他一些风险可能也要考虑到，比如恐怖主义、文化差异、经济环境、法律环境、国家关系、民族宗教矛盾等。但这些风险与经济走廊的关联度并不是非常突出，也不是近期内推进经济走廊必须要解决的风险。不过就长期来看，这些风险对经济走廊建设的环境也会造成不利的影响，应考虑制定优先顺序加以协商解决，当然这是孟中印缅经济走廊顺利建构之后的问题了。

孟中印缅经济走廊的建设
难点与实施建议

李　敏[①]

2013 年 5 月李克强总理访问印度期间，中印双方共同倡议建设孟中印缅经济走廊，推动中印两个大市场紧密连接。一时间"孟中印缅经济走廊"的概念迅速成为中印关系发展中的热点话题。中印普遍认为，孟中印缅经济走廊的提出将大大促进世界上人口最多的两个国家的合作，推动中印两大市场更密切的合作，但同时也认为孟中印缅经济走廊建设面临着基础设施建设薄弱，贸易量不足的问题。

对于云南来说，孟中印缅经济走廊的概念并不算陌生。云南学术界早在1998 年就提出了孟中印缅地区的合作构想。随后，在云南学术界的首倡和推动下，形成了有孟中印缅四国的学术界、商界、政界等各界人士广泛参与、每年轮流举办合作论坛的一种四国间的二轨对话合作机制。从 1999 年至今已举办了十一届孟中印缅地区经济合作论坛。2013 年，中印两国领导人共同倡议建设孟中印缅经济走廊，有望在孟中印缅四国的连接地区建立一种政府间的正式的次区域合作。

孟中印缅经济走廊从学术构想到二轨对话再到政府倡议既是区域经济合作进一步深化的表现，也是中印缅孟四国经济相互依赖日益加强的反映。孟中印缅经济走廊建设，如果说在十年前还是一种被嗤之以鼻的理论构想，那么现在则是一种四国各界的现实需要。

第一，进入 21 世纪以来，经济全球化、一体化的步伐继续加快，其势头已从各地区的中心地带向边缘地带扩展。孟中印缅经济走廊可以说是东亚、东南亚和南亚经济带的边缘地带，这个区域的经济、文化等各方面都较为落后、封闭，区域资源和潜力都没得到较好开发。孟中印缅经济走廊区域由于地理原因和政治因素长期以来都远离国际市场，为了应对经济全球化带来的各种风险，该区域有必要在各国间建立一种区域合作形式来实现发展，

---

①　云南省社会科学院南亚研究所副研究员。

共同应对全球经济一体化的风险。

第二，孟中印缅经济走廊的提出也是中印两国经济相互依赖日益加强的需要。进入 21 世纪以来，中印两国经济依赖日益加强，2012 年两国的贸易额达到了 664.7 亿美元。中国已成为印度第一大贸易伙伴，印度也成为中国重要贸易伙伴。两国各行各业都从中印关系的大发展中获得了实实在在的好处。互惠互利、合作双赢的理念逐步深入人心。但两国由于历史原因和领土争议等原因，关系不时会出现各种不协调的声音。印度政府的态度过去也一直是孟中印缅经济走廊建设的阻碍之一。此次，辛格政府的肯定态度表明，印度对中国市场的渴望，或者说印度经济对中国的依赖程度已超出了印度政府以往的政治顾虑。无论孟中印缅经济走廊建设的前景如何，有一点是可以肯定的，中印经济合作只会进一步加深，两国经济的相互依赖只会日益增强。

第三，孟中印缅经济走廊建设的提出反映了低级政治向高级政治发展的过程。孟中印缅经济走廊建设首先是云南学术界为了发挥地缘优势，提升云南经济对外开放的水平提出的一种理论构想。虽说古代有南方丝绸之路，现代有史迪威公路，但孟中印缅经济走廊建设在最初的时候与其说是一种理论构想不如说是一种纸上空想更为确切。四国政治的复杂性、地区经济的落后封闭足以令人望而却步，云南省各界最初也对这种理论构想不以为然。但云南提出 BCIM 合作构想的学者凭着一股理想主义的韧劲硬是把一种理想变成了现实。这群学者利用与印度、孟加拉国学术界的人脉关系，广泛宣传动员，首先在四国学术界形成了一种合作共识，进而各自推动国内各界广泛参与，最终形成了现有的孟中印缅地区经济合作论坛。虽说目前的 BCIM 合作论坛只是一个四国间的二轨合作机制，但随着这种低级政治向高级政治的发展，其最终有望成为一种四国间的正式合作机制。中印两国领导人对孟中印缅经济走廊的肯定态度已表明目前的 BCIM 合作论坛这种二轨合作机制极有可能升级成为正式的合作机制。

第四，孟中印缅四国同属发展中国家，在应对既定的国际政治经济体系时都有着共同的利益，孟中印缅经济走廊建设也是四国共同应对以发达国家为主导的既定国际政治经济体系的现实需要。一旦孟中印缅经济走廊建设成功，有望在四国间实现一种更为互利共赢，共同发展的经济合作模式。互利共赢，共同发展是我国对外开放的战略，中国绝不做以邻为壑和损人利己的事情。孟中印缅经济走廊建设也是发展中国家建立互利共赢，共同发展的经济合作模式的时代要求。

第五，近年来全球经济持续低迷，在 2008 年金融危机后，发达国家经济低迷，新兴经济体经济增长普遍减速。欧美等发达国家经济陷入缓慢增长，亚洲等新兴经济体国家要求增强经济合作，提升应对全球经济风险的要求日趋强烈。作为亚洲最大的新兴经济体，面对日益严峻的国际经济环境，中印两国必须增强合作，抱团取暖。2012 年印度经济发展陷入了困境，经济增长率大幅降低，卢比急剧贬值，通胀率持续攀升，主权信用评级濒临降级，成为金砖四国中第一个失去投资级评级的国家。外界纷纷盛传，印度将成为金砖中第一块松动的砖。中国所面临的经济环境也日益严峻，中国最大出口对象欧盟（EU）对华需求回落，物价指数不断攀升，中国第二季度国内生产总值（GDP）年率增幅为 7.6%，延续了近两年的下行态势，是 1992 年以来增长回调时间最长的一次。外媒最新调查结果显示，预计中国 2012 年全年 GDP 增速为 8.0%，将创 1999 年以来新低。2012 年中印两国所面临的这种严峻经济形势也是中印两国领导人急于推出孟中印缅经济走廊的现实原因。

第六，孟中印缅经济走廊是东亚、东南亚和南亚经济体合作与发展的客观需求。东亚、东南亚和南亚经济体之间早已建立起广泛的经济合作，中国与东盟就存在中国—东盟 10 + 1，东盟 10 + 3 机制。中国于 2005 年 11 月正式成为了南盟的观察国。印度则于 20 世纪 90 年代就提出了面向东南亚开放与合作的东向政策。2012 年 12 月 20 日在新德里举行的印度—东盟纪念峰会集体通过了《东盟与印度纪念峰会展望声明》，明确提出将印度与东盟的对话伙伴关系提升为战略伙伴关系，并致力于推动东盟与印度在政治、安全、经济、社会文化等全方位的合作。随着东亚、东南亚和南亚经济体之间广泛合作的发展与深入，其必然要渗透、深入东亚、东南亚和南亚经济体的边缘地带。孟中印缅经济走廊就属于东亚、东南亚和南亚经济中心的边缘，这里既是边缘又是连接三个经济区域的交汇带。孟中印缅经济走廊的提出可以说是东亚、东南亚和南亚经济合作日益深入，区域经济日益深入发展与整合，由中心地带向边缘地带扩大和深入的产物。孟中印缅经济走廊建设可以说既顺应了全球经济一体化，区域经济一体化的时代需求，也是当前中印两国和发展中国家增强合作，共同应对国际经济形势的客观要求。同时，孟中印缅经济走廊也是四国间民间合作交流日益增强，逐渐上升为国家意志的产物。

虽然孟中印缅经济走廊建设的提出既顺应时代潮流，又有迫切的现实需求，但真正实施起来却仍然面临着不少的困难。

第一，四国间经济的相互依存度并不高，主要体现在四国间的贸易量严重不足。

以 2012 年为例，中国与印度、孟加拉国、缅甸的进出口贸易额占同年中国进出口贸易总额的百分比分别为 1.6%、0.2%、0.19%。印度与中国、缅甸、孟加拉国的进出口贸易额占同年印度进出口贸易总量的百分比分别为 8.77%、0.23%、0.6%。缅甸与中国、印度、孟加拉国的进出口贸易额占同年缅甸进出口贸易总额的百分比分别为 29.48%、7.17%、0.54%。孟加拉国与中国、印度、缅甸的进出口贸易额占同年孟加拉国进出口贸易总额的百分比分别为 14.25%、8.3%、0.23%。[①] 显然，印度、孟加拉国和缅甸对于中国市场具有极强的依赖性，一旦与中国的贸易量减少，对三国的经济发展将产生巨大影响，其中缅甸受影响最严重，孟加拉国次之，印度相对最小。反之，与孟印缅三国的贸易量对中国的贸易总额和经济影响十分微小。孟加拉国和缅甸对于印度市场的依赖性也很强，而印度对于孟缅两国的市场依赖则很小。孟缅两国之间经济的相互依存度则更低。

区域合作或是次区域合作的成功发展必须建立在相互之间存在足够的相互依赖上。目前，孟中印缅经济走廊建设的最大现实问题就是四国间的经济相互依存度不高，孟缅两国对于中印两大新兴市场的依赖性很强，但中印对于孟缅两国则没有多少经济上的依赖性。虽然中印两国经济的相互联系逐年上升，但由于地理阻碍和成本预算，加之四国协调的复杂性，至少在近十年内孟中印缅经济走廊并不是中印两国加强经济联系与合作的必须选择。

第二，尽管中国的云南，印度的西孟加拉邦等地方政府的合作意愿强烈，但中印两国中央政府的政治考量不尽相同。

在四国间不存在足够的经济相互依赖的现实下，孟中印缅经济走廊建设能否建成的关键则是四国政府的政治意愿，尤其是中印两国政府的政治意愿与考量。进入 21 世纪以来，随着两国经济的飞速发展，中印两个新兴经济体的经济联系越来越紧密，在加强经济合作、区域经济合作与一体化上达成了诸多共识。中印同意在包括东亚峰会在内的各个地区合作机制中加强协调和磋商，并同其他国家一道，建立更为紧密的亚洲区域合作新架构，共同努力推进亚洲的区域一体化进程。但孟中印缅经济走廊的建设，除去经济成本不说，还涉及许多复杂的政治和安全问题，这是中印两国，特别是印度中央政府不得不考虑的问题。对印度来说，孟中印缅经济走廊将涉及其东北各邦。印度东北部在历史文化、民族宗教上与印度本土有着巨大的区别，独立后曾一度出现独立倾向，现在仍是印度经济发展较为落后，政治安全问题较

---

① 根据亚洲开发银行《发展中的亚洲太平洋国家主要经济指标，2012 年》整理计算得出。孟缅贸易额按 2010—2011 年 1.37 亿美元估计。

为突出的地区。尽管印度的东北各邦和西孟加拉邦对孟中印缅经济走廊建设抱有极大的热情和期盼，但印度政府对于东北部的政治安全考量远远胜过经济利益的估算，这也是印度中央政府对于孟中印缅经济走廊建设迟至今日才表态的重要原因之一。辛格政府的表态能否成为印度政府的政治行动以及下一届印度政府将如何考虑孟中印缅经济走廊仍然是个未知数。唯一可以确认的是印度政府对于东北部的安全考虑远远胜过其他任何利益。

对中国来说，孟中印缅经济走廊可以促进西南地区的经济发展，提升对外开放的水平，云南也并不像印度东北部一样有令中央政府头疼的政治动荡或是离心倾向之虞，孟中印缅经济走廊自然是中央政府喜于乐见的一种发展前景。但鉴于中国所面临的外部环境，尤其是甚嚣尘上的中国"威胁"论，以及建设孟中印缅经济走廊目前和未来一段时间内也并非是加强中印经济合作的必然选择。因此，尽管云南地方层早在1999年就提出了中印缅孟之间的合作构想，但中央层面直到此次李克强总理出访印度才提出。可见，中国政府建设孟中印缅经济走廊的意愿与云南地方强烈而迫切的愿望是不尽相同的。

第三，中印两国在地区合作中的战略考虑并不完全相符，甚至存在竞争对抗。

虽然中印两国都有加强经济合作的共识，但在地区经济合作中竞争的一面也是不容忽视的。印度希望自己是地区经济合作中的主导者，不甘位居第二。孟中印缅经济走廊建设与运作的领头者肯定只会是中印两国，印度能否同中国在平起平坐的位置上一同主导孟中印缅经济走廊的建设与运作也是令人怀疑的。印度早在1997年就牵头搞了一个包括孟加拉国、印度、斯里兰卡、泰国的"环孟加拉湾次区域合作组织"（BIMSTEC），所以印度一开始对孟中印缅经济走廊不太热心。

20世纪90年代印度提出东向政策的背景之一就是希望与东盟国家建立和增强经济合作。环孟加拉湾次区域合作组织的建立同样也是希望增强南盟与东盟这两个区域合作组织的联系与合作。印度一直以来试图增强自身在东南亚的影响力，无论是经济或是文化方面的。其中必然有意无意地将中国，这个与东南亚国家存在密切经济文化联系的国家视为竞争对手。在这种背景下，孟中印缅经济走廊即使能建成，在未来的运作中中印两国难免会产生严重分歧而导致其陷入瘫痪。

第四，孟中印缅经济走廊的覆盖区域基本上都是经济发展较为滞后的地区，基础设施建设差，产业产品结构单一趋同。

由于地理和历史等因素使然，中国云南、缅甸、孟加拉国和印度东北部都是经济发展滞后的地区。从硬环境上讲，孟中印缅经济走廊建设面临的最大问题就是基础设施建设的薄弱。如何在孟中印缅间建设一条经济便捷的贸易通道是最大的问题。这里涉及一个成本估算的问题，是否值得在四国间修建一条成本高昂的通道，未来的人流物流前景又如何呢？而且必须考虑到缅甸和孟加拉国在相关基础设施建设的资金支持上是有严重问题的。孟中印缅经济走廊所涵盖的地区工业普遍落后，以农业和劳动密集型的加工业为主，产业产品结构单一趋同。同时，这些地区都渴望能吸引大量外资和先进技术，在吸引外资方面也存在着潜在的竞争关系。在当前全球经济不景气、欧美等发达经济体纷纷从发展中国家撤资的大环境下，孟中印缅四国在吸引外资方面的竞争将更加剧烈。

第五，孟中印缅四国间的关系复杂，四国协调较双边协调更不易操作，往往可能会因为其中任何一个双边关系出现问题而使得整个孟中印缅经济走廊建设陷于停滞或瘫痪。除了前面提及的中印关系具有复杂性外，其他三组双边关系也十分复杂。印孟关系时常因为非法移民问题，贸易逆差，边境居民纠纷等问题而紧张。中缅关系在 2010 年缅甸民主改革后也将面临一些新出现的问题，如：中国将面对外来投资的激烈竞争以及缅甸日益完善的对外投资条件限制等。孟缅关系则由于相互间薄弱的经济联系更具脆弱性，一旦罗兴亚难民问题，领海争议，边境犯罪等老问题有所抬头，两国关系就有恶化可能，随时关闭边境贸易通道也并非不可能的事。虽说区域经济合作中龙头的作用最为重要，但如孟中印缅经济走廊这种区域合作模式，一旦孟缅两国关系恶化，整个合作就将陷入瘫痪。孟缅两国虽然对于孟中印缅经济走廊最为期盼和迫切，但两国关系也是四国双边关系中最具脆弱性和波动性的一组。孟缅两国期盼的更多的是来自周边两个大国的外援和外资，一旦两国关系出现摩擦，关闭两国经济通道，甚至中断两国贸易关系，对他们自身的经济发展影响是很小的。而这也是以往对孟中印缅经济走廊建设研究中较少涉及的一个方面。

总之，孟中印缅经济走廊建设的前景不容乐观。但是也并非毫无希望，印度辛格政府此次的表态也并非一时心血来潮。这释放出一个强烈的信号就是，尽管印度试图避开中国或是与中国在同东盟的经济合作中搞竞争对抗，但是最终印度不可能避开或是绕过中国。印度必须正视中国在东盟乃至整个亚洲的经济影响力，方能更好地展开自身的地区经济合作。目前，最大的问题仍是孟中印缅经济走廊自身的经济价值与开发潜力的问题。这也是未来建设孟中印缅经济走廊的重点所在。

针对以上指出的几点难点，孟中印缅经济走廊建设的推进应该注意以下几个方面。

首先，合作机制要足够灵活，不断创新。

应该认识到孟中印缅经济走廊对于中印两国中央政府来说可能经济收益并不是最重要的。因此孟中印缅经济走廊在合作机制的建设上必须在包括减贫、环保、禁毒、打击跨境犯罪等领域建立合作机制。可以首先在四国最关心或是最容易合作的领域建立合作机制，采取先易后难，搁置分歧的办法。如：四国间就旅游合作问题达成协议，就 K2K 汽车拉力赛等达成协议。四国完全可以就一些人文合作交流等不涉及安全政治也不牵涉多少资金投入的事宜方面首先展开合作。某些合作项目如果四国之间协调难度大，也可以以双边或三边合作的方式先行开展，逐步扩展为四国间的合作。

不必拘泥于孟中印缅经济走廊是二轨运作还是双轨并行或是多轨合作等教条的限制。除了四国的政府机构、民间各界参与外，还应该吸收和邀请各种国际组织和机构参与孟中印缅经济走廊的建设规划与资金投资。孟中印缅经济走廊应该是一个全方位开放的经济合作机制。孟中印缅经济走廊区域经济落后，资金技术和专业人才也十分缺乏，引入先进的规划管理方式和相关人才，以及资金投入十分必要。尤其是基础设施建设方面面临着巨大的资金缺口，这可以借鉴大湄公河次区域合作组织的做法，引入国际金融机构的参与建设。此外，在四国经济走廊建设的产业规划布局与管理运作方面也有必要引进一些有经验的国际组织或是区域外的公司组织参与。在某些专业合作领域，如：禁毒、跨境犯罪等方面，四国也十分有必要让一些国际专业组织参与其中，如：联合国毒品与犯罪办公室、世界卫生组织、联合国儿童基金会等。

其次，从国家层面上看，孟中印缅经济走廊建设必须始终贯穿国家利益至上的原则，以能否带来地方发展，带来经济利益为首要考虑。将国家的西部大开发战略与孟中印缅经济走廊建设结合起来，重点发展云南的基础设施建设与提升经济发展水平。

孟中印缅经济走廊对于中国的意义更多在于实施新一轮西部大开发战略，发展云南地方经济。孟缅两国经济落后，资金匮乏，在孟中印缅经济走廊的相关基础设施建设方面存在巨大问题。孟缅两国对孟中印缅经济走廊的期盼也寄希望于中印两国给予资金援助以发展自身落后的基础设施建设。中国在资金投入方面要做到经济利益第一，严格按成本收益进行计算，避免使孟中印缅经济走廊建设沦为一种华而不实，徒有其名，代价高昂的外援项目和政绩工程。孟中印缅经济走廊的建设必须是一条确实可以带动云南地方经济发展，增加地方人民收入，提升中国对外开放水平的经济贸易通道。要以服务和发展云南地方经济为中心来通盘考虑孟中印缅经济走廊建设的问题，把云南的发展放在第一位。

最后，从云南地方层面上看，云南要抓住机遇，争取资金技术政策上的倾斜，重点放在提升云南经济实力，加强基础设施建设，实现产业的转型升级，引进新兴产业技术方面。

包括：（1）争取东部和国外先进的资金和技术的注入，努力在云南建设一批产业项目，实现云南产业的转型升级，从总体上提升云南的经济发展水平。（2）加强基础设施建设，主要是与周边国家互联互通方面的交通通讯建设。重点应该放在沿边州县与省会昆明之间的公路，甚至铁路建设上。（3）做好产业的规划布局。在沿边州县规划布局一批与当地资源禀赋相符，面向孟缅印等东南亚、南亚市场出口的产业项目。避免一哄而上，重复建设等问题的出现。（4）一定要做到基础设施建设、主要指交通道路建设与产业布局的配套建设综合规划与布局。在这方面我们应该吸取昆曼大通道建设的教训，认真评估孟中印缅经济走廊的基础设施建设，特别是道路建设方面。一定要事先解决好路线怎么走，是否值得修建，怎么修建，如何配套等问题。本着实事求是的态度，能修则修，没有经济利益就宁愿不修。（5）无论孟中印缅经济走廊的建设前景如何，云南都要继续不断地加强加深与周边国家地方政府和各界机构之间的友好往来。在全球化大背景下，世界各地之间的相互交往越来越密切，地方政府和各种民间机构团体在当今国际关系中所扮演的角色越来越重要。云南各界要发挥好与东南亚、南亚国家地缘相接、人员来往密切等优势，加强与周边国家、各界机构的友好往来，为中国与周边国家和平稳定关系的塑造做出贡献。（6）将孟中印缅经济走廊建设与发展边疆，服务边疆结合起来。云南经济的落后与封闭，主要是边疆州县的落后与封闭。云南沿边县几乎都是国家级贫困县，且不说边疆稳定和民族团结的问题，经济相对落后的边疆严重制约了云南对外开放的水平与规模。沿边市县应该是云南对外开放的窗口与龙头，但云南的边疆市县在拉动云南经济发展方面却明显乏力。孟中印缅经济走廊建设是无疑为云南边疆的发展带来了契机，云南要避免以往将主要发展项目与资金放在昆明的做法，应重点支持边疆州县的经济发展。（7）云南经济发展和改革开放要吸取东部的经验教训，避免走先污染后治理的道路。要保护好云南的环境资源，深刻领悟和践行习近平总书记关于环境保护与 GDP 发展的"宁要青山绿水，不要金山银山"的观点。云南应该理性看待一些发展项目，不一定外国能上我们就能上，不一定东部能上我们就能上。云南的高原生态环境脆弱，相关技术和人员缺乏都是我们在发展项目时应该考虑的现实问题。（8）云南要加强对外开放软环境的建设，重视培养和引进人才。孟中印缅经济走廊建设急需大量的各行各业的专业人才，如：外语、外贸、金融、法律、IT 等领域的人才。

印度在 BCIM 经济走廊建设中
的利益与疑虑

童宇韬①

印度与中国一样是当今国际经济体系中的新兴经济体，也是国际体系中正在崛起的大国，拥有巨大的发展潜力。孟中印缅经济走廊建设的成败关键，主要取决于中印之间的合作能否实现。所以，从印度自身发展的角度出发，研究孟中印缅经济走廊建设对印度发展可能带来的影响，分析印度对孟中印缅经济走廊建设的看法是十分有必要的。本文将首先分析孟中印缅经济走廊建设对印度经济发展可能带来的有益影响，说明孟中印缅经济走廊建设符合印度的自身利益；再对当前印度方面对于孟中印缅经济走廊建设存在的几点疑虑做分析，总结印度在孟中印缅经济走廊建设中所关切的问题有哪些；最后，再针对这些疑虑给出对策建议。

一　印度在孟中印缅经济走廊建设中的利益

总体来看，印度有足够的经济实力和政治意愿来推进孟中印缅经济走廊建设，而孟中印缅经济走廊建设又能与印度的经济发展方向相契合，能够切实促进印度的对外贸易发展，能够帮助印度加大对基础设施建设的投入，促进偏远地区发展，减轻贫困，并能促进印度向制造业经济转型，与印度的经济改革互相助推。具体分析如下。

1. 印度有足够的经济实力和政治意愿来推进孟中印缅经济走廊建设

目前印度的经济发展实力为孟中印缅经济走廊建设提供了有利的前提。印度的经济总量和经济发展水平在南亚地区是最大最高的，同时在孟中印缅四国中经济水平也仅次于中国。从经济实力来看，印度拥有相应的财力和人力资源支撑孟中印缅经济走廊建设计划，可与中国一道成为该合作机制的主导国家。印度的经济增长虽然在短期内存在一些问题，但长远来看印度经济

的增长前景依然是乐观的。近年来，印度的经济增长表现不佳，但预计印度经济在一段时间后便可得到恢复。在短期的增长放缓之后，印度的经济增长将在中长期内重获动力。

在政治上孟中印缅经济走廊建设能扩大印度的地区影响力。作为新兴经济体的中国和印度应该在孟中印缅经济走廊建设中成为支柱性的力量。印度在孟中印缅合作机制中的意愿也是决定性的，中印两国达成合作协议对孟中印缅经济走廊建设的成败至关重要。印度对孟中印缅经济走廊建设的支持，将使得孟中印缅合作机制的影响力辐射到整个南亚地区，进而增加印度在地区内的政治影响力。同时，也能表明印度发展与开放的决心，让其获得更多国际的支持。所以，印度有足够的政治理由支持孟中印缅经济走廊建设。

2. 孟中印缅经济走廊建设能够与印度的经济发展方向相契合

首先，孟中印缅经济走廊建设能够与印度经济发展方向相互契合。孟中印缅经济走廊建设与印度经济改革中越来越重视基础设施建设、强调经济发展自由化的方向是相吻合的。当前印度经济增长放缓的原因主要在于虚弱的国内需求和出口水平较低，而且宏观经济基础也表现不佳。未来，为了使经济增长达到较快的水平，印度需要提高资本投资和劳动力的生产率。这就要求获取足够的投资，而促进投资只能通过加速改革才能实现。20世纪90年代末至21世纪初，印度经济之所以能够在投资增长速度很低的情况下获得增长，就是因为印度的生产率提升速度非常快，从而使印度GDP年增长率达到了6%左右，而在此之前的20年印度经济的年增长速度仅为3%。现在的印度计划在未来实施包括私有化、撤销部分管制规定、增加基础设施建设投入等措施在内的改革。而自由化、加强基础设施建设等改革方向，都是与孟中印缅经济走廊建设的内涵和目前相互契合的。

另外，孟中印缅经济走廊建设能够与印度经济发展方向相互契合，还表现在印度经济逐步向外向型发展的趋势需要孟中印缅经济走廊建设这样的次区域合作。当前，印度在公共领域投资方面的努力遭遇了官僚体制带来的重重障碍，但印度的私营企业领域正在不断促进着印度的经济发展。被禁止私人投资的工业行业已经降低到了47个，已经是一个可以被忽略的水平。许多消费品的市场都充满了竞争。工业自由化伴随着对外贸易限制的逐渐减少，已经创造了许多具有竞争力的印度企业，特别是在制药、软件和服务业领域。印度目前所取得的最大成就是在信息技术领域，该行业的年增长率在50%左右，2012年的出口额超过700亿美元。软件出口量占印度出口总额的62%，并且创造了该国2%的GDP。可见印度正在逐步从一个经济自给自足的国家转变为一个发展外向型经济的国家，印度的净出口将为印度的

GDP 做出更多的贡献。① 而在加强对外开放的进程中，次区域合作的经济走廊建设将极大地促进印度的对外经贸发展，所以孟中印缅经济走廊建设十分有利于印度经济向外向型经济转型。

3. 孟中印缅经济走廊建设能够切实促进印度的对外贸易发展

孟中印缅经济走廊建设能够促进地区的贸易自由化，符合印度自身利益。孟中印缅经济走廊建设是一项旨在促进次区域经济发展的倡议。构建孟中印缅经济走廊的最终目的是实现孟中印缅次区域的贸易自由化，而该地区如果能实现一定程度的贸易自由化将对各国的经济发展都产生有益的影响。孟加拉智库政策对话中心（Centre for Policy Dialogue，Bangladesh）的研究报告认为：在仔细研究了孟中印缅四国各自的宏观经济状况、目前四国之间的贸易水平以及四国与地区内其他国家之间的贸易水平之后，通过定量分析，应用世界银行开发的局部均衡 SMART 模型分析后认为在 BCIM 地区，如果实现完全的、适当的或是部分的关税自由化之后，该地区的商品贸易额将相应的分别增加 57 亿美元、41 亿美元或 27 亿美元。同时，报告中还指出构建 BCIM 次区域合作有赖于扩大印度东北部、中国的西南部以及孟加拉和缅甸之间的合作，具体来说就是形成一个次区域发展的中心，或是四个国家在运输、能源和旅游业方面开展合作。这种四边机制可以提高成员国之间在本地区内的贸易水平，对本地区的经济增长有潜在的促进作用，并且会对本地区的经济与人的发展带来积极的影响。②

4. 孟中印缅经济走廊建设能够帮助印度加大对基础设施建设的投入，促进偏远地区发展，减缓贫困

总体来看，印度经济在快速发展的同时也面临着一些问题。首先，印度目前需要大量的投资来创造就业机会，解决住房和基础设施建设等方面的问题，来满足人民不断增长的需求和期望，同时还要确保城镇化建设的质量，使印度的城市更加宜居，更加绿色。由于印度依然有 4 亿左右的贫困人口，约为世界贫困人口的 1/3，所以从这个意义上来讲，刺激增长依然是所有问题的关键。虽然其中已经有很多贫困人口实现了脱贫（例如，2005—2010年就有 5000 万人口实现了脱贫），但印度在这个问题上依然具有很大的脆弱性。事实上，鉴于印度的人口增长水平较高，过去十年里，在印度许多较为

---

① Global Insight，"Country Intelligence：Report，India"，September 5，2013.

② "India and Myanmar region：A quantitative assessment"，Asia-Pacific Research and Training Network on Trade Working Paper Series，No. 73，July 2009，pii..

贫穷的邦，绝对贫困人口数实际上是增加的。① 另外，印度在基础设施建设方面的需求十分巨大。目前，大约有 1/3 的农村人口无法使用到全天候的公路，并且全国只有 1/5 的国家高速公路是四车道的。港口和机场的功能不完善，铁路运输速度也不够快。电力供应也十分不稳定，而且估计目前大约还有 3 亿人口是电网未能覆盖到的。最重要的是，印度的制造业领域依然规模较小，并且很不发达，然而正是制造业才是创造就业机会的关键。②

由于孟中印缅经济走廊建设的实质内容在于构建四国之间的互联互通，促进四国之间的贸易关系和人员来往。所以，孟中印缅经济走廊建设有利于促进和改善印度的基础设施条件，尤其是印度的东北部地区。印度东北部地区由于地理和政治因素的限制，长期处于封闭的状态，在印度融入世界经济一体化的过程中处于边缘化的地位。孟中印缅经济走廊建设正好可以在帮助印度东北部获得开放的同时促进当地的基础设施条件得到改善，同时促进投资，为该地区创造更多的就业机会。虽然印度存在一些观点认为孟中印缅之间的互联互通可能会对该地区的安全造成负面影响。但事实上，只有东北部地区的经济得到发展，人民生活水平得到提高，政治安全局势才能得到缓和，民族宗教矛盾才能趋于缓解。所以，加强基础设施建设是第一步，而加大印度东北部地区经济社会的开发开放，并且加强该地区与周边国家和地区的互联互通应是印度政府长期坚持的政策。另外，孟中印缅经济走廊的构建正好可以将印度、孟加拉、缅甸的互联互通建设纳入统一的框架下，兼顾协调各个国家的利益，使各国迫切的需求得到满足。

5. 印度在向发展制造业转型的过程中需要孟中印缅经济走廊建设

如上文所述，印度的制造业规模较小，技术水平不高，但印度如果要想增加就业机会，有效改善人民生活水平，减轻贫困，就必须发展制造业。印度政府目前已经制定了相关的产业发展战略，力图提升制造业在 GDP 中的比重。孟中印缅经济走廊的建成，可以在世界上两个最大的新兴经济体之间架起优势互补的桥梁。孟中印缅经济走廊建设可以加深两国之间的经济合作关系，促进中国相对先进的制造企业到印度投资，进而推动印度制造业的发展。中国是全球制造业大国，而印度是全球的服务业大国，两国可以取长补短，相互促进。

6. 印度未来的经济改革将与孟中印缅经济走廊建设互相助推

与所有新兴经济体一样，印度在经济快速增长的同时，为了适应不断变

---

① World Bank, "India Overview", from: http://www.worldbank.org/en/country/india/overview.

② World Bank, "India Overview", from: http://www.worldbank.org/en/country/india/overview.

化的国际经济形势，获得可持续的繁荣与发展，就必须做出调整和改革。而对于印度来说，当前势在必行的就是实施自由化改革，才能使印度的经济获得发展的持久动力。虽然印度的经济改革面临着政治上的不确定性，但整体来看改革的趋势势在必行。未来，印度经济政策将向着更加开放自由的方向发展，这种趋势必将促进孟中印缅经济走廊建设的推进。反之，如果孟中印缅经济走廊建设能够率先取得一些阶段性成果，使印度地方政府和中央政府以及民众意识到经济开放的好处，也将促进印度整体的经济改革。从另一个角度讲，孟中印缅经济走廊建设的倡议也为印度提供了一次经济开放的实验机会，让印度的部分地区有机会率先参与到孟中印缅次区域经济合作中，让印度政府有足够的时间来实验和调整相应的政策。所以，孟中印缅经济走廊建设可与印度的经济改革需求相互结合。

二 印度对孟中印缅经济走廊存在的忧虑

上文中孟中印缅经济走廊建设对印度的有利影响事实上也被很多印度学者和官员所认可，并认识到了印度在孟中印缅经济走廊建设中的利益，赞赏孟中印缅次区域合作，但同时也有不少学者和官员对孟中印缅合作中的一些细节性问题抱有误解，具体问题如下。

1. 对中印关系发展的大趋势抱有疑虑

由于中印两国的历史问题与现实分歧，出于政治和安全方面的考虑，印度国内在对与中国展开区域合作的问题上总是有一些反对的声音。有印度学者指出，"泛亚地区区域合作的未来将取决于中印这两个在地区内迅速崛起的大国之间的关系，诚恳的中印关系将为地区组织的和谐与互惠打造坚实的基础。事实上，中印两国在很多全球性问题上已经展开了合作，例如气候变化问题、世界贸易谈判、国际金融机制改革等"，而中印在政治经济方面具有新兴大国的相似性，"使得印度的决策者面临着艰巨的挑战。在印度，战略思想家在关于中印未来关系的问题上分为两派：一派认为由于意识形态、地缘、经济、战略等因素，中印两国将继续呈现出一种敌对关系；而另一派则认为全面发展的全球化进程将迫使中印两国合作解决它们之间的分歧，进而促使亚洲成为能够主导世界经济的地区"。[1] 客观地讲，印度国内的学者和决策层在面对与中国展开区域合作的问题时也大致会表现出以上两种观

---

① Ram Upendra Das, C. M. Vasudev and Madhukar Gupta, Regional Integration and Cooperation in Asia—An Indian Perspective, *Global Journal of Emerging Market Economies*, 2011 3：373, p. 388.

点，一方面鉴于中印两国之间的分歧，他们对中印之间的合作抱有忧虑，而另一方面，他们也看到了中印合作的重要性与潜力。

2. 对孟中印缅合作的实际作用认识不充分

印度有些学者和官员曾对孟中印缅合作的实际作用发出过质疑。例如，2006 年在德里举办的论坛会议上，印度外交部前常任秘书拉吉夫·西克里（Rajiv Sikri）就曾表示，"鉴于我们（印度）已经参与了许多相互重叠的，意在使各方互利互惠的区域和此区域合作机制，所以我们需要深入的、慎重的、并且清楚的检验我们是否需要在（这些国家之间）没有建立起经济效用和活力的条件下，扩大我们的次区域合作"，他坚信孟中印缅最需要的是实际的地区合作项目。[1]

三 我国的应对策略

1. 强调经济互惠，消除印度关于中印两国关系中不利因素的疑虑

在未来孟中印缅合作的过程中，应着重突出孟中印缅促进印度经济发展方面的作用，从印度现实的利益考量出发打消印度的顾虑。从国内事务上来看，印度对发展自己的东北部地区抱有强烈的愿望，而从外交上来看，印度对发展与孟加拉、缅甸等国家经贸关系，构建互联互通网络也早已存在浓厚的兴趣。当前我们需要做的就是突出印度在这些方面的利益考量，突显孟中印缅合作机制的互惠特征。同时，我们也需要注意，两国间政治、安全方面的分歧是客观存在的，我们不能否认问题的存在，而是应当将经济合作问题与政治问题做分离，避免经济合作与政治争议关联，这样才能有效推进孟中印缅合作机制的发展。中印两国在国际舞台上关于国际政治民主化、金融机制改革方面的合作，也已经充分地展现两国具有在共同利益问题上合作的潜力和动力，所以孟中印缅合作也应当成为一个突显两国共同现实利益的合作机制。

2. 抓住机遇，强调孟中印缅合作的良好发展前景

鉴于当前孟中印缅的良好发展势头，关于孟中印缅合作机制未来发展方向的问题以及印度国内政府态度的忧虑已可被消除。首先，两国政府联合声明明确提及建设孟中印缅经济走廊，说明了孟中印缅合作在多年的学术讨论和对话之后已经有了明确的发展方向和具体目标，即建设连接四个

---

[1] Patricia Uberoi, India—China Initiatives in Multilateral Fora: Two Case Studies, *China Report*, 44: 3 (2008), p. 314.

国家之间的经济通道。这一目标本身就要求各方政府积极参与合作，所以未来孟中印缅合作机制向"一轨"合作转型的方向是明确的。其次，2013 年 2 月底到 3 月初，孟中印缅汽车拉力赛在各国政府和相关机构的支持下得以圆满结束，印度政府也对此做出了很多支持，这实际上已经充分表明了各个国家政府，特别是印度政府的孟中印缅经济走廊的态度。早在 2008 年，印度有学者就指出，"如果孟中印缅汽车拉力赛最终实现，这将证明印度政府各个部门在这一问题（孟中印缅）上的积极合作"，[①] 而如今，这已成为现实。总的来看，当前各个国家政府对孟中印缅合作的态度是积极的，关键则在于如何利用当前的有利时机，促使各方达成更进一步的共识。

3. 明确孟中印缅合作的目标为构建孟中印缅经济走廊，消除印度关于孟中印缅合作现实作用的疑问

不可否认的是，一个次区域合作机制要想获得活力和动力，就需要明确的发展方向和目标。2013 年的《中印联合声明》中关于建设孟中印缅经济走廊的提议，正好为孟中印缅合作的未来发展指明了方向。未来的孟中印缅合作应以建设四国之间的经济走廊为目标，拓展对话与合作。从前，孟中印缅合作论坛中的议题范围广泛，而今后，鉴于中印两国政府的明确支持，论坛的对话方向应该围绕如何构建四国之间经济走廊的问题开展。如何协调四个国家之间的不同的规则和机制，建立交通、网络、商贸、人文之间的交流通道，将是未来最重要的议题。孟中印缅合作需要集中力量，朝着这一目标努力前进，才能发挥该次区域合作机制实质性的作用。

四　结论

综上所述，从印度经济发展的角度出发，孟中印缅经济走廊建设在很多层面上符合印度的经济发展利益。首先，印度的经济发展与孟中印缅经济走廊建设可以相互支撑，孟中印缅经济走廊建设可以从多个方面促进印度的经济发展。其次，孟中印缅经济走廊建设对基础设施建设的强调与印度的发展方向和发展需求相符，符合印度的迫切利益。再次，孟中印缅经济走廊建设有利于中印两个大国之间的优势互补，进而促进印度的制造业发展。最后，孟中印缅经济走廊建设将与印度的经济改革相互助推，甚至可以成为印度改

---

① Patricia Uberoi, India—China Initiatives in Multilateral Fora: Two Case Studies, *China Report*, 44: 3 (2008), p. 315.

革的试金石。目前，孟中印缅经济走廊建设的倡议已经得到了印度官方的响应，也受到印度国内一些学者和官员的欢迎，但我们不能忽视印度国内对此存在的疑虑。未来，我们需要继续加强与印度方面的沟通，解释和阐述我们的政策，打消印度的疑虑。进而促进中印两国在孟中印缅经济走廊的合作进程，以便最终推动两国乃至整个次区域的繁荣与发展。

贸易与产业合作

孟中印缅经济走廊建设对
四国贸易合作的影响

陈利君① 刘紫娟②

孟中印缅经济走廊的提出将孟中印缅四方合作机制正式由"二轨"上升到"一轨"，其发展潜力巨大。近年来，中国同孟印缅三国之间的经贸合作日益深化，贸易增长迅速，对彼此的经济发展发挥了重要作用。由于四国经济结构、贸易结构、市场结构存在互补性，其发展空间仍然广阔。孟中印缅经济走廊的建设将为双边贸易提供便利，并加速中国特别是西南部地区和孟印缅三国之间的相互开放，实现优势互补和互利共赢。

孟中印缅（BCIM）地区经济合作最早是由中国云南学术界于20世纪90年代末期提出，并得到印、缅、孟学术界的积极响应。为促进中国与南亚经贸合作，四国学者于1999年在昆明举行了第一次孟中印缅地区经济合作论坛（BCIM），共同签署了《昆明倡议》，旨在通过各国努力，在平等互利、持续发展、比较优势的原则下加强联系，促进最大可能的经济合作，同时规定，每年召开一次会议。论坛成立至今已经在四国成功轮流举行了十一次会议，四国先后通过了《昆明倡议》《达卡声明》《仰光声明》《加尔各答联合声明》等重要文件。为适应未来发展的需要；在2011年1月举行的第九次会议上，四方一致同意将"孟中印缅地区经济合作论坛"更名为"孟中印缅地区合作论坛"。

BCIM合作论坛是一个由"二轨"（即民间层面）发起，旨在推动和促进区域发展的合作机制。经过孟中印缅四方多年来的共同努力，四国间的经济合作日益深化，共识不断增多，论坛机制也进入"一轨主导，多轨并进"的"1.5轨"层面，即民间和政府共同参与的合作机制。论坛覆盖范围也不断扩大，在BCIM合作论坛前期，孟中印缅地区经济合作区域主要包括中国云南省、印度东部的有关地区以及缅甸和孟加拉全境，区域面积165万平方

---

① 云南省社会科学院南亚研究所所长、研究员。
② 云南民族大学经济学院国际贸易学专业硕士研究生。

公里，人口约4亿；后期已扩大到4个国家的全部，面积1340万平方公里，人口超过27亿。孟中印缅区域地处东亚、东南亚、南亚三大市场的连接地带，区位条件优越，自然资源丰富，生态地位重要，发展潜力巨大。

2013年5月20日，中国总理李克强访问印度，双方发表的《中印联合声明》特别提出，双方对孟中印缅地区合作论坛框架下的次区域合作进展表示赞赏，并倡议建设孟中印缅经济走廊。[①] 这一构想的提出和推进将把中国的向西开放与印度的东向战略结合起来，把东亚、东南亚和南亚三个世界重要的经济增长极连接在一起，必将释放出巨大的增长能量，为本区域、亚洲经济一体化以及全球增长提供新的动力。

一　孟中印缅四国贸易发展现状

近年来，孟中印缅四国开放步伐的加快，经济快速发展，对外贸易额也不断增长。同时，作为相互毗邻、资源丰富、经济互补性强、市场发展空间巨大的几个国家，孟中印缅之间的贸易也得到快速增长。

（一）BCIM四国对外贸易状况

从贸易来看，尽管孟中印缅四国近年来贸易总额快速增长，但四国在全球贸易总额中占的比重仍然较低。2005年孟中印缅四国的贸易总额为16933.18亿美元，2012年增加到2012年的47282.9亿美元，年均增长率达17%，但四国的贸易总额占世界总贸易额的份额一直不足13%，四国的对外贸易依存度依然很低。

从出口来看，2005年BCIM四国出口总额为8746.79亿美元，占世界出口总额的8.3%，2006年这一比例上升为9.1%。2007年BCIM四国出口总额为13894.06亿美元，占世界出口总额的9.9%。2008年四国出口总额达16478.28亿美元，占世界出口总额的10.2%。之后，虽然受世界金融危机的影响，四国的出口增长率下降，但占世界出口总额的比重仍然保持上升态势。2009年BCIM四国出口总额下降为13882.66亿美元，但占世界出口总额的比重上升为11%。2010年四国出口总额上升为18319.59亿美元，占世界出口总额的比重达12%。2011年四国出口总额为22349.63亿美元，占世界出口总额的12.2%。2012年四国出口总额达23768.85亿美元，占世界出口总额的比重进一步上升到12.9%（见表1）。

---

① 《中印倡议建设孟中印缅经济走廊》，凤凰网，2013年5月21日，http：//finance. ifeng. com/roll/20130521/8055504. shtml。

从进口来看，2005 年 BCIM 四国的进口总额为 8186.39 亿美元，占世界进口总额的 7.5%；2006 年四国进口总额为 9884.69 亿美元，占世界进口总额的 7.9%；2007 年四国进口总额为 12073.94 亿美元，占世界进口总额的 8.4%；2008 年四国进口总额达 14817.47 亿美元，占世界进口总额的 8.9%；2009 年四国进口总额下降为 12893.06 美元，占世界进口总额的 10.1%；2010 年四国进口总额上升为 17790.62 亿美元，占世界进口总额的 11.5%；2011 年四国进口总额为 22531.8 亿美元，占世界进口总额的 12.2%；2012 年四国进口总额为 23514.05 亿美元，占世界进口总额的 12.6%（见表 1）。

从对全球进出口贸易的贡献来看，中国排在第一，其次是印度，再次是孟加拉国，最后是缅甸。2012 年四国贸易总额中，中国占 81.7%，印度占 16.6%，孟加拉国和缅甸分别占 1.3% 和 0.4%。

从进口额与出口额的差额来看，中国是唯一一个始终保持净出口的国家。2005—2011 年缅甸一直维持净出口，但 2012 年其出口额却明显低于进口额，出现贸易逆差。孟加拉国与印度自 2005 年以来就一直是净进口国。

表 1　　2005—2012 年孟中印缅（BCIM）四国对外贸易发展情况

出口额（单位：亿美元）

年份	2005	2006	2007	2008	2009	2010	2011	2012
孟加拉国	92.97	118.02	124.53	153.70	150.83	191.94	244.39	251.13
中国	7619.53	9689.78	12204.56	14306.93	12016.12	15777.54	18983.81	20487.14
印度	996.16	1218.08	1501.59	1948.28	1649.09	2263.50	3029.05	2941.58
缅甸	38.13	45.89	63.38	69.37	66.62	86.61	92.38	89.00
孟中印缅四国	8746.79	11071.77	13894.06	16478.28	13882.66	18319.59	22349.63	23768.85
世界	105080	121300	140230	161600	125540	152830	183190	184010
孟中印缅四国占世界出口总额的比例（%）	8.3	9.1	9.9	10.2	11.0	12.0	12.2	12.9

进口额（单位：亿美元）

年份	2005	2006	2007	2008	2009	2010	2011	2012
孟加拉国	138.89	160.34	185.96	238.60	218.33	278.21	362.14	341.31
中国	6599.53	7914.61	9561.16	11325.67	10059.23	13962.47	17434.84	18184.05
印度	1428.70	1784.10	2293.70	3210.32	2572.02	3502.34	4644.63	4896.68
缅甸	19.27	25.64	33.12	42.88	43.48	47.60	90.19	92.01

续表

年份	2005	2006	2007	2008	2009	2010	2011	2012
孟中印缅四国	8186.39	9884.69	12073.94	14817.47	12893.06	17790.62	22531.8	23514.05
世界	108700	124630	143290	165710	127780	155030	184990	186010
孟中印缅四国占世界进口总额的比例（%）	7.5	7.9	8.4	8.9	10.1	11.5	12.2	12.6

进出口总额（单位：亿美元）

年份	2005	2006	2007	2008	2009	2010	2011	2012
孟加拉国	231.86	278.36	310.49	392.30	369.16	470.15	606.53	592.44
中国	14219.06	17604.39	21765.72	25632.60	22075.35	29740.01	36418.65	38671.19
印度	2424.86	3002.18	3795.29	5158.60	4221.11	5765.84	7673.68	7838.26
缅甸	57.40	71.53	96.50	112.25	110.10	134.21	182.57	181.01
孟中印缅四国	16933.18	20956.46	25968	31295.75	26775.72	36110.21	44881.43	47282.90
世界	213780	245930	283520	327310	253320	307860	368180	370020
孟中印缅四国占世界进出口总额的比例（%）	7.9	8.5	9.2	9.6	10.6	11.7	12.2	12.8

说明：进口为 FOB 价格，出口为 CIF 价格。

资料来源：根据 WTO 网站数据整理计算得出。

（二）BCIM 四国之间的贸易发展状况

随着世界经济全球化步伐的加快，区域经济合作已成为国家间经贸合作的热点。孟中印缅地区经济合作也取得了积极的进展和丰硕的成果。从经贸合作来看，四国间的贸易不断迈上新台阶，有力地推动四国的经济合作和区域市场的形成。

1. 中孟贸易发展情况

中孟两国同为亚洲发展中国家，近年来，双方的经贸合作日益加深，双边贸易取得了重大突破。目前，中国已成为孟加拉国的重要贸易伙伴和外商投资来源地。2000 年中孟贸易额为 9.18 亿美元，2009 年上升到 45.8 亿美元。2012 年进一步上升为 84.51 亿美元，比 2000 年增长 8.39 倍。中国已连续多年成为孟加拉最大的贸易伙伴国。孟加拉国主要从中国进口纺织品、机械、设备、化学药品、化肥、种子和日用消费品等，而主要向我国出口天然黄麻、黄麻制品、生皮及皮革、虾、冷冻食品、PVC 材料等。尽管孟加拉对中国的出口不断上升，但其贸易逆差不断增加。2000 年孟加拉国对中国的贸易逆差为 8.81 亿美元，2010 年上升为 65.20 亿美元，2012 年达 74.91 亿美元。2011 年中国向孟加拉国的出口额是孟加拉国对中国出口额的 17 倍多。2012 年中国对孟加拉国出口 79.71 亿美元，而从孟加拉国进口仅为 4.8 亿美元，差额仍然有 16 倍多（见表 2）。

　　为了帮助孟加拉国扩大对中国的出口，中国自 2001 年起陆续给予世界 41 个最不发达国家部分商品零关税待遇，给惠商品范围不断扩大。2008 年中国吸纳了世界最不发达国家出口总额的 23%，成为最不发达国家第一大出口市场。2010 年中国国务院关税税则委员会决定，自当年 7 月 1 日起对已与我国完成换文的 33 个最不发达国家原产的 4762 个税目输华商品实施零关税，约占全部税则税目的 60%。这次零关税商品税目清单进一步增加了最不发达国家有实际出口量或潜在出口能力的部分商品，主要包括家禽家畜、水产品、未加工或初加工的农产品、矿产品、药材、生活日用品、塑料制品、皮革、木材、纺织品、服装制成品、玻璃制品、钢材及其制品、机电产品、家具等类别。按照 2008 年贸易额统计，上述 4762 个税目的零关税商品占最不发达国家对华出口额的 98.2%。这次享受扩大零关税待遇的 33 个最不发达国家包括 26 个非洲国家和 7 个其他地区国家，南亚国家中的孟加拉国、阿富汗、尼泊尔名列其中。对于缅甸、安哥拉、尼日尔、塞内加尔、索马里、柬埔寨、老挝、马尔代夫等尚未完成换文手续的 8 个国家，中国声明仍按原有特惠待遇执行，待与我国完成相关换文手续后也将享受同等零关税待遇。2010 年 9 月中国总理温家宝宣布给予有关最不发达国家 95% 的输华商品零关税待遇，并加大对外援助，帮助其提高自主发展能力。与此同时，中国还在《亚太贸易协定》的指导原则下对孟加拉国 84 项产品免除关税。[1] 截止到 2010 年 12 月 31 日，中国已免除孟加拉国 9 笔无息贷款的还款义务，共计 6 亿多人民币。[2] 除此之外，中孟两国政府还签署了《关于鼓励和相互保护投资协定》；中国对孟加拉国提供财政和技术支援，以助其发展通信和工业基础设施；中国对孟加拉国各行各业人员进行专业培训，以提高其生产率。为便利中孟贸易合作双方还达成了建设中国昆明到孟加拉国的陆路交通线。

　　① Bilateral Economic-Commercial Relations，孟加拉人民共和国驻华大使馆网站，http：// web68788. vhost056. cn/bengaltest/content. php？t_ rid = 4&rid = 63&lang = en。

　　② 《中孟签署免债议定书》，中华人民共和国商务部网站，2011 年 8 月 24 日，http：//www. mofcom. gov. cn/article/i/jyjl/j/201108/20110807711872. shtml。

表 2 2000—2012 年中国与孟加拉国贸易发展情况

年份	出口额 （亿美元）	较上一年 增长 （%）	进口额 （亿美元）	较上一年 增长 （%）	总贸易量 （亿美元）	较上一年 增长 （%）	出口额 - 进口额 （亿美元）
2000	9.0		0.18		9.18		8.81
2001	9.55	6.2	0.17	-11.4	9.72	5.8	9.38
2002	10.66	11.6	0.33	93.8	10.99	13.1	10.33
2003	13.35	25.2	0.33	3.2	13.68	24.5	13.02
2004	19.06	42.8	0.57	70.7	19.63	43.5	18.48
2005	24.03	26.05	0.79	37.88	24.81	26.39	23.24
2006	30.90	28.59	0.99	25.32	31.89	28.54	29.91
2007	33.26	7.64	1.14	15.15	34.40	7.87	32.12
2008	45.48	36.74	1.32	15.79	46.80	36.05	44.16
2009	44.40	-2.37	1.40	6.06	45.80	36.04	43.00
2010	67.90	52.93	2.70	92.86	70.60	54.80	65.20
2011	78.07	14.98	4.49	66.30	82.61	17.01	73.58
2012	79.71	2.10	4.80	6.90	84.51	2.30	74.91

资料来源：根据中华人民共和国商务部网站资料整理计算得出。

2. 中印贸易发展情况

中国和印度是世界上最古老的两大文明古国，双方友好交往源远流长。1950 年 4 月 1 日，中国与印度正式建立外交关系。但由于两国政治关系一直不太稳定，致使两国商贸往来一直处于较低水平。中国和印度分别从 1978 年和 1991 年开始改革开放，从计划经济转轨到市场经济，并致力于同世界发展经济联系，这使得双边经贸合作不断加强。1984 年中印签订贸易协定，相互给予最惠国地位。1989 年中印双边贸易额仅为 2.71 亿美元，约占当年中国对外贸易额的 0.24%，占当年印度对外贸易总额的 0.69%。[1] 直到进入 20 世纪 90 年代以后，随着两国经济的发展和双边政治关系的改善，中印经贸关系才获得迅速发展。1990—2002 年期间，两国贸易总额的年平均增长率高达 27.18%，中国对印度贸易多数年份保持顺差。[2] 特别是进入 21 世纪后，两国经济借改革之势不断起飞，实现了多年的高速增长，创造了世界经济发展的奇迹。

目前，中国是印度最大的贸易伙伴，印度是中国在南亚地区最大的贸易伙伴。2006 年 7 月 6 日，中国和印度重新开放连接西藏和印度锡金段的乃

---

[1] 谭晶荣：《中印两国商品贸易比较研究》，《南亚研究季刊》2004 年第 3 期。

[2] 同上。

堆拉山口边贸通道，恢复两国中断 40 多年的边境贸易。2006 年中印贸易总额达 248.59 亿美元，比 2005 年增长 32.94%，中方向印度出口 145.81 亿美元，比上一年增长 63.21%，从印度进口 102.77 亿美元，比上一年增长 5.23%，中方实现贸易顺差 43.04 亿美元。2007 年，双边贸易增速迅猛，双边贸易总额达 386.29 亿美元，比 2006 年增长 55.39%，中国向印度出口 240.11 亿美元，比 2006 年增加 64.67%，中国自印度进口 146.17 亿美元，比 2006 年增长 42.23%。2008 年中方贸易顺差超过 100 亿美元。2009 年中印贸易受世界金融危机的影响有所下降，但 2010 年又迅速回升，双方贸易额达 617.61 亿美元，中方贸易顺差历史性地达 200 亿美元，几乎较 2008 年翻了一番。2011 年双边贸易持续增长，贸易总额超过 700 亿美元。2012 年中印贸易在全球经济不断放缓的形势下有所下降，双边贸易总额为 664.7 亿美元，较上一年下降 10.06%。其中，中国向印度出口 476.7 亿美元，较上一年下降 5.67%；中国自印度进口 188 亿美元，较上一年下降 19.56%。中国贸易顺差再创新高，达 288.7 亿美元（见表 3）。

2013 年 5 月 20 日，中国总理李克强访问印度，中印两国发表的《联合声明》再次指出，要努力实现 2015 年双边贸易额达到 1000 亿美元的目标，并采取措施应对贸易不平衡问题，包括开展药品监管（含注册）合作，加强中方企业和印信息产业的关系，完成农产品植物检疫磋商等。[①]

表 3　　　　　　　　2000—2012 年中国与印度贸易发展情况

年份	出口额（亿美元）	较上一年增长（%）	进口额（亿美元）	较上一年增长（%）	总贸易量（亿美元）	较上一年增长（%）	出口额 - 进口额（亿美元）
2000	15.61		13.53		29.14		2.07
2001	18.96	21.5	17.0	25.6	35.96	23.4	1.96
2002	26.72	40.9	22.74	33.8	49.46	37.6	3.98
2003	33.44	25.2	42.52	87.0	75.95	53.6	-9.08
2004	59.27	77.3	76.77	79.1	136.04	79.1	-17.51
2005	89.34	50.50	97.66	27.19	187.00	37.36	-17.42
2006	145.81	63.21	102.77	5.23	248.59	32.94	43.04
2007	240.11	64.67	146.17	42.23	386.29	55.39	93.94
2008	315.85	31.54	202.59	38.60	518.44	34.21	113.26
2009	296.56	-6.11	137.27	-32.24	433.83	-16.32	159.29

---

① 《中印发表联合声明》，半月谈网，2013 年 5 月 21 日，http://www.banyuetan.org/chcontent/jrkd/2013521/41317.html。

续表

年份	出口额（亿美元）	较上一年增长（%）	进口额（亿美元）	较上一年增长（%）	总贸易量（亿美元）	较上一年增长（%）	出口额－进口额（亿美元）
2010	409.15	37.96	208.46	51.86	617.61	42.36	200.69
2011	505.37	23.52	233.71	12.11	739.08	19.67	271.66
2012	476.70	-5.67	188.00	-19.56	664.70	-10.06	288.70

资料来源：2001—2011 年数据来自《中国统计年鉴》（2007—2012）；2012 年数据来自《印度时报》，http://timesofindia.indiatimes.com/business/india-business/India-China-trade-declines-by-over-10-to-66-47bn-in-2012/articleshow/18101865.cms。

近三年来，中国出口印度的产品主要集中在技术密集的电力机械、精密仪器以及化学产品上，而从印度进口的主要产品为矿产品和原材料。近三年中国出口印度的产品排在前列的包括电机、电气、音像设备及其零附件；核反应堆、锅炉、机械器具及零件；有机化学品；钢铁制品；肥料等，中国自印度进口的产品排在前列的主要有矿砂、矿渣及矿灰；棉花；铜及其制品；珠宝、贵金属及制品、仿首饰、硬币等（见表 4）。由于中印许多产品在技术含量方面差异较大，促成了中印产业内贸易高速发展。例如塑料及其制品，由 2010 年的 8.43 亿美元增长到 2012 年的 13.64 亿美元，两年间增长了 61.8%。由此可以看出，中国与印度的贸易结构存在较大互补性。

表 4　　　　　　　　　中国与印度进出口前 10 名产品情况

	中国向印度出口（单位：亿美元）			中国从印度进口（单位：亿美元）		
	排名	商品类别	金额	排名	商品类别	金额
2010年	1	电机、电气、音像设备及其零附件	97.46	1	矿砂、矿渣及矿灰	117.45
	2	核反应堆、锅炉、机械器具及零件	96.90	2	棉花	21.50
	3	有机化学品	40.84	3	铜及其制品	8.63
	4	钢铁	20.29	4	珠宝、贵金属及制品；仿首饰；硬币	8.39
	5	肥料	19.31	5	有机化学品	7.07
	6	钢铁制品	14.21	6	电机、电气、音像设备及其零附件	4.62
	7	家具、寝具等；灯具；活动房	9.58	7	盐；硫磺；土及石料；石灰及水泥等	4.32
	8	塑料及其制品	8.43	8	塑料及其制品	4.12
	9	光学、照相、医疗等设备及其零附件	7.87	9	钢铁	3.69
	10	车辆及其零附件，但铁道车辆除外	7.72	10	矿物燃料、矿物油及其产品，沥青等	3.38

续表

	中国向印度出口（单位：亿美元）			中国从印度进口（单位：亿美元）		
	排名	商品类别	金额	排名	商品类别	金额
2011 年	1	核反应堆、锅炉、机械器具及零件	123.38	1	矿砂、矿渣及矿灰	104.17
	2	电机、电气、音像设备及其零附件	107.52	2	棉花	31.99
	3	有机化学品	46.24	3	铜及其制品	21.56
	4	肥料	35.44	4	珠宝、贵金属及制品；仿首饰；硬币	11.96
	5	钢铁制品	21.61	5	有机化学品	9.91
	6	钢铁	18.46	6	塑料及其制品	6.94
	7	塑料及其制品	11.50	7	盐、硫磺；土及石料；石灰及水泥等	5.14
	8	光学、照相、医疗等设备及其零附件	10.76	8	核反应堆、锅炉、机械器具及零件	4.79
	9	车辆及其零附件，但铁道车辆除外	9.91	9	电机、电气、音像设备及其零附件	4.31
	10	浸、包或层压织物；工业用纺织制品	8.55	10	动、植物油、脂，蜡，精制食油脂	3.27
	中国向印度出口（单位：亿美元）			中国从印度进口（单位：亿美元）		
	排名	商品类别	金额	排名	商品类别	金额
2012 年	1	核反应堆、锅炉、机械器具及零件	110.93	1	矿砂、矿渣及矿灰	42.40
	2	电机、电气、音像设备及其零附件	100.44	2	棉花	40.94
	3	有机化学品	47.57	3	铜及其制品	21.73
	4	肥料	29.64	4	珠宝、贵金属及制品；仿首饰；硬币	13.08
	5	钢铁制品	18.02	5	有机化学品	11.84
	6	钢铁	14.36	6	塑料及其制品	6.57
	7	塑料及其制品	13.64	7	盐、硫磺；土及石料；石灰及水泥等	5.89
	8	光学、照相、医疗等设备及其零附件	10.72	8	核反应堆、锅炉、机械器具及零件	4.69
	9	车辆及其零附件，但铁道车辆除外	10.23	9	矿物燃料、矿物油及其产品，沥青等	4.36
	10	家具、寝具等；灯具；活动房	8.92	10	动、植物油、脂，蜡，精制食油脂	4.15

资料来源：根据国研网数据整理。

3. 中缅贸易发展情况

中缅建交前，两国就有贸易往来，但金额不大，每年约为 300 万美元，仅占缅当时对外贸易总额的 1% 左右。1950 年中缅建交后，两国贸易关系有了较大的发展。20 世纪 50 年代，中缅于 1954 年签订了两国间的第一个贸易协定。1971年 11 月，缅政府贸易代表团访问我国并同我签订了新的贸易协定，双方相互给予最惠国待遇。由于中缅关系长期友好，双边经贸合作得到稳步发展。

自 1988 年缅甸实行对外开放政策并开放边境贸易以后，中缅贸易快速发展。1988 年中缅贸易额为 2.55 亿美元。1997—2000 年由于受亚洲金融危机的影响，双边贸易额连年下降。2000 年后逐渐好转。2002 年中缅双边贸易额创历史新高，达到 8.62 亿美元，同比增长 36.4%。其中，中国出口7.25 亿美元，增长 45.7%；进口 1.37 亿美元，增长 2.0%。2003 年中缅双边贸易额达 10.77 亿美元，同比增长 24.94%。2004 年中缅贸易额达 11.45亿美元，中国成为仅次于泰国的缅甸第二大贸易伙伴国。2006 年双方贸易额为 14.60 亿美元，同比增长 20.76%，中方实现贸易顺差 9.54 亿美元。2007 年中缅贸易额突破 20 亿美元大关，较上年增长 42.33%。2008 年之后尽管世界发生金融危机，但中缅贸易没有受到多大影响。2008 年中缅贸易额为 26.25 亿美元，同比增长 26.32%，2010 年上升至 44.42 亿美元，约占缅甸全年贸易总额的 1/4。2011 年中缅贸易额达 65 亿美元，较上年增长46.33%。2012 年中缅贸易额进一步上升到 69.7 亿美元，同比增长 7.23%。其中，中国出口 56.7 亿美元，增长 17.63%；进口 13 亿美元，下降22.62%（见表 5）。中国已成为缅甸第一大贸易伙伴。根据商务部统计，2012 年 4 月至 2013 年 3 月，缅甸与邻国的边境贸易额已达 34.33 亿美元，其中，中缅边贸额达到了近 29 亿美元，占缅甸边贸总额的 83%。[①]

表 5   2000—2012 年中国与缅甸贸易发展状况

年份	出口额（亿美元）	较上一年增长（%）	进口额（亿美元）	较上一年增长（%）	总贸易量（亿美元）	较上一年增长（%）	出口额－进口额（亿美元）
2000	4.96		1.25		6.21		3.72
2001	4.97	0.2	1.34	7.5	6.32	1.7	3.63
2002	7.25	45.70	1.37	2.00	8.62	36.40	5.88
2003	9.07	25.10	1.70	24.09	10.77	24.94	7.37
2004	9.39	3.42	2.07	21.76	11.45	6.31	7.31

---

① 《缅甸本财年边境贸易额超去年》，中华人民共和国商务部驻昆明特派员办事处网站，2013年 3 月 28 日，http：//kmtb. mofcom. gov. cn/article/f/201303/20130300070226. shtml。

续表

年份	出口额（亿美元）	较上一年增长（%）	进口额（亿美元）	较上一年增长（%）	总贸易量（亿美元）	较上一年增长（%）	出口额－进口额（亿美元）
2005	9.35	-0.32	2.74	32.37	12.09	5.59	6.61
2006	12.07	29.09	2.53	-7.66	14.60	20.76	9.54
2007	17.00	40.84	3.78	49.41	20.78	42.33	13.22
2008	19.78	16.35	6.47	71.16	26.25	26.32	13.31
2009	22.54	13.95	6.46	-0.15	29.00	10.48	16.08
2010	34.76	54.21	9.66	49.54	44.42	53.17	25.10
2011	48.20	38.66	16.80	73.91	65.00	46.33	31.40
2012	56.70	17.63	13.00	-22.62	69.70	7.23	44.60

资料来源：根据中华人民共和国商务部网站资料整理计算得出。

中缅贸易的快速发展也得益于经济的互补性强。由于种种原因，缅甸经济发展水平还比较低，工业生产落后，而中国在工业生产技术以及资金等方面有比较优势。目前，中国出口到缅甸的产品主要有核反应堆、锅炉、机械器具及零件；车辆及其零附件（铁道车辆除外）；电机、电气、音像设备及其零附件；钢铁及钢铁制品等。而缅甸有丰富的自然资源，人均占有量又很高，尤其是天然气、钨、锡、铅、金、铬、宝石等矿产，还有大米、小麦、玉米、棉花、甘蔗、花生等农产品，这迎合了我国对这些资源的需求，所以我国从缅甸进口的主要商品有矿产品、农产品、水产品、木材、珠宝等原料产品（见表6）。①

表6　　　　　　　　　中国与缅甸进出口前10名产品情况

		中国向缅甸出口（单位：亿美元）		中国从缅甸进口（单位：亿美元）		
	排名	商品类别	金额	排名	商品类别	金额
2010年	1	核反应堆、锅炉、机械器具及零件	7.32	1	木及木制品、木炭	2.04
	2	车辆及其零附件，但铁道车辆除外	4.87	2	矿砂、矿渣及矿灰	1.93
	3	电机、电气、音像设备及其零附件	3.87	3	珠宝、贵金属及制品；仿首饰；硬币	1.40
	4	动、植物油、脂，蜡，精制食油脂	2.65	4	橡胶及其制品	0.72
	5	钢铁制品	2.50	5	鱼及其他水生无脊椎动物	0.65
	6	钢铁	2.18	6	食用蔬菜、根及块茎	0.64
	7	化学纤维短纤	1.76	7	油籽、子仁、工业或药用植物、饲料	0.59
	8	矿物燃料、矿物油及其产品，沥青等	1.59	8	食用水果及坚果，甜瓜等水果的果皮	0.50
	9	棉花	0.91	9	矿物燃料、矿物油及其产品，沥青等	0.44
	10	橡胶及其制品	0.72	10	铜及其制品	0.21

① 《中缅贸易发展的制约因素与对策分析》，第一智库网，2013年7月31日，http://www.1think.com.cn/economic/201307/2013073123677.shtml。

续表

中国向缅甸出口（单位：亿美元）			中国从缅甸进口（单位：亿美元）		
排名	商品类别	金额	排名	商品类别	金额
2011年					
1	核反应堆、锅炉、机械器具及零件	8.74	1	珠宝、贵金属及制品；仿首饰；硬币	7.77
2	车辆及其零附件，但铁道车辆除外	7.67	2	木及木制品、木炭	2.81
3	钢铁制品	5.36	3	矿砂、矿渣及矿灰	2.27
4	电机、电气、音像设备及其零附件	4.73	4	橡胶及其制品	1.10
5	钢铁	3.10	5	矿物燃料、矿物油及其产品，沥青等	0.69
6	化学纤维短纤	2.38	6	鱼及其他水生无脊椎动物	0.58
7	矿物燃料、矿物油及其产品，沥青等	1.51	7	油籽、子仁、工业或药用植物、饲料	0.37
8	船舶及浮动结构体	1.39	8	食用水果及坚果，甜瓜等水果的果皮	0.32
9	棉花	1.19	9	光学、照相、医疗等设备及其零附件	0.23
10	家具、寝具等；灯具；活动房	1.17	10	食用蔬菜、根及块茎	0.18

中国向缅甸出口（单位：亿美元）			中国从缅甸进口（单位：亿美元）		
排名	商品类别	金额	排名	商品类别	金额
2012年					
1	核反应堆、锅炉、机械器具及零件	9.10	1	珠宝、贵金属及制品；仿首饰；硬币	1.03
2	车辆及其零附件，但铁道车辆除外	7.69	2	木及木制品、木炭	0.89
3	电机、电气、音像设备及其零附件	6.70	3	矿砂、矿渣及矿灰	0.86
4	钢铁制品	4.93	4	油籽、子仁、工业或药用植物、饲料	0.11
5	钢铁	4.73	5	鱼及其他水生无脊椎动物	0.10
6	船舶及浮动结构体	2.99	6	橡胶及其制品	0.09
7	化学纤维短纤	2.59	7	矿物燃料、矿物油及其产品，沥青等	0.06
8	矿物燃料、矿物油及其产品，沥青等	1.92	8	非针织或非钩编的服装及衣着附件	0.05
9	棉花	1.55	9	食用水果及坚果，甜瓜等水果的果皮	0.04
10	钟表及其零件	1.11	10	铜及其制品	0.03

资料来源：根据国研网数据整理。

4. 云南与孟缅印贸易发展情况

云南作为面向孟中印缅开放的前沿，一直十分重视推进与孟缅印的经贸合作。由云南学者倡议的孟中印缅地区经济合作论坛自 1999 年召开第一次会议以来，已召开了 12 次会议。现已成为推进孟中印缅合作的重要机制。同时，云南充分利用国家的政策，不断加大沿边开放力度，通过建设国际大通道、边境经济合作区、跨境经济合作区、举办各种论坛等积极推进孟中印缅经贸合作。这使得云南与孟缅印的贸易不断增加。1999—2012 年滇孟贸易额从 195 万美元上升到 7084 万美元，滇印贸易额从 2761 万美元上升到 46092 万美元，滇缅贸易额从 3.0 亿美元上升到 22.2 亿美元，分别增长 35.33 倍、15.69 倍、6.4 倍。特别是滇缅贸易在较大的基数上仍然获得了较快发展，而且缅甸一直是云南最大的贸易伙伴。双方自 2001 年开始，轮流在中国瑞丽市和缅甸木姐市举办中缅边境经济贸易交易会。目前中缅边交会已成功举办了 12 届，成为中缅经济贸易、文化交流的一张名片。中国在姐告建立了"境内关外"自由贸易区，缅甸在木姐 105 码建立了经济贸易区。近年来，尽管缅甸的政策转型，开放更加多元化，且其北部地区经常发生动荡，但滇缅贸易额始终逐年增加，而且在中国对缅贸易中占有重要地位。2009 年滇缅贸易总额为 12.27 亿美元，比上年增长 2.85%，占中缅贸易总额的 42.31%；2010 年滇缅贸易总额为 17.59 亿美元，比上年增长 43.36%，占中缅贸易总额的 39.6%；2011 年滇缅贸易总额为 20.72 亿美元，比上年增长 17.79%，占中缅贸易总额的 31.88%；2012 年滇缅贸易额达 22.20 亿美元，比上年增长 7.14%，占中缅贸易总额的 31.85%（见表 7）。

表7　　　　　　　　　2005—2012 年云南及全国对缅甸贸易状况

年份	2005	2006	2007	2008	2009	2010	2011	2012
全国对缅贸易总额（亿美元）	12.09	14.60	20.78	26.25	29.00	44.42	65.00	69.70
云南对缅贸易总额（亿美元）	6.31	6.92	8.74	11.93	12.27	17.59	20.72	22.20
云南对缅贸易占全国对缅贸易比重（%）	52.19	47.40	42.06	45.45	42.31	39.60	31.88	31.85
较上一年增长（%）	14.52	9.67	26.30	36.50	2.85	43.36	17.79	7.14

资料来源：根据《云南省统计年鉴》（2006—2012）、云南省商务厅、中国—南亚博览会网站数据整理计算得出。

二 建设孟中印缅经济走廊对 BCIM 四国贸易的影响

孟中印缅经济走廊占据着有利的地理位置，使其能与多个亚洲大市场建立联系。建设孟中印缅经济走廊有利于促进四国实现优势互补，加速四国经济增长，扩大四国的对外开放程度。尽管建设孟中印缅经济走廊首先由中印双方于 2013 年 5 月共同倡导，但实际已得到了四方的认可。这使得云南长期推进的四国之间的合作由民间上升到国家层面，极大地鼓舞了次区域的经贸合作，将进一步促进四国之间的经济一体化建设。孟中印缅经济走廊一旦建立起来，将促进中国—东盟自由贸易区、东盟自由贸易区、印度—东盟自由贸易区以及正在推进的南亚自由贸易区的融合，并成为世界上最大的自贸区。这无疑将极大地推进孟中印缅四国经济繁荣和四国之间的对外贸易发展。

（一）便利四国贸易合作，促进贸易发展

通道是扩大贸易的基础，而云南有良好的地缘优势，建设中国连接东南亚南亚的国际大通道是国内其他地区难以比拟的。一旦建设好孟中印缅陆路大通道，不仅通行时间长，一年四季都可畅通无阻，而且可辐射东南亚、南亚和印度洋沿岸国家众多人口，且可节约运输成本和商品交易成本，促进贸易发展。于是，在 21 世纪之初，云南省委、省政府就提出"建设中国连接东南亚、南亚的国际大通道"。10 多年来，云南投入 2500 多亿元建设公路、铁路、航空、水运等交通通道，基本打通了"四出境、七出省"的通道，对云南扩大开放发挥了重要作用。水路方面，"十五"期间，澜沧江—湄公河国际航运正式开通，船舶通航能力由过去的 100 吨提高到 300 吨，通航时间由过去的半年提高到 11 个月以上，开展了澜沧江—湄公河冷藏集装箱大件运输，运量不断攀升。[1] 此外，中缅伊洛瓦底江水陆联运正在推进。公路方面，大湄公河次区域合作规划的昆明—瑞丽—皎漂、昆明—腾冲—雷多等国际公路云南境内段全部实现高等级化；7 条通向邻省的干线公路，除滇藏公路外，基本实现高等级化，出省通边大通道雏形基本形成。目前，保山—缅甸密支那公路、腾冲—密支那二级油路已建成通车。印度 2001 年还援缅建了一条连接印缅的 160 公里的高等级公路。2002 年 4 月印、缅、泰三国

---

① 《云南"通道战略"十年：重修"南方丝绸之路"》，云南省交通运输厅，2010 年 8 月 4 日，http：//www. ynjtt. com/Item. aspx？id = 1222。

外长又商定修一条从印度莫雷经缅甸蒲甘—泰国湄索的公路。① 2013 年 2 月 22 日，首届孟中印缅四国汽车集结赛在印度加尔各答发车，行经孟加拉国首都达卡、缅甸曼德勒等重要城市，以及云南境内的德宏、保山、大理和昆明等地，全程约 3000 公里。此次集结赛赢得了四方的高度关注，未来有望将此次集结赛路线建设成为四国贸易通道，届时将为四国经贸合作提供便利。铁路方面，云南一直在推进泛亚铁路出境通道，其中，泛亚铁路西线，从昆明到瑞丽，再到缅甸，可直达印度洋沿岸国家。云南境内的铁路已修建到大理，正在推进大理到瑞丽的铁路建设，瑞丽出境经缅甸至南亚的铁路也在开展前期工作。航空方面，2000 年 12 月中国第一次开通对印度的商务包机；2005 年开通了昆明到孟加拉国达卡的航线；2007 年开通了昆明到印度加尔各答的航线。同时，昆明到曼德勒、仰光的航线也开通。建设孟中印缅经济走廊，交通基础设施及互联互通是基础，也是支撑。一旦交通运输条件得到改善，将大大缩短四国之间的距离，降低运输成本，推动双边贸易快速发展。

（二）加速孟中印缅地区的开放与合作，推动贸易结构优化

孟中印缅地区人口众多、资源丰富，但长期以来经济不发达，开放条件薄弱，贸易发展滞后。但四国都有加强合作、振兴经济、摆脱贫困的愿望。建设孟中印缅经济走廊不仅可以通过有效的合作运行机制把四国联合在一起，而且可以通过相互合作带动中国与东南亚、南亚国家之间的合作，促进整个大市场的繁荣，使这一地区尽快摆脱贫困。例如中国西南部地区，包括三个省（四川、贵州、云南），两个自治区（西藏、广西）和一个直辖市（重庆），由于大多数省份处于内陆地区，没有出海口，经济发展受到了相当大的制约，当改革开放的大潮在中国沿海激荡时，这些省区却成为"开放末梢"。其中，云南是中国距离印度洋最近的省，是中国交通大动脉的终点，同时又是中国连接东南亚、南亚交通大动脉的起点。历史上就有多条陆路通道和陆海通道通往印度、孟加拉国、尼泊尔、斯里兰卡，古代南方丝绸之路、茶马古道、史迪威公路和中印输油管等见证了云南及中国西南地区与东南亚、南亚国家的源远流长的友好关系和合作的历史。但由于受各种因素的影响，外向型经济发展缓慢，开放程度低，严重制约了贸易规模的扩大和结构的优化。与云南近邻的缅甸和孟加拉国，都是与中国有传统友好关系的国家，并愿意成为中国尤其是西南地区的出海通道，其仰光港和吉大港也都是印度洋上的国际港口，但这两个国家的经济发展水平很低，能出口的产品

---

① 任佳、陈利君：《孟中印缅地区经济合作现状与展望》，《开放导报》2003 年第 11 期。

少，附加值低，又缺乏战略支撑的腹地，进一步制约了其港口发展和贸易结构的改善。从印度来看，尽管其经济实力比较强，但还不发达，其外贸结构改善仍然受到经济结构的制约。2013 年 9 月缅甸总统吴登盛在第十届中国—东盟博览会暨中国—东盟商务与投资峰会开幕式上指出，中国是缅甸最大的投资国，投资总额达 140 亿美元。但 2012 年缅中两国的贸易总额为 65 亿美元，只占东盟—中国贸易总额的 1% 左右，因此我们还要进一步加强双边的贸易合作。① 随着后冷战时期区域主义的兴起，为避免在国际体系中被边缘化和被孤立，印度开始关注东亚和南亚地区经济迅速起飞的经济体，并实施了"东向政策"。② 这使得印度东北部地区在印度"东向政策"中的地位显著提升，因为它是连接印度与东南亚国家的桥梁，是印度加强与东南亚国家经贸合作的纽带。但印度东北部地一直是政治敏感地带和经济发展的"边缘地带"，政府又投资不足，基础设施建设薄弱，经济落后，外贸缺乏产业支撑，这严重制约了当地经济的发展和人民生活水平的提高，进而滋生了许多社会问题。可见，孟中印缅毗邻地区的经济发展和贸易发展都面临许多问题，亟须要新的举措来推动。建设孟中印缅经济走廊将把孟中印缅四国紧紧联系在一起，为四国充分发挥比较优势、扩大开放、推进合作创造条件，从而推动本区域经济快速发展，使本地区不再成为各国经济发展的"边缘地带"。一旦孟中印缅各自发挥优势，不仅将优化资源配置、调整经济结构、促进经济发展，而且将大大推动贸易发展和结构优化。

（三）有利于实现优势互补，互利共赢

中国作为亚洲迅速崛起的经济体，是世界制造业中心，而且市场广大，对外投资能力不断增强。特别是由于中国人口众多，劳动力资源丰富，劳动密集型产品在世界市场上占据着巨大优势。孟加拉国、印度（尤其是东北部）、缅甸蕴藏着丰富的自然资源（包括矿产品、农产品、水产品、木材、珠宝等），但制造业相对落后。这使得孟中印缅四国的资源、产业、市场互补性强，在贸易领域的合作潜力巨大，中国可向孟加拉国、印度、缅甸出口更多加工产品，而孟印缅可向中国出口更多资源性产品。能源领域，孟缅缺能源开发资金、技术，中印则在此方面有比较优势。如果四国加快能源合作，就有利实现能源资源互补，促进四国能源产业共同发展。其中，中缅油

---

① 吴登盛：《进一步加强中缅双边贸易合作》，http：//finance. china. com. cn/news/special/ 2013dmblh/20130903/1782858. shtml。

② Thongkholal Haokip. India's Look East Policy：Prospects and Challenges for Northeast India. India's Look East Policy and North East India：Achievements and Constraints，Shillong，26 – 27th March 2010.

气管道的建设，就是孟中印缅在油气管道建设领域成功合作的范例。建设孟中印缅经济走廊将在更大范围内促进四国实现优势互补和互利共赢。对于云南来说，同样有许多机会。例如南亚国家普遍较为缺磷，建设孟中印缅经济走廊，云南的磷产品将可以更便利地进入南亚市场；而印度的铁矿砂也可通过孟中印缅经济走廊进入云南。因此，孟中印缅经济走廊是一条实现四国优势互补的商贸走廊、合作共赢的走廊，也是促进区域经济合作的新引擎。

孟中印缅"多轨"模式下的多领域合作研究

李东云[①]

1999 年，在云南省社会科学院和印度中国研究所等中、印两国智库组织的共同倡议下，孟中印缅（BCIM）区域合作第一次会议在昆明召开并发表了《昆明倡议》（*Kunming Initiative*）。目前，论坛自成立以来已召开了 11 次会议。在十余年的发展历程中，BCIM 论坛从发起时的"二轨"层面发展为"多轨"并行的合作模式，四国合作领域也突破了经贸和交通连接目标，拓展至经济、基础设施建设、能源合作、环境保护、人文和社会等多个方面，呈现出"多轨"平台下向多领域扩展的发展趋势。

一 孟中印缅论坛合作领域不断扩展

促进区域经贸往来和交通连接是 BCIM 论坛创立之初的主要目标。自论坛创立以来，孟中印缅四国，特别是毗邻地区的贸易和交通建设得到了迅速的发展。在经贸方面，随着四国经济合作和贸易往来的不断加强，受到普遍重视的区域经济潜力正在得到逐渐地挖掘和显现。目前，孟中印缅四国之间贸易总额已达 900 亿美元，各成员国之间的双边贸易都创下了历史新高。例如，我国与印度的贸易额达 755.94 亿美元（2011.12），我国与孟加拉国和缅甸的贸易额分别达到 70.60 亿美元（2010）和 44.40 亿美元（2010）；印度与孟加拉国和缅甸的贸易额也分别达到 43.74 亿美元（2011.12）和 18.70 亿美元（2011.12）。[②] 虽然与国际贸易总额相比，孟中印缅四国贸易额所占比例尚且不高，但由于毗邻地区的特殊区位优势，正如一些学者所指出的，将来一旦能建立东盟—中国自由贸易区和东盟—印度自由贸易区，就

---

① 云南省社会科学院南亚研究所助理研究员。

② 中国外交部 http：//www. fmprc. gov. cn/；印度政府"印度商业门户网"，http：//business. gov. in/；孟加拉国统计局 http：//www. bbs. gov. bd/。

能使该地区同时联入两个规模最大的自由贸易区，这不仅将实质性地扩大中、印等国的对外贸易和双边贸易，也将大大增加孟中印缅地区对外贸易在世界贸易总额中所占比例。①

在交通方面，促进毗邻区域的陆上通道连接一直是 BCIM 论坛的焦点和重要议题之一。经过多年的筹备与考察，2013 年 2 月四国成功举办的"加尔各答—昆明汽车拉力赛"成为 BCIM 论坛第 11 次会议的最大亮点。这次比赛，有力地证明了从印度加尔各答出发，经过孟加拉国达卡、印度东北部英帕尔和缅甸曼德勒，最终由云南瑞丽入境到达昆明的这条连接四国的陆上通道可通行，与此同时通道沿线的经济合作也受到了四国的广泛关注。

从水陆通道来看，"昆明—仰光中缅陆水联运"项目正在顺利推进。这条陆水联运通道从中国昆明经保山、瑞丽至缅甸八莫港陆路，再经八莫港至仰光港水路，最终进入印度洋。该通道的水运主要依靠上游在云南、中下游在缅甸的伊洛瓦底江完成。目前，云南省正在就开发依洛瓦底江与缅甸方面展开合作，根据云南省交通厅考察组前往缅甸对依洛瓦底江中下游情况的实地考察，伊洛瓦底江陆水联运具有以下优势：一是通航条件好；二是有理想的内河港口和建港条件；三是中国已有较好的陆上运输基础；四是运距短、运时少、运费省；五是投资省、见效快；六是良好合作的气候已经形成；七是中缅双方客货运输及经贸合作的快速发展亟待改善通道条件。此前，中缅陆水联运已进行过联合载货试航运输，年通过能力可达 2000 万吨。目前，开通中缅陆水联运的外部环境良好，只要中缅两国签订联运协议，就有可能尽快开通这条我国直入印度洋最直接的战略通道。现已证明，通过云南公路出境到达缅甸，再通过缅甸陆路抵达依洛瓦底江港口八莫，货物就能顺流而下抵达缅甸最大的港口仰光，进而直接进入印度洋。我国的货物通过这条捷径进入印度洋，不仅不需要通过海盗横行的马六甲海峡，而且要比从上海或广州出发的传统水运路线节省大量的路程和运费。

孟中印缅四国之间的航空交通连接也较早地受到了 BCIM 论坛的关注，如在 2004 年 BCIM 论坛第 5 次会议上，孟加拉国政策对话中心主任、联合国亚太经济与社会委员会前会长拉马图拉先生曾提出，在孟中印缅国家中，除了连接各个首都的航线外，在重要地区之间实现直航是促进贸易和旅游的需要；应该优先考虑在昆明—达卡或者上海—昆明—达卡—吉大港，以及昆

---

①　张力、彭景：《孟中印缅地区合作机制：推动因素与制约因素》，《南亚研究季刊》2005 年第 1 期。

明—高哈蒂之间开通直航。① 近年来已开通的连接 BCIM 各成员国之间的航线主要有：（1）昆明—加尔各答航线；这条被誉为"南方空中丝绸之路"的航线于 2007 年 10 月 29 日由东方航空公司开通，航线距离为 1700 公里，空中飞行时间为 2 小时 20 分钟。该航线是我国西南地区首条直通印度的航线，与我国此前开通的上海—新德里、北京—新德里两条直飞印度的航线相比，昆—加线填补了中国西南对接印度东部这个空缺，有利于我国同印度构建覆盖东、南、北部全区域航空网络。此前，昆明飞往加尔各答需由泰国曼谷转飞，再经印度新德里转飞，各环节所耗时间总计达 8 小时左右。因此，与经东盟国家转飞及全国其他航线飞往印度的费用相比，昆—加航线可节省40%—50% 的物流成本，为商贸往来创造了显著的优势。（2）昆明—达卡航线；该航线于 2005 年 5 月 18 日首航，首航班机从北京经昆明直达孟加拉国首都达卡，全程单程飞行距离为 3545 公里，飞行时间 5.5 小时。这条中孟的直达航线是 2005 年 4 月初我国国务院总理温家宝对孟加拉国进行访问期间达成的。此前，中国与孟加拉国之间虽然有航空运输协定，但尚没有直达航班。从中国飞往孟加拉国往往需要中转曼谷、仰光等地才能抵达目的地，涉及数家航空公司之间的联运，需要耗费大量时间和精力，投资、旅游都极为不便。因此，昆达航线的开通，满足了两国外交关系和商贸、人员往来的需要，对我国加强与孟加拉国等南亚国家交往具有重要意义。（3）昆明—曼德勒航线；昆—曼航线于 2002 年 4 月 1 日正式开通，空中飞行时间约为 80 分钟。曼德勒市是缅甸第二大城市，是缅甸内陆交通枢纽，是缅甸重要工业区之一，也是缅甸珠宝、玉石等商品的主要集散地和佛教旅游胜地之一。此前，所有要到曼德勒的中国旅客，都要先从昆明乘 150 分钟飞机到仰光，然后再坐车去曼德勒。因此昆—曼线的开通，大大便利了中缅经贸、旅游等各种交流与合作。（4）昆明—仰光航线；昆明与仰光之间除了早先开通的北京—昆明—仰光航线以外，缅甸蒲甘航空公司计划开通仰光直飞昆明的航线。自 1991 年以来，滇缅双方共同推出畹町—腊成、瑞丽—八莫、瑞丽—曼德勒、勐海—勐拉—景栋等 4 条边境旅游线路，开通了北京—昆明—仰光航线。据统计，1998—2003 年 6 年间，中缅边境旅游人数达到 400万人次。2006 年底，在云南芒市举行的滇缅旅游文化合作论坛上，云南省旅游局副局长余繁建议尽快打通中国云南、缅甸北部与缅甸中部、南部的黄

---

① ［孟］拉马图拉：《改善交通运输状况，促进交通便利化》，载车志敏、何宣（主编）《继往开来，再谱新篇——孟中印缅地区经济合作论坛第五次会议文集》，云南省人民政府发展研究中心，2004 年。

金旅游经济通道。可见，昆（明）—仰（光）直飞航线对于中缅特别是中国云南与缅甸进一步发展旅游等产业具有十分重要的意义。

云南作为我国面向西南开放的"桥头堡"，近年来不断加快的基础设施建设也为孟中印缅毗邻区域的交通连接创造了有利条件。2012 年 6 月底投入运营的昆明长水国际机场，是我国继北京、上海和广州之后的第四大国家门户枢纽机场，也是我国面向东南亚、南亚，连接欧洲、亚洲、非洲的西南门户国际枢纽机场。昆明长水国际机场规划目标为近期满足年旅客吞吐量 3800 万人次、货邮吞吐量 95 万吨、飞机起降 30.3 万架次；远期满足年旅客吞吐量 6500 万人次、货邮吞吐量 230 万吨、飞机起降 45.6 万架次。昆明新机场的建成和投入运营，为促进 BCIM 国家之间的航空连接创造了更加有利的条件。

除了 BCIM 论坛在发起初期所关注的经贸、交通连接以外，BCIM 论坛的关注领域和合作范围近年来得以不断地丰富和拓展，特别是毗邻地区的经济社会发展、能源合作和环境治理问题，逐渐吸引了论坛各参与方的广泛关注和探讨。孟中印缅毗邻的大部分地区目前仍处于相对欠发达状态，同时又拥有丰富的能源、矿产、水资源、生物等自然资源，也是生态系统多样而脆弱的区域。因此，这一地区如何在资源的开发利用中加深邻国合作，实现经济社会的跨越式发展，同时通过区域合作做好资源的管理与保护，在经济增长和环境友好的良性互动中实现可持续发展，成为了 BCIM 论坛新的热点议题。

2011 年召开的 BCIM 论坛第 9 次会议提出在下一届上将"孟中印缅地区经济合作论坛"正式更名为"孟中印缅地区合作论坛"，以进一步扩大四方在经贸、农业、旅游、文化、教育、卫生、科技、扶贫、应对气候变化、合理利用水资源和安全等领域的务实合作。[①] 这标志着 BCIM 论坛涵盖议题从最初的经贸、交通向能源、环境、社会、人文等多领域的扩展。早在 2002 年，BCIM 论坛第 3 次会议就提出改善对孟中印缅区域自然资源的有效利用，并建议鼓励该领域的商业和科研项目；2004 年第 5 次会议提议促进区域旅游业和文化交流；2012 年第 10 次会议提出全球气候变化对区域的影响及重要性，参会成员国同意共同努力保护环境和管理共享的水资源，会议提议成立一个学术性专门小组。[②]

---

① 孟中印缅地区合作论坛，http://www.bcim-forum.com/。
② 同上。

二　孟中印缅论坛从"二轨"走向"多轨"

随着合作领域的不断扩展，BCIM 论坛及具体合作项目越来越多地得到政府的参与和支持，论坛的合作模式逐渐突破了发起时的"二轨"层面，不断吸收着来自"一轨"的推动力量。2011 年召开的 BCIM 论坛第 9 次会议提出，将推动尽快形成"一轨"领导下的"多轨"合作平台①。2013 年 5 月，论坛倡议的孟中印缅经济走廊建设被提入了 BCIM 成员国政府间的议事日程，直接进入了"一轨"层面。

同时我们看到，孟中印缅各成员国之间仍然存在一些尚未解决的政治争端，如中印边境之争，孟印政党间敌对因素等，该区域复杂的地缘政治阻碍着 BCIM 论坛机制上升至"一轨"层面。在这样的情况下，"多轨"合作平台实际上在以一种灵活的政治适应性超越了四国间的政治障碍，容纳了来自政府（中央政府和地方政府）、智库和科研机构、商会和行业协会、企业甚至个人的参与。作为 BCIM 论坛的发起者、筹办者及参与者，四国的智库和科研组织、商会和行业协会等组织是"软区域主义"的主要实践者，他们在孟中印缅毗邻区域的治理过程中发挥的主要作用可以总结为：（1）发现和传达区域问题；（2）搭建沟通和对话平台；（3）提供政策建议；（4）区域合作项目的组织及协调。

这种"多轨"合作体现了政治上的灵活多样和区域治理上的促进与协调特征，将"一轨"和"二轨"的参与者置于同一个对话平台上，以平等协商的方式解决四国毗邻地区的共同关切和面临的发展问题，可以使四国在对话沟通和合作共赢中满足区域经济发展、社会稳定、环境友好等共同的利益要求。孟中印缅四国汽车拉力赛的成功举办和孟中印缅经济走廊建设上升为国家政策等都表明了这种"多轨"合作模式的可行性。在这个"多轨并行"的平台上，BCIM 论坛以一种类似于"软区域主义"的方式推动着区域合作从构想变为现实。

三　孟中印缅合作值得关注的新兴领域

随着 BCIM 论坛"多轨"合作平台的逐渐形成，孟中印缅区域合作无论从深度还是广度上来说都有了较大的突破和发展。2013 年 5 月中印两国总

---

① 孟中印缅地区合作论坛，http://www.bcim-forum.com/。

理会谈中提出建设孟中印缅经济走廊倡议①，标志着孟中印缅经济领域的合作正式被提上"一轨"层面。孟中印缅毗邻地区的陆路连接、空中航线及陆水联运等互联互通建设也取得了显著成效。今后应充分利用 BCIM 论坛的"多轨"平台优势，不失时机地开辟孟中印缅区域，特别是毗邻地区的新兴合作领域，加强该地区的资源开发及合理利用，同时注重保护生态环境，实现地区可持续发展。今后值得关注的较有潜力的新合作领域包括：

1. 中缅能源合作

在我国海外能源战略的构想中，缅甸具有举足轻重的地位。中缅两国合作建设的中缅输油管道，可以成为连接中国与世界产油国之间的一大通道——通过印度洋，从缅甸进入云南，以避免过分依赖太平洋，防止我国石油"生命线"权重过度集中于马六甲海峡，同时也可大量节省能源运输的成本。中缅油气管道是继中亚油气管道、中俄原油管道、海上通道之后的我国第四大能源进口通道，对应我国西南的能源补给线。中缅油气管道于2010 年开工建设，管道总体为天然气石油双线并行。原油管道设计年输原油 2200 万吨，天然气管道年输天然气 120 亿立方米。

目前，中缅石油管道建设已基本完成。中缅双方在缅甸实兑港建设 30万吨原油码头和 60 万立方米的油库，油源主要来自中东和非洲。原油经实兑港上岸、经缅甸曼德勒、云南边城瑞丽，直达昆明，全长约 900 公里，其中的 400 多公里已通铁路。到达昆明后，在昆明市附近建造一家炼油厂，对通过上述管道进口的原油进行加工，一期炼油能力 2000 万吨/年，配套建设100 万吨/年乙烯化工。②

2013 年 10 月 20 日，中缅天然气管道全线贯通并正式投入运营。这条横贯缅甸的中缅油气管道，从云南瑞丽进入我国境内，跨越云南、贵州、广西和重庆 4 个省区市，全长 7676 公里。投产后，预计每年可向我国输入100 亿立方米以上天然气。中缅天然气管道通过中贵线与西气东输系统连接在一起，使这两个管网系统的气源可以相互调度和置换，同时也沟通了新疆气区、长庆气区和四川气区联络的通道，使我国油气管网格局基本形成。在目前我国天然气对外依存度不断提高的情况下，中缅天然气管道的建成投产对于我国能源进口多样化及能源安全具有重大的战略意义。

---

① 《中印共同倡议建设孟中印缅经济走廊》，搜狐网，http：//business. sohu. com/20130521/n376554362. shtml.

② 《中缅油气管道重新启动，昆渝争宠》，人民网，2007 年 2 月 12 日，http：//finance. people. com. cn/GB/1038/59942/59955/5393277. html.

随着中缅天然气管道干线的全线建成投产，中缅能源合作实现了实质性的跨越。缅甸的能源资源优势和孟加拉湾沿岸港口的区位优势得以体现；在今后与缅甸的能源合作中，应注重在能源的合理规划、开发开采技术支持、相关区域基础设施建设和维护、开采区社区与环境治理等方面进行全方位的合作与支持，用科学的管理方法实现互利共赢和双方的可持续发展。

2. 跨境河流水资源合作

孟中印缅毗邻地区共享若干重要的跨境河流，澜沧江/湄公河（Mekong）、怒江/萨尔温江（Salween）、独龙江/伊洛瓦底江（Irrawaddy）及雅鲁藏布江/巴马普特河（Brahmaputra）等，这些河流为该区域提供了丰富而可利用的水资源，既是东南亚、南亚地区满足灌溉和生产生活的主要水源，又是提供航运交通功能的重要国际河流。水资源的开发利用及有效管理问题也成为四国十分关切的问题之一，可以说，处理好跨境河流的水资源管理与合作问题，就可以把河流变为孟中印缅毗邻区域的友谊纽带，反之，则会成为流域国家间争端的源头。云南省处于大部分跨境河流的上游位置，应对水资源的分配、开发、利用、流域社区发展、潜在环境影响等问题进行充分而深入的研究，运用先进理论和技术做好水资源管理和流域社区与环境的治理工作。同时，与下游国家开展水文信息共享、水能开发利用、流域社区与环境治理等方面的沟通合作，形成各方利益相关者共同参与的对话与合作平台，使各流域国家都成为水资源开发和环境保护的受益者，以水资源为纽带，既增进毗邻国家间的信任与友谊，又促成合作共赢的良性发展格局。

目前四国可就以下主题开展合作：（1）建立水文信息共享机制。我国可与下游国家建立水文信息共享机制与平台，提供澜沧江、怒江、独龙江和雅鲁藏布江等上游河流的实时水文监测数据、水质与环境变化提示、灾害预警等信息与邻国共享，同时参考邻国河段的水文信息和监测数据，为水资源利用和环境治理提供基本的信息平台，保证流域地区的灌溉和生产生活用水安全。在前期汛期水文资料和应急事件处置合作的基础上，我国与印度同意通过专家级机制，就水文报汛、应急事件处置开展合作，这一合作意向已写入 2013 年 5 月 20 日发表的《中印联合声明》。（2）关于水资源管理问题的联合研究。依托"孟中印缅区域合作论坛"搭建的智库和专家对话平台，组织四国相关专家就跨境河流水资源的开发技术、利用方式、环境影响评估、流域社区发展、潜在环境问题等课题开展联合调查与研究，充分了解各国境内河段的水情与流域社区情况，运用国际先进理论和技术为水资源管理和流域社区及环境治理提供研究、人才等方面的智力支持。2012 年第十届孟中印缅区域合作论坛发表的联合声明，已提出了合理利用区域内共有水资源的问题，并建议在学术层面成立联合工作组。（3）探索水利水电工程的合作开发和利益共享机制。孟中印缅区域跨境河流流量充沛，水力资源蕴藏丰富，可根据实际情况修建水利和灌溉工程，开发水电等清洁能源，以促进流域的经济社会发展。可利用我国在相关工程建设方面的技术和资金优势，为怒江下游（萨尔温江）、独龙江下游（伊洛瓦底江）的缅甸、雅鲁藏布江下游（巴马普特河）的印度、孟加拉国提供水利水电工程建设的资金、技术支持或工程合作，并在对话协商的基础上形成合理的利益分配及共享机制。

3. 环境保护与应对气候变化合作

孟中印缅四国山水相连，毗邻地区共享多样而脆弱的生态系统和丰富而待开发的自然资源，在生态环境的保护和治理中拥有共同的利益，面临同样的风险。四国同属发展中国家，处于经济发展和工业化的关键时期，毗邻地区中大部分为四国相对欠发达区域，如中国的云南省、印度的东北部等，使得该区域的资源与环境问题显得尤为突出，经济发展与环境保护之间的矛盾亟待解决。另外，气候变化是近年来广受关注的国际热点问题，也是孟中印缅毗邻地区环境保护与治理过程中必须面对的巨大挑战。可以说，孟中印缅四国在环境保护和共同应对气候变化领域有共同的关切与利益，合作愿望强烈，合作条件日益成熟，该领域合作也是我国推进区域合作、保证环境安全和可持续发展的关键环节。

目前较可行的合作主题包括：（1）喜马拉雅山冰川融水联合监测及应对行动。被称为"世界屋脊"和"亚洲水塔"的喜马拉雅山受全球变暖影响，冰川加速融化并对发源于山麓的河流流量变化产生显著影响。由于喜马拉雅山麓绵延于孟中印缅四国毗邻地区的交界处，四国可针对山麓冰川融水及对河流影响进行联合检测和影响评估，及时对冰川融化可能引发的汛情开展联合预警与防控行动，保证中下游地区安全度汛。同时，四国可在联合监测与研究的基础上定期向世界发布喜马拉雅山冰川融化情况报告，以供各国科研机构进行气候变化研究之用。（2）保护交界地区生态系统及物种多样性联合行动。孟中印缅四国毗邻地区多为高原山地和原始森林，保护脆弱的生态系统和物种多样性需要四国在边界地区开展联合行动，共建生态屏障，构建跨境生态系统保护协调机构、信息共享平台及生态补偿机制等。（3）合作研究低碳发展模式。孟中印缅四国同处工业化过程的关键时期，面临工业化和环境保护的双重任务，特别是相对落后的毗邻区域，面临很多发展过程中相同或相似的社会及环境问题，四国可以此为契机，开展低碳经济及节能环保方面的合作研究，以及发达国家绿色壁垒的应对之道，共同探索发展中国家和地区的可持续发展模式。

4. 太阳能风能等新能源的开发利用合作

孟中印缅毗邻地区日照丰富，具有普及太阳能等新能源利用技术的有利条件。例如，我国云南省太阳能年均总辐射量大于 5500 焦兆，已建成的石林太阳能光伏电站装机容量达 166 兆瓦，居亚洲第一。电力资源紧缺的孟加拉国，在使用太阳能方面有得天独厚的条件，其每年平均日照时间达 340日。近年来，世行、亚行、伊斯兰发展银行和联合国开发计划署等国际机构都对孟加拉国提供优惠贷款，用于推广太阳能系统的安装和使用。此外，风能、生物能源等在孟加拉国也有所发展。然而，目前孟加拉国仍有近半家庭未连入电网。我国可利用在太阳能、风能等方面的技术优势及推广经验，与孟加拉国开展新能源利用和推广方面的工程和技术合作，一方面为促进孟中印缅毗邻区域经济发展与环境友好做出贡献，另一方面也为我国新能源相关企业"走出去"拓展空间。

孟中印缅产业合作的现状分析

伍娅湄[①]

在 20 世纪 90 年代末期，云南学术界提出了推进孟中印缅地区经济合作构想，这一构想得到了孟印缅三国的积极响应。1999 年在昆明举行了第一次孟中印缅地区经济合作国际学术会议。到目前为止，该论坛已在四国轮流召开了 11 次会议。2013 年 5 月李克强总理访问印度和 2013 年 10 月印度总理曼莫汉·辛格访华时，中印双方都强调了推进孟中印缅经济走廊建设的重要性[②]。至此孟中印缅经济走廊的合作上升到了国家层面。

由于国家之间或国家与某一经济区域、经济组织最初的联系大多是从贸易开始，然后慢慢转向彼此间的产业合作。推进孟中印缅经济走廊建设也必须重视四国产业间的合作。本文在重点阐述中国和孟印缅三国产业合作现状的基础上，分析其存在的问题，并提出进一步推进合作的对策建议。

一 中国和孟印缅三国的贸易现状

就孟中印缅四国的贸易而言，多年来一直保持较快速度增长。但近年在世界金融危机影响下增长幅度减缓甚至下降。从出口看，2012 年之前中国对孟加拉国、印度、缅甸的出口总额均保持逐年上涨，但 2012 年出现下降。2012 年中国对孟加拉国、印度、缅甸的出口总额为 613.21 亿美元，比上一年度下降了 2.92%。2013 年中国对孟加拉国、印度、缅甸的出口总额为654.76 亿美元，比 2012 年上升了 6.78%。从进口看，2012 年之前中国对孟加拉国、印度、缅甸的进口总额均保持上升态势，但 2012 年也出现下降。2012 年中国对孟加拉国、印度、缅甸的进口总额约为 205.75 亿美元，比上一年度下降了约 19.32%。2013 年中国对孟加拉国、印度、缅甸的进口总额

[①] 云南财经大学世界经济专业硕士研究生。

[②] 《"孟中印缅经济走廊"进入实质性发展阶段》，http://finance.chinanews.com/cj/2013/10 - 25/5426786.shtml。

仍持续下降，进口总额约为 204.3 亿美元，比 2012 年下降了 0.7%①。

从贸易结构看，中国对孟印缅的进出口产品主要集中在食品、原材料、制成品、纺织品、机电设备及零部件、运输设备六个方面。其中，中国对孟印缅的制成品的出口占据了总出口额的较大比重，分别为 95.6%、96.11%、93.3%。其次出口较多的为运输设备和机电设备及零部件。而中国对孟印缅的进口主要集中在原材料和纺织品上。原材料的进口额占总进口额的比重分别为 22.68%、61.91%、62.1%；纺织品的进口额占总进口额的比重分别为 60.8%、23.63%、1.69%②。

近几年，孟中印缅的贸易合作已呈现出良好的势头，但是作为孟中印缅经济走廊的四个组成国家，四国之间的合作不应当仅仅局限于简单的贸易合作，而更多的应该加强四国之间的产业合作。对一个国家而言，产业是经济的中心，因此四国的合作和经济走廊的建设也应当更加注重产业间的合作。

二　中国和孟印缅三国的产业合作现状

近年来，孟中印缅四国一直强调产业合作，在历次《联合声明》中也明确要加强产业合作，这使得四国之间的农业、工业以及第三产业的合作不断增加。

（一）中国和孟加拉国的产业合作现状

1. 中国和孟加拉国农业合作现状

孟加拉国政府非常重视与中国的农业合作，在两国互访和交流中都始终强调要不断加强两国在农业领域的合作与交流，两国政府曾先后签署了一系列的农业合作谅解备忘录、农业合作文本以及农业领域的合作协定，来加强和扩大两国之间的农业合作。

目前，中国和孟加拉国的农业合作主要集中在杂交水稻种植技术、农业机械技术、农业技术人员培训等领域的合作。孟加拉国的农业种植主要集中于水稻种植，其水稻的种植面积占全国可耕地面积的 75%。因此，水稻种植业的发展对于孟加拉国具有重要的意义。中国和孟加拉国的杂交水稻项目的合作开始于 2001 年，在中国水稻专家的帮助下，孟加拉国培育出了适合孟加拉国土壤生长的水稻种子，这对于孟加拉国提高粮食产量，实现粮食的

---

① 数据来源：UNCTADstat（经计算）。

② 同上。

自给自足具有重大的意义①。此外，中国国家杂交水稻工程技术研究中心与孟加拉国乡村发展委员会（Brac）建立了长期的关于杂交水稻育种与种植项目的合作，这一合作项目推进了孟中两国在杂交水稻种植技术上的交流与合作②。在农业机械方面，孟加拉国每年都要从中国进口大量的农业机械。此外，中方企业也积极同孟方企业商谈合资建立农业机械的装配厂③。在农业技术人员培训方面，中国商务部、农业部及农业部所属的全国农业技术推广服务中心等机构以及国内一些省份都会举办农业、生物技术研修班、农业技术交流会议等，向孟加拉国的农业官员和专家学者介绍中国农业改革与发展、农业技术推广以及农业生物技术的开发与应用等，以不断加强中孟农业领域的交流与合作，帮助孟加拉国发展农业生产④。在水利合作方面，中国水利部和孟加拉国水利部在水资源管理、水利政策法规、水文报汛、防洪减灾、水利水电工程技术和人员培训等领域有着广泛的信息交流与合作⑤。另外，还参与古莱河整治工程。在化肥合作方面，鉴于孟加拉国长期存在化肥紧缺的状况，中国政府和企业在孟加拉国援助并承建了化肥厂工程项目，以促进孟加拉国化肥在农业种植上的使用，从而帮助孟加拉国提高农业产量。例如中国援建了孟加拉国吉大港磷酸二铵（DAP－1）项目和孟加拉国沙迦拉化肥厂项目⑥。

2. 中国和孟加拉国工业合作现状

中国和孟加拉国的工业合作主要集中于电力工业、矿山建设以及石油天然气等几个领域。中国和孟加拉国合作的电力工业项目主要包括诺瓦布甘杰100MW 重油电站、孟加拉国比比亚纳电站、吉大港安瓦拉 1320 兆瓦发电站、石卡巴哈燃气电站、希拉甘杰燃气电站、1×344.908MW 燃气联合循环机组项目。其中，石卡巴哈燃气电站和希拉甘杰燃气电站的一期工程已经宣

① 李小龙：《孟加拉国希望与中国在杂交水稻项目上的进一步合作》，http://gb. cri. cn/19224/2008/07/22/3285s2157463. htm。

② 《驻孟加拉国大使柴玺考察中孟杂交水稻合作项目》，http://www. gov. cn/gzdt/2006－05/03/content_ 273175. htm。

③ 《中国农业机械在孟加拉大受欢迎》，http://www. chinabidding. com/zxzx-detail-2543391. html。

④ 《中国为孟加拉国农业官员举办农业和生物技术研修班》，http://news. xinhuanet. com/politics/2007－05/09/content_ 6077098. htm。

⑤ 《中国与孟加拉水利部领导在北京会面》，http://info. water. hc360. com/2011/06/161138284136. shtml。

⑥ 《中国驻孟加拉大使柴玺出席孟磷酸二铵项目竣工庆典》，http://www. fmprc. gov. cn/mfa_chn/wjdt_ 611265/zwbd_ 611281/t430591. shtml。

告完成，诺瓦布甘杰100MW重油电站和孟加拉国比比亚纳电站是2013年新建立的合作项目，其他的项目还在建设当中，预计2014年完工。在矿山建设和石油天然气领域，中国企业承建了孟加拉国的巴拉库普利亚煤矿和矿渣、水泥立式磨机粉磨站项目，中石化和孟加拉国石油勘探生产公司BAPEX组建合资企业开发孟加拉国东南部吉大气田。此外，中国石油天然气集团公司与孟加拉国油气矿产公司及孟加拉国石油公司就石油天然气的合作签署了《石油天然气领域合作谅解备忘录》①。

中国在与孟加拉国开展工业合作时，中国企业大多都采用现汇项目和带资项目两种主要方式参与承建了上述领域的项目。近几年，中孟之间的工业合作迅速发展，孟加拉国已经成为中国重要的工程承包市场。据商务部统计，2012年中国企业与孟加拉国签订的新合同总计为54份，这些合同的总金额达到26.1亿美元，同比增长344.9%。合同项目的营业额总计为14.6亿美元，同比下降29.5%。在新签订的合同项目中，加工、制造业、矿山建设和电力工业的合同金额分别占合同总金额的44%、26%和14%②。

3. 中国和孟加拉国第三产业合作现状

中国和孟加拉国第三产业的合作主要包括旅游业、交通运输业和信息通讯三个方面。

在旅游业合作方面，目前，中国和孟加拉国之间已经开通了北京—达卡、昆明—达卡、昆明—达卡—迪拜空中航线。这些空中航线的开通便利了两国之间旅游，而往返于昆明—达卡间的航班每天都是满载。在建设"孟中印缅经济走廊"的大背景下，四国提出了共建"孟中印缅大旅游圈"，云南省作为"孟中印缅大旅游圈"的主要参加者，一直积极推进与孟加拉国的旅游交流与合作。云南省旅游发展委员会与孟加拉国国家旅游局签署了《旅游合作谅解备忘录》，双方同意给予双方的旅游经营者更多的支持，同意加强双方在旅游开发、旅游投资、人员交流培训、旅游宣传材料交流等方面的合作。在旅游宣传方面，云南省旅游发展委员会于2013年6月25日前往孟加拉国首都达卡开展旅游推介活动，而孟加拉国也积极参加中国国际旅游交易会、中国—南亚博览会等进行旅游推介③。

---

① 《中孟签署石油天然气领域合作谅解备忘录》，http：//www. slofnews. com/07/02/2010 – 03 – 23/37283. html。

② 《孟加拉国承包工程市场调查》，http：//www. mofcom. gov. cn/article/difang/anhui/201306/20130600168225. shtml。

③ 《中国拟与周边国家共造"孟中印缅大旅游圈"》，http：//www. chinanews. com/gn/2013/06 – 06/4903211. shtml。

在交通运输方面，中国和孟加拉国之间也有紧密的交流与合作。近年来，中国和孟加拉国之间除航空合作外，海运合作不断拓展，陆路交通正在大力推进。现在中孟海运的合作已经扩大到港口工程建设领域，最显著的成就就是中孟双方合作顺利完成了吉大港新锚地集装箱码头项目建设。另外，中国和缅甸还致力于昆明—吉大港的陆路建设、孟加拉国的索纳迪娅深水港项目建设以及中国愿意提供资金援助孟加拉国在吉大港修建一个新的大型深水港等项目[①]。在基础项目设施方面，中国保利集团投资参与了孟加拉国的帕德玛大桥的建设，而帕德玛大桥是孟加拉国最大的基础设施项目，它是连接首都达卡和南部21个城市的重要交通枢纽[②]。另外，中国还援助孟加拉国建成了7座中孟友谊桥。在与孟加拉国开展基础设施项目合作时，中国的一些交通运输设备和产品也出口到了孟加拉国，例如由中国北车唐山客车公司负责整车制造、大连电牵研发中心负责牵引与控制系统的完全自主研制的牵引与控制系统—孟加拉国内燃动车组项目，出口到孟加拉国后顺利在吉大—达卡—库米拉之间完成试车。该项目共配套20列（60辆）车，其中包含网络系统20套、牵引逆变器40台、辅助逆变器40台。其出口可有效地减轻孟加拉国城市交通拥堵状况[③]。另外，孟加拉国也开始从中国购买沥青搅拌设备，用于道路建设和养护[④]。

在信息通讯方面，中国为孟加拉国提供贷款用于建设孟加拉国政府的内网项目、政府办公无线化项目以及开通3G网络和2.5G网络扩容项目。政府的内网项目使得孟加拉国所有县级和乡级政府部门实现内部网络连接，而政府办公无线化项目有助于实现孟政府办公电脑、打印机和所有电子设备的无线化[⑤]。此外，中国还承建了孟加拉国的"固网智慧化项目"，该项目主要进行孟加拉城市的宽频网建设和覆盖全国的骨干传输网建设[⑥]。

---

① 《中国与孟加拉国就深化交通运输领域合作交换意见》，http：//politics. people. com. cn/n/ 2013/0628/c70731－22005627. html。

② 《中国援建孟加拉国首座高速立交桥完工》，http：//gb. cri. cn/42071/2013/08/05/ 6931s4207398. htm。

③ 《中国出口孟加拉国内燃动车组完成首航》，http：//www. ln. xinhuanet. com/newscenter/ wykln/2013－03/25/c_ 115133939. htm。

④ 《沥青搅拌设备将出口孟加拉》，http：//news. lmjx. net/2013/201308/2013080108555414. shtml。

⑤ 《中国与孟加拉政府就孟3G开通和2.5G网络扩容项目成功签署优贷协议》，http：// www. mofcom. gov. cn/aarticle/i/jyjl/j/201106/20110607592386. html。

⑥ 《中国机械工程获孟加拉固网智能化合同》，http：//finance.qq. com/a/20131107/ 014984. htm。

在城市基础设施合作方面，中国进出口银行与孟加拉国财政部签署帕德玛水厂混合贷款协议，帮助孟加拉国建设水厂①。

（二）中国和印度的产业合作现状

1. 中国和印度的农业合作现状

中国和印度就农业合作签署了《中印农业合作谅解备忘录》和农业领域的合作协议，加强双方在农业和农村发展、食品安全方面的经验交流以及不断促进双方农产品贸易。

2. 中国和印度工业合作现状

印度存在着电力严重短缺的问题，在印度大约有4亿人用不上电。中国和印度在电力工业上的合作有助于改善印度电力短缺的问题②。近年来，中印两国在电力合作上取得了显著成效。目前，就印度整个电力设备市场而言，中国的电力设备占据了印度50%的市场份额。其中，中国在印度最大的火电设备供应商为上海电气电站集团，该集团在2012年宣布成立上海电气印度有限公司③。中国企业承建了印度许多电力项目，例如印度莎圣6×66万千瓦超大电站1号、2号机组发电机项目、印度阿达尼集团位于蒙德拉的60亿美元电力项目以及中国西电为印度的国家电网公司和Reli-ance公司生产电抗器。除了上述的电力项目合作外，风电合作也加快步伐，以缓解印度电力短缺问题。印度不仅开始向我国购买1.5MW直驱永磁风力发电机，而且与中国公司合作开发电力或销售电力设备。如中国北车旗下的公司与印度成立合资公司销售风力发电机④。在海外能源合作方面，2005年底，中国石油天然气集团公司与印度国家石油天然气公司（ONGC）以1:1的比例共同出资5.76亿美元购买了加拿大石油公司在叙利亚的油气资产⑤。2006年8月印度国家石油公司又与中石化联手以相同形式成功购得哥伦比亚一家石油公司50%的股份，两方各自持股25%⑥。2007年中国燃气控股有限公司与印度国有天然气公司合资成立了"中印能源公司"，双方各持有公司

---

①　《帕德玛水厂项目正式签署混合贷款协议》，http：//www. mofcom. gov. cn/article/i/jyjl/j/201305/20130500117181. shtml。

②　迪巴西什·罗伊·楚德赫利：《亿人用不上电迫使印度允许中国企业供应电力》，http：//mil. huanqiu. com/world/2013 – 11/4530211. html。

③　《中国电力设备"占领"印度半壁江山》，http：//www. cifnews. com/Article/3742。

④　《中国风力发电机首次出口印度市场》，http：//www. mei. net. cn/dgdq/201302/477659. html。

⑤　《"中印能源公司"注册　中国燃气敲开印度市场大门》，http：//news. xinhuanet. com/fortune/2007 – 02/13/content 5733628. htm。

⑥　《中石化与印石油公司联手竞购哥伦比亚油气资源》，http：//finance. people. com. cn/GB/1038/59942/59955/4853573. html。

50%的股份①。2013 年 5 月李克强总理访问印度期间，印度埃萨石油公司（Essar Oil）与中国国家开发银行、中石油签署了"贷款换石油"的协议。根据协议规定，中方向印度埃萨石油公司提供 10 亿美元的贷款资金，而作为交换，埃萨石油将向中石油出口成品油②。此外，2006 年中印双方签署了《中印石油、天然气领域合作谅解备忘录》，鼓励两国企业在石油、天然气领域的合作，以及加强两国对油气资源开采和开发的合作③。在新能源合作方面，中国公司在 2013 年初与印度企业合作实施"太阳能 + 储能"项目④。

3. 中国和印度第三产业合作现状

中国和印度第三产业合作主要集中在旅游业、交通运输业和信息通讯三个方面。

在旅游业合作方面，目前，中国和印度之间已经开通了昆明—加尔各答等空中航线，这便利了两国之间旅游。据统计，2012 年有 60 多万印度人来中国旅游，而中国也逐渐成为印度人新的旅游目的国⑤。为促进两国之间旅游业的发展，中国许多旅游代表团前往印度新德里等地开展了一系列的中国旅游推介。例如 2010 年云南省旅游促进团和演出团参加了在印度加尔各答市举行的印度西孟加拉邦旅游美食节⑥。又如 2013 年云南在印度新德里举行了"云南旅游推介会"⑦。印度方面不仅积极举办印度旅游推介会，并且参加了中国国际旅游交易会等进行旅游推介。此外，在签证方面，中印两国政府都简化了游客办理签证的手续，为对方旅客提供便利⑧。同时，作为与

①　《中国公司首次投资印度石油天然气行业》，http：//news. sina. com. cn/c/2007 – 02 – 13/082812304146. shtml。

②　《印度埃萨石油与中国签贷款协议》，http：//finance. sina. com. cn/money/future/future-snyzx/20130531/082215651339. shtml。

③　《中国与印度签署"加强石油与天然气合作"备忘录》，http：//news. sina. com. cn/c/2006 – 01 – 14/10097981093s. shtml。

④　《中印合作全面升级　多家上市公司拓展印度市场》，http：//finance. ifeng. com/stock/hm-jzy/20130522/8060643. shtml。

⑤　《中国拟与周边国家共造"孟中印缅大旅游圈"》，http：//www. chinanews. com/gn/2013/06 – 06/4903211. shtml。

⑥　《中国云南省旅游业力拓印度市场》，http：//news. xinhuanet. com/world/2010 – 01 – 10/10/content_ 12786929. htm。

⑦　《2013 印度新德里"云南旅游推介会"取得圆满成功》，http：//www. ynta. gov. cn/Item/14321. aspx。

⑧　《旅游业为印度重要产业，中印旅游合作空间巨大》，http：//www. cnstock. com/index/gdxw/201305/2586578. htm。

印度邻近的云南省，近年来和印度等国家积极推进"孟中印缅大旅游圈"建设。据统计，2012 年有超过 5 万人次的印度人到云南省旅游。云南省旅游发展委员会（前称为云南省旅游局）与印度加尔各答签署了《旅游合作谅解备忘录》以及《云南省旅游局与印度旅行商协会合作协议》，以进一步促进双方在旅游开发、旅游投资、人员交流培训、旅游宣传材料交流等方面的合作①。

在交通运输方面，中国企业参与了印度地铁建设项目，例如孟买一号线地铁项目、新德里古尔冈线项目、轨道交通项目以及近期获得的 21 节地铁车辆订单项目等。

在信息通讯方面，中印两国在 IT 产业上具有较强的互补性，中国在硬件的生产方面具有优势，而印度则在软件的开发上具有优势。目前，印度前四家最大的信息技术企业都到中国进行了投资，而过去 10 多年华为和中兴等中国电信企业在印度电信市场也取得了稳步发展。2010—2011 财年印度从中国进口了价值 67.84 亿美元的电信设备产品，较上一年增长 28.6%。此外，中国电信设备产品占印度市场份额已超过一半②。

（三）中国和缅甸的产业合作现状

1. 中国和缅甸农业合作现状

中国和缅甸在地理位置上相邻，优越的地理位置有助于两国间开展合作。多年来，中缅双方都强调要加强农业合作。

中国和缅甸的农业合作以边境农业合作居多，中国的很多企业利用缅甸优越的气候条件在缅甸进行农业种植。中缅跨境农业合作最早种植的作物为西瓜，到现在跨境农业合作种植的作物已经扩展到了柠檬、水稻、蔬菜、橡胶、甘蔗等，中缅还合作建立了橡胶、蔬菜等作物种植的试验示范基地。为加强双方在种植技术上的交流与合作，中缅合作建立了中缅蔬菜技术培训中心、中缅边境农业科技示范园区、农产品的技术开发和产业化项目以及缅甸大米增产加工出口项目等。到目前为止，中缅农业合作主要以民间合作为主。其中，云南省是中缅农业合作的主要参加者，不仅云南省的省级相关部门和企业参与了缅甸的农业合作，而且瑞丽、临沧等地方也与缅甸合作建立了农产品生产基地和农业园区。在未来，云南计划与缅甸深入合作建立农业

---

① 《中国拟与周边国家共造"孟中印缅大旅游圈"》，http：//www. chinanews. com/gn/2013/06 - 06/4903211. shtml。

② 廖政军：《印度否认限制中国电信企业》，http：//finance. ifeng. com/news/hqcj/20120831/6970094. shtml。

合作示范区、农业新品种试验站、农业科技示范园等①。此外，缅甸农业部门和企业也积极与云南省开展农业合作交流，以寻求农业更大发展。在中缅农业合作推进的同时，中国还积极援助缅甸农业发展。中国向缅甸提供了小额农业贷款，承建了缅甸的化肥厂，向缅甸赠送农业机械，派出中国技术人员在缅甸举办农业机械使用的培训，和缅甸企业合资建立了手扶拖拉机厂等②。

除了民间农业合作外，中国和缅甸政府还把替代种植项目纳入两国的农业合作计划。为此，中国和缅甸就替代种植项目签署了一系列的谅解备忘录、合作协议和行动方案。据统计，2011 年中国共有 100 家企业参与了中缅替代种植项目，投资金额达到 10 亿多元，替代种植面积已达到 200 多万亩，替代种植的作物已经由最初的水果、粮食拓展到了烤烟、橡胶、甘蔗等经济作物③。在替代种植项目上，中国国家开发银行每年都提供五亿人民币的贷款，用于支持中国企业在缅甸、老挝的替代种植项目④。中缅双方积极推动替代种植项目不仅从源头上治理毒品问题，而且能给双方带来更多的经济效益。

2. 中国和缅甸工业合作现状

中国和缅甸的工业合作主要集中在石油天然气、金属矿产、水电等方面。21 世纪以来，中国和缅甸在石油天然气和其他能源领域开展了广泛的合作。在石油天然气的合作方面，中国石油承建了缅甸的化工项目，中缅合作勘探缅甸亲敦盆地油气勘探开发风险投资项目，中国石油天然气勘探开发公司获得缅甸 3 个深水区的石油天然气勘探开采权，中国石油控股的东南亚原油管道公司获得对中缅原油管道的特许经营权并负责管道的建设及运营等。此外，中国和缅甸合作建立的石油天然气管道干线于 2013 年全线建成投产⑤。在金属矿产的合作方面，中缅建立了多个金属矿产开发的合作项目，例如缅甸金厂坝地区富银铅锌多金属矿风险地质勘察项目、缅甸达贡山

---

① 《中缅跨境农业合作　还需技术"走出去"》，http：//finance. aweb. com. cn/20130911/538301856. shtml。

② 孙广勇：《中国助力缅甸农业机械化》，http：//world. people. com. cn/n/2013/0625/c57507 - 21970282. html。

③ 《中国公安部副部长赴缅甸掸邦谈合作禁毒》，http：//news. xinhuanet. com/legal/2011 - 11/02/c_ 122226264. htm。

④ 《中国国家开发银行每年五亿支持罂粟替代种植》，http：//www. yn. xinhuanet. com/newscenter/2006 - 08/26/content_ 7881187. htm。

⑤ 《中国和缅甸石油天然气管道干线建成投产》，http：//china. cnr. cn/wjfwz/wqjm/201310/t20131021_ 513889842. shtml。

镍矿项目和莫苇塘镍矿合作勘探项目以及缅甸莱帕当铜矿采选冶基地合作项目等。另外，中国企业和缅甸企业共同出资注册成立公司在缅甸北部地区和其他地区进行矿石、工业原料矿物、金属矿物等资源的勘探和开采①。在水电合作方面，中国参与了缅甸的多个水电项目，主要包括瑞丽江一级和二级水电站工程项目、缅甸联邦萨尔温江流域水电项目、萨泰水电站机电及金结供货安装项目、耶涯水电站工程项目等，这对于缅甸缓解电力供应短缺问题有重要作用。

3. 中国和缅甸第三产业合作现状

中国和缅甸第三产业合作广泛，这里主要从旅游业、交通运输业和信息通讯三个方面来阐述。

在旅游业合作方面，昆明—仰光、广州—仰光、昆明—曼德勒和芒市—曼德勒等空中航线便利了两国之间的旅游。据统计，2012年来中国旅游的缅甸人达到了60万人次，其中大多数缅甸游客选择了云南作为其旅游的目的地②。同时，也有大批的中国游客前往缅甸旅游。现在，中缅已达成协议开展边境旅游，根据新的规定，中国的旅游者可以在入境口岸办理落地签证，这将促进双方旅游业更快发展③。

在交通运输业合作方面，中国和缅甸开展了许多合作，以此促进双方其他产业的合作。中国和缅甸的合作项目主要包括昆明—仰光公路合作建设、缅甸木姐县东坎—漫脉高等级公路建设、缅甸木姐—皎漂铁路运输系统项目、昆明—仰光高速铁路建设、铁路机车厂和铁路客车厂建设等。中国长沙汽车配件公司还与缅甸的马圭省工业区合作建立了汽车高档配件厂，该厂主要生产汽车座椅、保险杆、后视镜等配件。此外，中国在与缅甸交通运输业合作中还给予一定的资金支持。2013年中国进出口银行还与缅甸中央银行签署了《缅甸铁路机车厂项目优惠出口买方信贷贷款协议》和《缅甸铁路客车厂项目优惠出口买方信贷贷款协议》，以支持缅甸交通运输的建设④。

在信息通讯合作方面，中缅两国签署了《关于信息通讯领域合作的谅

① 《中色股份合资成立两子公司　拟缅甸开采资源》，http：//finance. qq. com/a/20110510/003872. htm。

② 《中国拟与周边国家共造"孟中印缅大旅游圈"》，http：//www. chinanews. com/gn/2013/06－06/4903211. shtml。

③ 《中国公民去缅甸旅游可办落地签证》，http：//news. 163. com/10/0714/11/6BI3R7K400014AED. html。

④ 《中国进出口银行与缅方签署小额农贷等协议》，http：//china. huanqiu. com/News/mofcom/2013－10/4478919. html。

解备忘录》。2007 年缅甸在曼德勒的彬五伦建立了第一个 IT 城，其中投资最多的是中国公司。近年来，中国华为技术有限公司和中兴通讯公司和缅甸开展了较多的合作，缅甸政府也赞赏和感谢他们对缅甸通讯事业做出的贡献。在中方支持下，还建成了跨中国和缅甸边境的通讯光缆。2013 年 7 月中国联通公司和缅甸电信公司还签署了用于连接中国、缅甸及国际海底通讯网络的新光纤电缆部署的新协议①。另外，缅甸中国企业商会组织还在缅甸举办了通讯知识的讲座②。

三 中国和孟印缅三国产业合作存在的主要问题

从上述孟中印缅四国产业合作的现状可以看出，深度的产业合作项目还不多。在第二产业和第三产业合作中，主要以中国承建项目的方式开展。这些合作项目的主要特点是：第一，项目依托孟印缅三国的国内资源，例如石油、天然气、水能资源等。第二，合作的项目大多数都是孟印缅三国国内需要建设和发展的产业，例如孟印缅三国均存在电力短缺的问题和交通基础设施落后的问题，因此中国承建了三个国家的许多电站项目和交通运输项目。第三，在项目合作中，中国提供了技术、资金等支持。从这些产业合作项目可以发现，中国和孟印缅的产业合作不仅缺乏互动，而且效益也有待提高。

中国和孟印缅三国产业合作缺乏互动的根本原因在于经济发展速度和经济发展水平的差异。孟中印缅四国的经济发展速度和经济发展水平相差较大，孟加拉国和缅甸是贫穷国家，印度的经济发展也是相对落后，而中国的经济发展速度较快，经济发展水平明显高于孟印缅三国，这虽然有利于合作，但也成为孟中印缅四国之间合作的障碍。从商品贸易方面来看，孟印缅经济发展相对滞后，使得这三个国家的市场有限，也不利于扩大我国商品的出口。从基础设施建设来看，经济发展的相对滞后也会造成对必需的社会基础设施的投入不足，既不利于经济贸易合作的顺利进行，也不利于吸引外资。

就目前而言，无论是推进贸易往来还是促进产业合作，首先必须要解决的问题就是交通运输问题。由于中国的经济实力相对较强，对中国境内通往孟印缅三国的交通基础设施的投入较多，而孟印缅三国对交通基础设施的投

---

① 《中国联通将与缅甸 MPT 共建光纤链路》，http：//www.big-bit.com/news/82698.html。

② 《缅甸中国企业商会成功举办通讯知识讲座》，http：//www.mofcom.gov.cn/aarticle/i/jyjl/j201007/201007007030754.html。

入相对较少，特别是在边境地区，这使得四国交通基础设施建设不同步，也阻碍了四国间的互联互通，进而影响了四国之间的人流物流的形成。

此外，影响产业合作的另外一个因素就是人力资源。孟中印缅四国人口众多，劳动力资源丰富，但是劳动者的素质偏低，导致人才比较缺乏。

除了经济因素对产业合作的影响外，其他非经济因素，例如政治、安全因素等也会影响孟中印缅四国的产业合作。例如孟中印缅四国的政治经济体制之间的差异，就在一定程度上降低了四国之间磋商沟通的有效性。如今，孟中印缅四国的合作已经上升到了国家的层面，如何建立一个高效的经济走廊的合作机制将成为影响走廊建设的一个重要方面。又如安全问题，目前的孟加拉国、缅甸和印度东北部的局势不是十分稳定，这也不利于四国的经济合作。再如边界问题，中国和印度之间由于受边界领土争端、中国"威胁"论等因素的影响，始终存在着政治互信的问题。此外，非传统安全问题，如民族问题、毒品问题、恐怖主义等也成为阻碍四国合作的重要因素。

四　促进孟中印缅产业合作的途径

1. 加快基础设施建设。整合孟中印缅四国的金融资源，在政府投资的基础上合理引入民间资本，改善经济走廊区域内的水、电、交通、通讯等基础设施建设，为日后的合作奠定坚实的基础。

2. 加强人力资源合作与开发。要注重人力资源的开发，建设文化教育基地，注重培养国际物流、现代农业、国际旅游、国际会展、国际贸易等方面的人才，为实现产业间的深化合作提供人才支持和智力保障[①]。

3. 建立合作机制。要尽快建立一个适合孟中印缅经济走廊建设的合作机制，搭建一个高效的信息交流平台，以便快速、高效地应对和解决合作中出现的各种问题和情况。

4. 提高互信水平。四国应始终坚持以经济发展为主，加强磋商和沟通，努力提高相互之间的政治互信，妥善处理领土争端及边界等问题，共同应对毒品、暴力活动、恐怖主义等问题。

5. 加强产业合作。要进一步深化中国和孟印缅三国之间的现代农业开发合作、能源和矿产品产业合作、边境社会事务合作等合作。

6. 加大人文交流。要更加注重旅游文化的合作，因为旅游、文化、教

---

① 全洪涛、杨寿禄、龙汝林、李全明：《沿边开放的战略选择：中缅跨境经济合作区研究》，经济管理出版社 2012 年版。

育的交流不仅能够在很大程度上避免政治因素的顾虑，而且能够拉近四国间的距离，为产业合作奠定基础。

总之，孟加拉国、中国西南、印度东北部和缅甸是孟中印缅经济走廊建设的核心区域，这一区域不仅有丰富的人力资源、水力资源、生物资源、矿产资源、天然气资源、海洋资源等，而且经济互补。中国的制造业要强于其他三个国家，经济社会发展需要大量资源；印度的服务业比较发达，但制造业发展滞后；孟加拉国和缅甸的资源较为丰富，但经济技术落后。同时，孟中印缅四国在地理位置上具有地缘优势。因此，加强孟中印缅经济走廊产业合作能够整合这一区域丰富的资源，发挥各国的比较优势，促进四国经济共同发展。

孟中印缅经济走廊建设中的能源合作

蒋茂霞①

2013 年 5 月李克强总理前往印度等国进行国事访问之时，倡议中印共建"孟中印缅经济走廊"，此举凸显了孟中印缅的区位优势，使孟中印缅地区合作在中国对外开放格局中的战略地位首次提升至国家层面。而能源作为人民生活以及社会经济发展的重要保障和物质基础，已成为所有国家和地区的重要战略资源，成为各国外交政策的重大关注点，因此孟中印缅经济走廊建设中的能源合作成为诸合作领域中的重要组成部分。

一　孟中印缅四国开展能源合作现状

随着全球化和区域经济一体化的发展，各国已不能甩开他国而独立发展，在此情势下，寻求能源安全和制定恰当的能源发展战略已成为各国社会经济可持续发展的必要前提，特别是孟中印三国的国内能源资源已难以满足国家的发展需求，而孟中印缅四国又具备深厚的合作基础，因此在四国间开展能源合作已势在必行。

中缅能源合作主要集中于油气管道、铜矿以及水电站的建设。其中油气管道项目是中缅两国相对成功的能源合作案例。中缅油气管道是继中俄原油管道、中亚天然气管道和中哈原油管道之后的又一重要能源通道，其原油管道起点位于缅甸西海岸马德岛，经缅甸若开邦、马圭省、曼德勒省和掸邦，从云南的瑞丽进入中国。早在 2008 年 11 月，中缅双方就签署协议建造 23 亿美元和 20 亿美元的原油管道和天然气管道，并在 2009 年 6 月签署了《中国石油天然气集团公司与缅甸联邦能源部关于开发、运营和管理中缅原油管道项目的谅解备忘录》，其中涉及原油管道、储运设施及其附属设施的建设。而起点位于缅甸若开邦城市皎漂的中缅天然气管道缅甸段已于 2013 年

---

①　云南省社会科学院南亚研究所副研究员。

7 月投入使用，并进入试运行阶段。中缅油气管道是双方合作共赢的重要体现，按照工程设计，中缅天然气管道在缅甸境内设有四座分输站，其中 20% 的天然气将被输往缅甸多个城市和地区，此举有利于促进沿途地方经济发展和提高百姓生活质量，另外油气管道的建设还有利于缓解当地的就业压力，据数据显示，在管道建设期内，参与管道建设的缅甸籍员工超过 70%，而管道局中缅项目四公司项目雇用的缅甸籍员工甚至曾一度达到 83%。① 中国的西南片区是油气资源匮乏的地区，然而其禀赋地缘和自然资源优势，具有极大的经济发展潜力，中缅油气管道建设对西南片区的社会经济发展将发挥积极的经济效用。

中印能源合作主要集中在海外联手竞购，能源股票采买、联合研究、合作机构构建、清洁能源项目等多方面，例如中国石油天然气集团公司与印度石油天然气公司首次联手竞购加拿大石油公司位于叙利亚值 10 亿美元的油气田资源。2005 年印度石油和天然气部负责国际合作的辅助秘书塔尔米兹·艾哈迈德率印度石油天然气公司高层人员等组成的高级代表团访华，意在确保各自能源安全的基础上探寻互相合作的机会，特别是就联手收购海外能源资产问题协调双方意见。2006 年印度石油部长艾亚尔（Mani Shankar Aiyar）访华，签署 5 项能源合作协议，涉及能源竞标、共同勘探和天然气生产及运输工作。值得一提的是，2012 年，中国石油天然气集团与印度石油天然气公司签署了谅解备忘录，双方将在世界范围内就上游和下游项目开展合作。该文件的签署具有地标性意义，标志两国在能源领域认知上的重大转变，今后两国将从竞争走向合作。其合作领域涉及上游勘探和上游产出领域，包括液化天然气在内；中游项目，包括油气管道的建设和运作；下游项目，涉及原油和天然气精炼及加工，石油产品的销售及分配。

中孟能源合作主要体现在制度建设、深海港口、隧道、能源冶炼、电力工程承包、销售、采购、技术等方面。其中中国石油天然气集团公司与孟加拉国油气矿产公司及孟加拉国石油公司于 2010 年签署《中孟石油天然气领域合作谅解备忘录》；中国商务部与孟加拉国电力、能源、矿物资源部于 2012 年签署了旨在加强电力领域的合作谅解备忘录；中国拟投资建设孟加拉国境内的四个大型基础设施项目，包括价值 50 亿美元的深海港口项目以及价值 7 亿美元的卡纳佛利河水下多车道隧道项目；孟加拉国峰会集团（Summit Group）与中国能源集团（China Energy Group）签约以促进孟加拉国能源部门的发展；峰会集团企业比比亚纳 II 电力公司（Summit Bibiyana II

① http://www.guancha.cn/Project/2012_05_21_75110.shtml.

Power Company）和中国能源集团以及东电一公司签署了位于孟加拉国霍比甘杰（Habiganj）县的价值 2.2 亿美元的、装机容量为 341 兆瓦的电力项目，涉及项目的设计、采购以及施工等内容①；峰会集团企业美格纳加特电力公司（Summit Meghnaghat Power Company）与中国国家电力工程有限公司签署了价值 2.5 亿美元的电力项目，涉及项目的设计、采购以及施工等内容。

　　根据能源形势来看，尽管印度自然资源丰富、可再生能源增长稳定，然而受国内原油储备能力有限等不利因素的影响，印度能源供求关系非常紧张，为此印度政府制定了全面的能源战略，包括在整个南亚地区逐步建立广泛的能源网，从西亚、中亚和缅甸三个方向铺设抵印的输气管道、充分挖掘东南亚的能源潜力等。而印缅能源合作成为印度与东南亚国家能源合作的重中之重，原因是缅甸具备优越的地缘优势，不仅与印度接壤，且是印度东北部稳定和发展的天然屏障以及印度进入东南亚国家的重要门户，更重要的是缅甸富藏石油和天然气资源，是东南亚国家中一个重要的原油、天然气和煤炭净出口国，而随着缅甸民主改革进程的加速，更多的机遇随之产生。印缅能源合作主要涉及海域油田开采、陆上油气资源勘探、水力发电联合项目、电力进口等方面。印度石油天然气公司、印度燃气公司、埃萨（Essar）石油勘探公司等四家公司与缅甸方在能源领域开展了良好的合作。2012 年 6 月，缅甸和印度、马来西亚、泰国三国签署协议，允许这三国在其陆上区块进行石油和天然气勘探。目前印缅孟三国能源合作的重要内容是铺设缅孟印能源管道，尽管该管道因为印孟之间的过境贸易纠纷而无实际进展，但是为加快印度能源网络的建设，印方正试图提升该管道的建设速度。所采取的措施包括充分利用缅甸正在进行的政治改革和经济改革机遇构建印缅能源通道，即建设印缅卡拉丹多式交通运输项目（Kaladan multi-modal transit-cum-transport project），该项目将通过水路连接印度东部加尔各答的海港与缅甸若开邦的实兑港，通过水路和陆路连接实兑与印度东北部的米佐拉姆邦；而印孟阿加尔塔拉—阿考拉（Agartala-Akhaura）铁路项目经由孟加拉国的甘伽萨伽尔（Gangasagar）把印度的加尔各答与东北部特里普拉邦连接起来。尽管目前印孟双方因孟加拉境内土地购置发生矛盾，但是印方推动力度较大，已把该项目列入印度 2012—2013 年铁路财政预算。印度铁道部部长曾表示，"我们努力改善与邻国的关系，并通过铁路项目来联通此类国家……我建议实施连接阿加尔塔拉和孟加拉国阿考拉之间的铁路项目。该项目不仅改善双

――――――――――

① http：//www.atimes.com/atimes/South_ Asia/NK09Df03.html.

边关系，而且可有效节约行程时间和缩短从加尔各答至特里普拉邦之间的行程距离"。① 除此而外，加强与南亚国家的能源合作是印度能源结构合理化的必要步骤。南亚能源资源丰富，而目前南亚国家却普遍存在能源基础薄弱以及能源短缺等问题，因此双边和多边能源合作潜力巨大。据估计，孟加拉国装机发电容量达到 4120 兆瓦，其中水电装机发电容量达到 218 兆瓦；但目前孟加拉国仅 20% 的人口用得上电，而且预计该国能源年需求增长率达8.2%。目前印孟两国开展的主要是边境电力传输互联项目、火力发电项目、能源互换项目、电力购入项目等。孟加拉国计划从印度进口 250 兆瓦的电量，同时孟加拉国方正在建设 124 公里长的电网互联项目。另外达卡和新德里宣布在孟加拉国巴盖尔哈德（Bagerhat）的郎帕尔（Rampal）建设装机容量为 1320 兆瓦的火力发电厂。

　　缅孟两国都属于油气资源储量丰富的国家，因为存在罗兴亚难民等问题，两国之间的能源合作进展未达到预期之程度。2007 年，据孟加拉国能源发展董事会和电网公司正式公布，缅甸将与孟加拉国合作在若开邦的木伊河和雷苗河上建水力发电站，两国有关部门已就技术、资金筹措等内容进行联合考察，并在当年年底签署了谅解备忘录。② 据《缅甸新光报》报道，2011 年年底，缅甸和孟加拉国两国政府官员已就成立双边合作联委会签署协定，以进一步加强两国在能源、建筑、贸易等多领域的合作③。尽管两国之间的能源合作未有实际性进展，但是两国作为"孟加拉湾多部门技术经济合作计划"与"孟中印缅地区经济合作论坛"的成员，其能源领域的合作将获得实质性的推动，因为"孟加拉湾多部门技术经济合作计划"在创始之初就已经把能源合作作为各国加强合作的重点领域，而孟中印缅地区经济合作论坛则在第十一次会议上强调了四国在能源部门共建合资企业，双方合作内容可考虑能源投资、能源勘探以及跨境能源贸易等领域。与此同时缅甸方能源部门的改革也可视为缅孟两国能源合作的一大契机。

　　综上所述，孟中印缅四国在能源领域已经积累了一定的经验，并有适当的能源对话平台，加之四国已经认识到开展次区域能源合作有利于应对各国日益增长的能源需求以及保持次区域的可持续发展，因此四国能源合作进程有望进一步提速。

---

① 　http：//www. thefreelibrary. com/New + rail + link + to + connect + Agartala + with + Bangladesh. – a0282913897.

② 　http：//www. mofcom. gov. cn/aarticle/difang/yunnan/200709/20070905128376. html.

③ 　http：//gb. cri. cn/27824/2011/12/07/5187s3465629. htm.

二　孟中印缅区域能源合作存在的问题

(一) 互信机制缺失

互信缺失已成为四国开展区域能源合作的负面影响因素。中印之间存在边境问题、中巴关系问题、贸易赤字问题等，孟印两国存在边界、水域分享、贸易赤字、非法移民、边境管理、转口贸易等问题，孟缅两国之间存在罗兴亚难民非法移民问题，中缅双边合作中出现的因环境、资源开采、民众反对等因素致使双方项目搁浅、停滞等问题，印缅之间存在武器和毒品走私以及东北部叛乱分子避难缅甸等问题。这些问题如若得不到妥善解决和处理，互信机制就难以构建和实现，地区能源合作进程势必受阻。

(二) 角色定位不当

能源作为一种战略资源，与国家安全紧密联系，加上对中国国力的疑惧及双边互信机制的缺失，零和博弈思维在印度仍然具有普遍市场，即出于印度能源安全及可持续能源供应的考虑，中印只能互为竞争者而非合作者。正如查迪杰·巴杰帕伊 (Chietigj Bajpaee) 撰文表示，中印双方争夺亚洲、发展中国家的领导权以及世界舞台上的地位已经数世纪之久，因此中印已经陷入能源博弈之中，双方对能源安全的需求可能进一步促使双方在能源领域的竞争和交锋。[1] 据此来看，孟中印缅四国应该合理定位区域合作中的角色，即中印应该充分发挥地区合作中的动力引擎作用，而缅孟两国则应发挥中印两大市场间生产能力转移及延伸的桥梁与枢纽作用，如若不然，双边及多边合作领域及合作内容难以拓展及深入。

(三) 互相了解不够

各国相互间缺乏深入了解，对合作国法律法规、税收政策、外资准入限制、投资环境、外资权益及股份定价、金融及监管部门的职能、诉讼和索赔程序、投资行为是否需要政府的特殊许可等信息了解不够，很可能导致合作中出现缴纳的费用和税收超出预期，合作合同无效或被强行终止，后续合作违规操作或难以进行，合作行为无法律效力等一系列问题，阻碍双方或多方合作意愿的达成和合作进程的增速。

(四) 媒体形象失实

合作国之间的民众因为无法接触到事实真相，只能通过媒体来解读，而媒体的负面或失实报道不能对民众起到正确的导向作用，相反可能在民众间

---

[1]　http://www.atimes.com/atimes/Asian_ Economy/GC17Dk01.html.

引发不必要的误会，最后国家不得不终止或暂缓合作内容，合作进程最终屈服于民意。例如，水资源安全日益受到印度国内关注，有声音表示中国在地理位置上遏制住了南亚国家的所有重要水系。中国在布拉马普特拉河上建造大型水电基地越来越成为现实，这一行为把1/3的布拉马普特拉河水量引入了中国。① 这种与事实信息的不对称报道致使印度国内对中国的能源发展战略亮起了警钟，其实此类关于中国的负面性报道一直存在。因此在2009年9月，曼莫汉·辛格总理就曾对此类负面行为引发民众焦躁情绪做出了这样的表示，"电视和报纸大量报道了中国的挑衅行为，而正是媒体夸大了事件本身"。② 印度驻中国大使苏杰生在2011年也曾经表示中国和印度不必过度专注于竞争之上。又如正在进行民主改革的缅甸，为了在国际上树立独立民主及不一边倒的形象，在部分不传递中国投资正面信息的国内及西方媒体的影响下，缅甸总统宣布，在其任期内搁置中缅两国密松电站的合作项目。该决定公布后，美国国务院发言人立即表示，欢迎缅甸总统在其声明中所表示的对缅甸民意的关注。实际上密松水电站项目是一项互利共赢的水电项目，它不仅能增加缅甸政府的直接经济收益、增加当地的就业机会、培训一批水电项目专家和管理人才，而且在中方50年特许经营期后，密松水电展将无偿交付缅甸运营。然而因为某些媒体、非政府组织、政客的不实渲染及胡乱炒作却使中缅水电项目的合作暂时处于搁浅状态，社会经济发展都受到很大程度的影响。

（五）合作机制不健全

尽管孟中印缅四国参与或相互间已经建立了一系列的合作机制，促使双边合作或多边合作向积极的方向发展，然而迄今为止，在四国间，却未建立起一套地区合作准则及完整的法律法规合作标准体系，未有合理的和长远的合作规划，也未建立一个有助于四国问题协商解决或地区合作开发的地区协调机制或制度安排。因此对于一些有助于国家和地区社会经济可持续发展的合作项目还处于待观望和质疑状态，同时各国难以明晰自身在合作中的分段监管职能，造成合作运行不畅，合作方参与不利及合作计划执行不善，地区资源的效用未得到真正发挥，各合作方利益关系得不到有效平衡，且可能引发地区国家间的不必要竞争以及合作过程中可能伴随的利益摩擦与冲突，最终导致合作平台不对称，区域合作显示不确定性和不稳定性。

---

① http：//bargad. org/2011/01/23/china-india-water-security-amit-ranjan/.

② http：//articles. timesofindia. indiatimes. com/2009 – 09 – 19/india/28089296_ 1_ chinese-incursions-chinese-patrols-line-of-actual-control.

　　（六）战略目标与实际状况存有差异

　　国家制定的能源发展战略规划可能与能源发展的实际状况和水平存有差异，而此举有可能导致国家在寻找合作伙伴及制定战略合作规划时，出现不必要的收缩或被动局面。以印度为例：考虑到有限的能源储备、国家的能源安全及气候变化等问题，印度决定大力发展可再生能源来降低其对煤炭等传统能源的高度依附性。对此印度政府雄心勃勃，并制定了到 2022 年，太阳能发电量达到 20×10^9 瓦，这意味着届时印度的太阳能发电量将达到世界太阳能发电量的 3/4，然而事实却是在 2010—2011 年，印度太阳能发电量目标是 200 兆瓦，占可再生能源交互电力网目标发电量的 6.7%，实际截止到 2011 年 1 月 31 日，印度太阳能发电量仅为 20.09 兆瓦，仅占可再生能源交互电力网实际发电量的 0.9%。据预测，2017 年，印度太阳能发电量可能达到 4035 兆瓦，约占可再生能源交互电力网发电量的 18.6%。在短短几年间，印度政府是否能够克服太阳能发电所带来的高额创办资本、有待完善的光伏科技、短缺的太阳能源专业人士及工程师等问题所带来的挑战？据印度有关数据显示，太阳能发电成本是每兆瓦 10 千万—12 千万卢比；生物质能发电成本是每兆瓦 3.5 千万—4 千万卢比；风力发电成本是每兆瓦 4.5 千万—5.25 千万卢比；小型水电站是每兆瓦 3.5 千万—6.25 千万卢比[①]。又如核能是印度未来能源发展中极其重要的战略选择。印度原子能前主席制定了核能发展目标，2020 年达到 20000 兆瓦电量，2032 年达到 63000 兆瓦电量，2050 年核能供电量将占全国电力的 25%[②]。然而实际却是截止到 2010 年 12 月 31 日，核能装机容量仅占印度全国能源装机容量的 2.7%，而到 2032 年，核能供电量仅从 2007 年的 2.5% 上升至 9%。特别是日本福岛核事故出现后，印度对核能发电持消极态度，且频频爆发针对核能项目的示威游行。据此来看，印度制定的能源发展战略规划与能源发展的实际水平存有较大差异，而相关能源合作计划在一定程度上却受到国家能源发展战略规划的限制，这也可能导致国家收缩能源合作战略规划，致使能源合作进程放缓或能源合作内容受限等。

三　孟中印缅能源合作路线图

　　为解决孟中印缅四国因能源供求而引发的发展困境，四国应搁置争议，

---

　　① *WIND ENERGY IN INDIA*; SARVESH KUMAR DEPUTY MANAGING DIRECTOR; VESTAS RRB INDIA LIMITED.

　　② http://www.world-nuclear.org/info/inf53.html.

扩大目标一致的地区合作，这样才能促进能源领域的正常发展，推动能源合作不断深化。

（一）共建能源合作委员会

尽管孟中印缅四国已有一些双边合作机制，然而这些合作机制更多关注的是经贸发展与人文交流，对地区能源合作重视不够。因此共建孟中印缅能源合作委员会，将有利于共同解决双边或地区问题。随着能源委员会的建立，各国决策者将对其他几国的能源政策、能源设施、能源发展计划和战略有所了解，从而容易确定综合性的地区合作开发计划，避免因盲目开发和国际市场竞争带来的不必要的损失；也易于提升能源管理的有效性，减少不必要的支出；利益能够得到最大化的分配，利益群体的权益得到充分保障；同时各国之间的互补性也将得到充分考虑，能源资源得到有效利用。

（二）明确优先合作领域

孟中印缅四国的能源合作可涉及节能、环境保护、勘探、合同承包、技术扶持等多方面，其中可优先考虑发展能源技术合作和可再生能源合作。"技术先行"在能源合作中应被视为一条重要法则。只有这样，各国才能在区域合作中取长补短，加速能源可持续发展的速度。另外随着全球气候变暖，环境保护和温室气体排放等问题已经成为各国能源发展的重要参考因素，因此"可再生能源"将成为孟中印缅四国未来能源合作的重点领域，其中太阳能、风能、水电等将是最佳合作选择。如在未来5—10年内，印度采用太阳能光伏发电将是实现其政府太阳能发电计划的根本出路，这意味着太阳能光伏产业将成为印度的新兴产业，其间大量的器材和设备需要进口；与此同时缅甸设定了2020年清洁能源满足15%到20%能源需求的目标，尽管国内有地区已经安装了小型光伏系统，但是国内却没有建设安装光伏电站。另外有媒体报道称，缅甸将投资2.75亿美元在岷布（Minbu）开发光伏电站。项目竣工后，将成为世界上第三大光伏电站，项目的装机容量为210兆瓦。泰国已经在2013年5月初和缅甸电力部就210MW太阳能发电项目签署谅解备忘录，并寻求伙伴共同开发这一项目，项目计划于两年内竣工①。与此同时，根据"彭博资讯"（Bloomberg）和"NPD Solar Buzz"显示，中国的太阳能装机总量在2—3千兆瓦。中国的尚德太阳能、英利绿色能源、晶科太阳能等位列于世界十大太阳能电池板企业，特别是国家科技部批准在河北建立"光伏材料及工艺国家地方联合工程实验室"和"光伏材料与技术国家重点实验室"，关注人才引进、技术创新、学术交流、人才培

---

① http：//www. semi. org. cn/pv/news_ show. aspx？ ID = 12037&classid = 12.

训等多方面。因此在太阳能合作领域，可考虑利用中国光伏技术的优势，与这些需要技术、需要设备的国家开展地区合作。再从风能合作领域来看，印度在此领域具有能源高产出，低成本、环保、高科技等优势，同时邦政府和中央政府还启动了一系列激励措施，包括税项减免、电力责任免除、银行业务拨备等。因此地区风能合作可立基于上述列举的国家优势，在海上风力发电、风力—太阳能混合发电、更新改造陈旧发电机、新技术开发等领域进行。

（三）加大专业人才培养力度

因为能源与国家和地区的安全、稳定和繁荣休戚相关，因此提升能源领域的能力建设至关重要，而这又与培养该领域的科技管理人才及专业人才密不可分。能源领域人才是国家能源政策和能源战略可持续性的重要保证，因此有必要考虑设立政府或地区能源奖学金，加大相关专业人才的培养力度，同时政府和民间层面的人员交往也应给予足够重视。

（四）创建能源信息双语平台

在信息社会，信息及资料的获得对开展合作至关重要。因此，要利用网络、媒体的传播作用，依托已有的信息产业，加强信息交换和协作，增加政策的透明度，获取关于能源市场、能源投资环境、能源开发、生产、管理及营销等相关信息，以频繁的信息交流来促进四国之间在能源领域的双向或多向投资、人员及技术等方面的交流，这将对国家之间互信机制的建设和能源合作起到极大的促进作用。通过进一步加强网络和媒体的合作，实现双边能源合作中的优势资源互补，真正达到资源共享。同时对能源合作中可能遇到的或实际存在的问题进行研究和沟通，从而实现互利共赢局面。另外，构建中文和英文双语信息交流平台也同样重要。促进双语信息化建设，有利于解决语言障碍所带来的信息交流不畅的问题，减小滞后信息所带来的不利影响。要改变单一语种的信息网络，增强双语信息的收集、汇总、分析等工作，加大对综合性、实用性、动态性信息的通报力度，促进能源产业结构的优化，全面提升能源领域的合作水平。

（五）密切相关组织间的联系

随着经济全球化、区域经济一体化的发展，各国为积极促进社会经济的全面发展，都积极利用区位优势和资源优势，向外发展，并不断加强区域内和区域外的贸易和合作，由此一系列区域合作组织应运而生，如"孟中印缅地区合作论坛"、"GMS"、"孟加拉湾多部门技术与经济合作组织"、"K2K 合作机制"、印泰缅柬老越"恒河—湄公河合作组织"，等等。应该说，这些四国涉足的合作组织，都能本着和平发展的目的，有灵活性和针对性地解决国家相互间存在的问题，对促进国家之间特别是地区之间的经贸交流、文化往来和减少政治分歧，都起到了不可低估的作用。因此应当充分发挥相关合作组织的沟通与协作的功能，促进孟中印缅四国在能源、经贸等领域出现新的合作点和新的增长点。

除此而外，还可考虑加强联合研究、自上而下的制度安排与政策扶持及配套、能源行业协会的桥梁纽带作用、边境地区联合巡逻、启动孟中印缅能源论坛等内容来进一步推动孟中印缅能源合作。

孟中印缅经济走廊建设中的
农业合作问题探究

一 孟中印缅开展农业合作的必要性

孟加拉国、中国、印度、缅甸四国在地理位置上处于东亚、东南亚与南亚的连接处，在经济、政治等方面存在着许多共同利益，打造孟中印缅经济走廊对四国和亚洲地区的经济增长都具有重要的促进作用。由于农业在孟中印缅四国经济发展中都占有重要地位，加强农业合作对四国农业水平的提高乃至国家经济的发展都具有十分重要的作用，因此，农业合作是建设孟中印缅经济走廊中的重要内容之一。

（一）农业合作对四国农业发展的作用

中国与印度是世界上两个重要的农业大国。几十年前，中印都是世界上最贫穷的国家，粮食供应量与庞大的人口数量相比显得岌岌可危。中印通过农业改革解决了粮食供应问题，在发展农业方面取得了较大成就。但是对于两个人口大国来说，农业的发展与粮食安全始终都是国家考虑的重大问题之一。中印开展农业合作能够在多方面促进两国农业发展。首先，在粮食安全方面可以携手共进。印度自20世纪70年代末达到了粮食基本自足，但是粮食问题仍然高悬。由于印度人口基数大，人口增长率高，使得印度人均粮食水平没有太大的提高。而且，印度受热带季风气候的影响大，粮食产出很不稳定。中国是食品净出口国，在改革初期，中国人均可获得食物的水平就已经远远超过了联合国的最低日需求量 8.78×10^6 J 的标准。这显示中国农业生产水平要高于印度。如果中印两国加强农业合作，首先，不仅可促进粮食贸易，而且可共同维护两个人口大国的粮食安全。其次，可丰富两国国内农产品市场。中印两国的农产品具有较大的互补性，开展农业合作可在农作物的品种和农产品的贸易方面促进两国农业发展，丰富国内农产品市场，这对

两国人民来说都是有利的。最后，可促进农业技术和农业管理经验的交流与共同提升。中国对农业一直非常重视，投入了大量人力物力财力进行农业技术研究，印度也通过"绿色革命"在农业技术上取得了较大进步，两国在农业技术和农业经验方面的交流必将对两国农业发展产生积极作用。

近年来，中国与孟加拉国的农业合作范围有所扩大。对中国来说，孟加拉国是中国加强与南亚国家合作的重要通道，云南可向孟加拉国输出农业机械及农业技术等。孟加拉国由于人口多、耕地面积少，也希望与中国开展农业生产技术、农业机械设备等各方面的合作，以推进农业机械化进程，促进本国粮食产量增加，实现粮食自给。

缅甸北接中国云南省，与印度、孟加拉国相比在地理位置上的相邻优势大大提升了中缅农业合作的空间。云南省的很多工业产品都依靠缅甸的原材料，双方开展合作，不仅可加快缅甸发展香蕉、甘蔗、茶叶、咖啡、柠檬等优势产品，而且可以使其依靠中国这一庞大市场提高缅甸民众的收入水平和脱贫致富。

（二）农业合作对建设孟中印缅经济走廊的战略意义

孟中印缅四国多次召开会议，不仅就孟中印缅经济走廊合作设想、孟中印缅经济走廊优先合作领域等议题开展广泛而深入的交流，而且还就孟中印缅经济走廊的前景、挑战、目标、合作模式等内容，以及各方在交通基础设施、投资与商贸流通、扶贫与农业合作、人文交流、社会公共事业等领域的合作充分交换了意见。孟中印缅加强农业合作不仅有利于将孟中印缅经济走廊建设做实，把东亚、东南亚与南亚这三个世界重要的经济增长极连接在一起，从而加快推进孟中印缅经济走廊建设，而且有利于提升中国以及云南在中国面向西南开放中的战略地位。

具体来说，推进农业合作一是有利于促进四国农产品贸易发展，加强农业技术交流。二是有利于扩大四国民间交流、增强地区凝聚力、加强基础设施建设等。三是有利于加快经济走廊沿线政府沟通、道路联通、贸易畅通、货币流通、民心相通。四是有利于四国通过优势互补、合作发展，释放更多开放红利，为经济走廊建设提供更加充分的合作支撑。五是有利于为四国的共同发展增添更多机会。因此，农业合作是推进经济走廊建设的基础。

二　孟中印缅农业发展概况

孟加拉国农业有着悠久的发展历史。从地理位置上讲，孟加拉地处恒河下游，境内多为冲积平原，土质疏松肥沃，非常适合农业耕作；从气候上讲，孟国属亚热带海洋性气候，同时受南亚季风影响，有雨季和旱季之分，是多种热带植物的天然种植园；此外，孟境内河流湖泊纵横，拥有极其发达的水系，非常适合开展淡水养殖和捕捞。而坐拥孟加拉湾的天然资源，又赐予了孟国近海捕捞的有利条件。因此，很久以来，孟加拉国人民就发展了自己的热带农业、家禽家畜饲养业、捕捞业和鱼虾养殖业等。但是另一方面，近几十年来孟加拉国城镇化和工业化进程加快，人口急剧增加，导致耕地面积大量缩减，农业生产受到严重影响。据孟官方统计，孟目前共有可耕地面积约829万公顷，比十年前整整减少了100万公顷，每年约流失8.29万公顷可耕地。与此同时，每年却有200万人口降生到这个本已十分拥挤的国家。这意味着孟加拉国在可耕地以超乎预料的速度减少的同时，又不得不为持续增加的人口生产更多的粮食。到20世纪末，孟加拉国粮食已难以维持自给，不得不依赖进口。在这种形势之下，既要解决1.6亿人口的吃饭问题，又要保持和提高农业的出口创汇能力，就必须增加对农业的政策倾斜，扩大对外农业合作，吸引更多投资投入农业生产及农产品的加工制造。唯有如此，才可实现孟加拉国农业的振兴和可持续发展。[①]

过去60多年，尤其是改革开放后的30多年，中国在农业发展上取得了举世瞩目的成就。中国人口虽然增加了2.4倍多（从1949年的5.4亿增加到2013年的13亿多），但农业生产增长速度超过了人口的增长速度，这使得中国食物的可获得性得到很大的改善。[②] 事实上，从20世纪80年代中期开始，中国已经变成农产品净出口国，到90年代中期，中国已成为粮食的净出口国。据研究分析，20世纪80年代，中国粮食亩产大幅度提高的主要原因是家庭联产承包责任制的制度创新以及农业技术进步。据国家统计局资料显示，目前，中国农业科技贡献率已达39%。此外，国家的价格政策和市场改革对农业生产也起着极其重要的作用。根据国家统计局对全国31个省（区、市）的抽样调查和农业生产经营单位的全面统计，2012年全国粮食总产量达58957万吨，比2011年增产1836万吨，增长3.2%。中国良好的农业发展现状体现在以下方面：

一是播种面积保持稳定，高产作物面积增加。2012年，全国粮食播种面积111267千公顷，比2011年增加694千公顷，增长0.6%。主要粮食作

---

① 世界银行、联合国农粮组织（FAO）、联合国发展计划署（UNDP）、孟加拉国农业研究所统计资料，《孟加拉国农业概貌与农业投资分析》，来源：http://ccn.mofcom.gov.cn/spbg/show.php? id=3778。

② 鲁静芳、左停、苟天来：《中国农业发展的现状、挑战与发展》，《世界农业》2008年第6期。

物品种中，稻谷、玉米分别达到30297千公顷和34949千公顷，分别比2011年增加240千公顷和1407千公顷；小麦和大豆播种面积分别为24139千公顷和7177千公顷，分别比2011年减少131千公顷和712千公顷。因播种面积增加增产粮食358万吨。

二是大部分农区气候条件总体较好，粮食作物单产提高。2012年，全国农业气候条件总体较好，没有发生大范围的旱涝灾害。北方农区春播期间和夏播后期出现大范围明显降水过程，利于秋收作物播种和出苗，夏季大部地区雨热同季，利于玉米、水稻丰产；长江流域及以南大部地区春夏季降水较充沛，保障了一季稻、晚稻栽插用水。从光热条件来看，2012年全国大部分农区≥10℃积温比常年同期偏多，东北地区东部、华北大部、黄淮等地比2011年同期偏多100—200℃。充足的雨水和适宜的光温条件促进粮食作物单产水平提高。2012年，全国粮食作物平均单产5299公斤/公顷，比2011年每公顷增产133公斤，提高2.6%。其中，稻谷、小麦、玉米每公顷产量分别达到6743公斤、4995公斤和5955公斤，分别增产55公斤、158公斤和207公斤。因单产提高增产粮食约1478万吨。

三是政策和科技对粮食增产的支撑力度进一步加强。2012年中央继续加大对粮食生产的扶持力度，继续开展全国粮食稳定增产行动，扩大农业四补贴规模，提高并及早公布小麦、水稻最低收购价，释放鼓励粮食生产的强烈信号。首次实施"农业防灾减灾稳产增产关键技术补助政策"，使增产关键技术落实到位。2013年中央安排33.15亿元资金推行粮食增产关键技术，包括11个冬小麦主产省扩大"一喷三防"面积13000多千公顷；小麦病虫专业化统防统治覆盖率从13.3%提高到22.8%；东北水稻大棚育秧和抗旱"坐水种"、南方早稻集中育秧和西南玉米覆膜面积共增加3200多千公顷。针对部分地区发生的病虫害，各地区进行有效防控，避免了爆发流行，确保了粮食丰收。

四是主产区增产较多，玉米成为第一大粮食品种。2012年，13个粮食主产省（区）粮食产量合计为44610万吨，比2011年增产1188万吨，增长2.7%，增产量占全国总增产量的64.7%。从三大粮食品种看，2012年全国玉米产量20812万吨，增产1534万吨；稻谷产量20429万吨，增产328万吨；小麦产量12058万吨，增产318万吨。玉米产量超过稻谷产量383万吨，成为我国第一大粮食作物品种。①

---

① 《2012年全国粮食总产量增长情况统计分析》，中国行业研究网，http：//www.chinairn.com/news/20121130/673732.html。

印度与中国同为农业大国，农业在国民经济中占有非常重要的地位，有70%的人还住在农村。2007年，农业产值占国内生产总值的16.6%，农业劳动力占全国劳动力总量的60%。农场总数达到1.155亿个，但60%的规模不足1公顷，只有1%的规模达到或超过10公顷。印度目前是仅次于中国的世界第二大小麦和大米生产国，是仅次于美国、中国和巴西的世界第四大粗粮生产国，具备扩大农业生产的巨大潜力。过去10年中，印度农业年均增长速度为2%。目前，印度农业生产结构以种植业为主，种植业又以粮食作物为主。种植业内部结构是：粮食产值占种植业总产值的48.3%，油料占12.7%，蔬菜和水果占10.4%，棉花占3.8%，烟草占0.5%。[①] 印度政府长期以来都致力于为农业发展提供持续的财政支持，并实施全面控制，以保障农业不受国际市场的竞争而出现较大波动。但是印度农业发展过程中还存在着一些突出问题。一是现代基础设施不足限制了农业的发展和农民收入的提高。由于缺少能源供给，以及道路、市场、仓库、加工设备等现代基础设施差，很多农业部门的发展都受到限制。特别是由于缺乏储藏和加工设施，谷物、水果、蔬菜收获后的损失非常大，达到25%—30%。二是存在大量贫困人口，农民失业人口多，形成城市贫民窟。2004—2005年度印度人口为10.9亿，有28%的人生活在贫困线以下（按购买力平价计算，有约2.2亿—2.3亿人的支出每日不足1美元），39%的儿童营养不良。由于人均农业资源有限，农村土地改革不成功，至今无地的人口占农业人口近40%，大批农民实际上处于失业、半失业状态。三是南北、城乡之间收入、消费差距大。根据印度全国抽样调查组织（NSSO）进行的第七次家庭消费支出调查结果，2004—2005年度，农村人口人均月消费支出约为13美元，而城市则高达约24美元。印度10%的最贫困农民每月人均消费仅有6美元，农村最富裕的5%的人口的人均月消费约达26美元以上。农村中最贫穷和最富裕人口的月消费支出比例达1∶4，而且收入与消费之间的差距还有扩大的趋势。[②]

缅甸自然条件优越，资源也极其丰富，适宜多种植物生长，尤其是热带作物。农业是缅甸的国民经济基础，农业人口约占全国人口的66%，农业产值占国内生产总值的1/3左右，农产品出口占出口总量的1/4左右；缅甸可耕土地约4500万英亩，其净种植面积为2800万英亩，水浇地面积占净种

① 朱行：《印度农业现状概述》，《国内外农业》2010年第1期。
② 《印度农业和农村的发展现状及问题》，中国农村研究，http：//www. chinareform. org. cn/E-conomy/Agriculture/Experience/201011/t20101119_ 51900. htm。

植总面积的 18.5%，尚有 1600 多万英亩的空地、闲地和荒地待开发，农业发展潜力大。缅甸政府也非常重视农业的发展，积极吸引外商投资农业，同时促进橡胶、豆类和稻米等农产品出口到世界各国。缅甸主要农作物有水稻、小麦、玉米、花生、芝麻、棉花、豆类、甘蔗、油棕、烟草、天然橡胶、咖啡、水果、蔬菜、林木、甘蔗和黄麻等，其他热带作物资源也较丰富，种植面积较大的有热带水果、甘蔗、椰子、槟榔、咖啡、木薯等。其中，橡胶是缅甸重要的出口创汇产品，又是缅甸重要的工业原料。缅甸适合橡胶种植的土地面积达 262 万公顷。为了增加橡胶产量，近几年来，缅甸橡胶种植面积逐步扩大，共种植橡胶 75 万英亩，橡胶产量 3.5 万吨，天然橡胶年出口 2 万吨。[①] 缅甸农业机械发展水平不高，主要以小型农机为主，包括手扶拖拉机、动力耕整机、割晒机、脱粒机等。

三　孟中印缅农业合作的现状及问题

（一）孟中印缅农业合作现状

孟加拉国是中国的友邻之一，自建交以来两国就积极发展互相之间的贸易关系。但是农业贸易方面的合作比较有限，孟加拉国向中国出口的产品种类比较单一，主要是黄麻、水海产品、蔬菜和散装茶等。中国向孟加拉国输出的产品主要是玉米等。在农业投资方面，近年来中国企业积极到孟加拉国投资农业，兴办各类合资企业，不断提升双方合作发展水平，使得双方农业技术和农业机械方面的交流合作也一步步开展起来。为加强中孟在农业领域的交流与合作，帮助孟加拉国发展农业生产、解决粮食安全问题，中国农业部于 2007 年举办了"孟加拉国农业和生物技术研修班"，农业部有关司局、全国农技中心、中国农科院、中国农业大学、华中农业大学和上海农科院等机构的专家学者向孟加拉国学员介绍了中国农业改革与发展、农业生物技术的开发与应用、农业技术推广等方面的情况，还安排学员参观考察中国农业科研、教育和推广部门、国家重点实验室、农业示范实验基地和农业企业。[②] 在近两年的孟加拉国农业机械展活动中，中国企业都积极参与，努力拓展孟加拉国的市场。

近年来，我国和印度在农业领域展开的合作不断加强。2006 年 3 月

---

① 刀福祥：《缅甸农业概况》，http://www.aseantradecenter.com/news/201009/22/1588.html。

② 林立平、刘兰香：《中国为孟加拉国官员举办农业和生物技术研修班》，http://news.xin-huanet.com/politics/2007-05/09/Content_6077098.htm。

27 日至 30 日，我国农业部长杜青林应印度农业部的邀请访问了印度。3月 28 日，中印两国农业部长就加强两国农业的交流与合作进行了会谈，签署了中印农业合作谅解备忘录。根据谅解备忘录，中印两国将在农业及相关领域开展广泛的合作。合作领域包括：在种植业、园艺业、渔业、畜牧业等领域信息与经验交流；旱作农业和灌溉技术交流；生物技术在种植业、畜牧业及渔业领域的应用；农业信息技术合作；农产品加工领域的合作；动物检疫和健康认证体系合作；农业机械尤其是小型耕种机械方面的交流与合作；长期或短期技术人员交流与培训；动植物种质资源交换；轮流在两国联合举行研讨会等。为确保备忘录各项条款的实施，双方同意成立中印农业合作委员会，每两年轮流举行一次副部级会议，审议备忘录的执行情况。双方还同意成立司长级联合工作组，负责合作项目的制定、实施及日常管理事务。2013 年 5 月，中国和印度发表"联合声明"，两国同意在努力实现 2015 年双边贸易额达到 1000 亿美元目标的同时，完成农产品植物检疫磋商等事项。两国总理还一起见证了两国 8 项合作协议的签署，协议内容涉及经贸、农业、文化、环保、地方交往等多个领域，这将直接刺激双方农业合作与发展。

近年来，我国积极推进与东盟的合作，其中农业被列为合作重点。在"东盟—中国自由贸易区"早收计划中，中缅就已开展农业合作。据统计，2003 年中缅双边贸易额 10.7 亿美元，2005 年增长到 15 亿美元，双方贸易包括活动物、肉类、鱼、乳制品、蔬菜和水果在内的 596 个品种。2009 年缅甸免除了这些品种的关税，比"中国—东盟自由贸易区"的目标提前一年。同时，中国在 2002 年也削减了 100 多种包括缅甸等在内的东盟国家农产品的进口关税。① 在农业投资及技术引进方面，中缅也有良好的合作势头。缅甸正采取措施尽量扩大私有经济参与程度，吸引外国投资，加速农业生产发展。目前，在缅甸可在以下领域开展合资形式或独资形式的经营：土地利用，开办各类农业生产企业，制造轻型农业机械和小型农场设备，制造农业消耗品和相关支持产品，销售农业商品、消耗品和农机具。目前，缅甸十分希望从我国引进资金和技术进行四轮拖拉机和配套农机具、复合肥、农药（包括兽药）生产、水果和蔬菜加工、橡胶制品加工等合作。

---

① 《缅甸农机化发展概况及中缅合作前景初探》，中国设备网，http：//www.cnsb.cn/html/news/238/show_ 238758.html。

（二）孟中印缅农业合作中存在的问题

1. 农业支持力度存在差异

作为与我国云南省接壤的邻国，缅甸十分重视与中国的农业合作。早在2001年，中缅两国就将农业合作定为重点合作领域。缅方一再强调，需要中国在农业方面给予支持，特别是在农业高新技术和农业市场方面给予大力支持。孟加拉国同样为一个农业国，农业人口占全国人口的90%，农业产值占国民生产总值的45%左右，水稻的种植面积占耕地面积的80%左右。由于土地肥沃，水源充足，大多一年两熟，有些地方一年三熟。然而由于耕作技术落后和自然灾害频繁，再加上人口众多，粮食不能完全自给。孟加拉国政府在农业合作问题上同样重视对外合作，并积极创造条件与中国扩大农业合作范围。

但印度与缅孟不同，其政府对国内农业的发展一直十分重视，从财政投入、政策制定、技术研发各方面支持农业发展，但国内许多人反对农业开放。[①] 由于印度地区经济发展平衡，东北部各邦发展较为落后，而东北各邦政府与印度政府在系统内存在利益上不一致，这种政策上的差异使得四国在农业合作的支持力度上会出现差异，并导致孟中印缅农业合作中某些事项难以落实和向前推进。

2. 交通等基础设施不完善

交通运输基础设施及互联互通建设是孟中印缅经济走廊建设的核心和关键，但孟中印缅综合交通运输发展不足，实现铁路、公路、航空、水运、管道、通信等6个方面的联通任重道远，这对孟中印缅进行农业合作形成制约。缅甸经济不发达，交通基础设施十分落后。历史上的缅滇公路很多路段现已沦为乡级公路，效率很低。目前，云南省的西双版纳、德宏、临沧、普洱等州市开通了与缅甸的客货运输或旅游运输。2008年初，云南开通了瑞丽—缅甸木姐和南坎的客运线路及景洪—缅甸南板的国际道路客运线路班车；2009年云南又开通了瑞丽口岸、打洛口岸非定期国际道路旅游客运，中方货运车辆也可以通过瑞丽和打洛进入缅甸境内，极大地方便了双边人流物流的便利化运输。[②] 但从目前的效果来看，中缅远远未能发挥陆路运输的效能。铁路交通网可使货运量成倍增长，但目前中缅铁路还未建成。缅甸、

---

① 联合国粮食及农业组织：《亚洲部分经济体的快速发展》，中国农业出版社2009年版，第65页。

② 《中缅将合力打造跨境铁路、水陆立体交通运输网》，中国公路网，http：//www.chinahigh-way.com/news/2010/414056.php。

孟加拉国、印度之间也缺乏直通高速公路，这给四国农业合作和农产品贸易带来了障碍。

3. 农产品贸易规模有待扩大

中国与孟加拉国、缅甸的贸易关系建立已久，但是由于孟缅两国的农业发展水平有限，再加上交通基础设施不完善等原因，中国与孟缅的农业贸易额不大，农产品贸易结构也以初级产品为主，显得非常单一。而且孟加拉国和缅甸在与中国的贸易活动中长期处于贸易逆差地位，贸易失衡问题严重。这使得中国与孟加拉国、缅甸两国的农产品贸易规模仍然非常有限，要扩大也非常困难。

中印之间的农业贸易相对孟缅来说规模要大很多，但是中印之间的农产品贸易规模仍然与两国农业发展水平不相称，且波动较大和产品结构有待优化。1992—2010 年，无论是中国出口印度的农产品贸易份额占总出口份额的比例，还是中国从印度进口的农产品贸易份额占总进口份额的比例都较小。前一比例数值最大时仅为 1.79%，后一数值最大时为 2.39%。从中国出口角度来看，在过去的十几年中，中国出口印度的农产品份额波动幅度较大，但从 2006 年起，中国对印度的出口有所反弹，即从 2006 年的 0.72% 升至 2010 年的 1.21%。但从中国进口角度来看，中国对印度进口之骤升骤降的现象较为突出，基本上没有体现出直升或直降的发展态势。[①] 根据中国商务部的统计资料显示，2011 年 12 月，印度农产品出口金额为 39.5 亿美元，自印度进口农产品的国家中中国排第一位，金额为 60248.6 万美元，同比下降 11.9%，而中国对印度出口农产品金额为 5771.0 万美元，在对印度出口农产品的国家中排第六。2012 年 12 月，印度农产品出口金额为 39.2 亿美元，同比金额下降 0.9%。自印度进口农产品的国家中，中国排第一位，金额为 46031.3 万美元，同比下降 23.6%，而中国对印度出口农产品金额为 7868.3 万美元，在对印度出口农产品的国家中排第五。由此可见，中国农产品在印度农业市场的潜力还有待开发，贸易规模有待进一步扩大。

4. 农业合作中的制度和政策冲突

中国和印度都是 WTO 成员国，在共同遵守 WTO《农业协议》规定的同时，两国在农业合作与贸易方面又有着不同的制度和政策。在市场准入方面，中国政府承诺，对一般农产品的进口采取单一的关税管理制度，撤销与 WTO 规则不相符的非关税措施，对敏感商品采取关税配额制，即对配额内

---

① 黄春泉、司伟：《中国与印度农产品贸易的动态与前景分析》，《国际经贸探索》2012 年第 7 期。

的农产品进口实行低税率，对配额外进口实行高税率和准国家专营制。同时承诺，降低关税、增加配额（TRQ）、提高配额管理透明度、实现部分农产品非关税措施关税化、授予外国企业贸易权和分销权。印度除少数农产品外，将农产品的关税税率定为100％—300％，而对农产品市场准入、削减补贴和降低关税等均未做出明确承诺。在国内支持方面，中印两国对农业的政策支持程度也有着较大差异。《农业协议》把国内支持措施划分为两类：一类是对贸易产生扭曲的政策，称为"黄箱"政策。另一类是不引起贸易扭曲的政策，称为"绿箱"政策。对"黄箱"政策，要求必须减少。对"绿箱"政策，则免予减让承诺。中国政府承诺，在"黄箱"政策方面，中国农业价格补贴最高可以达到农业产值的8.5％，其中大米、玉米、小麦定为中国的特定产品。印度则认为，由于目前对农业所实施的国内支持和价格补贴尚未达到《协议》所规定的上限，因而对本国的国内支持和出口补贴未做出任何削减承诺。[①]

5. 农业信息沟通渠道缺乏

孟中印缅四国推进农业合作需要多方面的信息沟通，但目前四国之间缺乏多样的农业信息沟通渠道。沟通渠道分为正式渠道与非正式渠道。在正式渠道方面，四国没有建立正规的官方渠道、对四国的农业市场需求、技术交流等信息进行定期沟通，容易造成进出口产品供求不平衡，农业技术不能高效地被利用。在非正式渠道方面，四国之间语言的差异对四国之间农业信息的传递增加了障碍。另外，由于相关农业资料和信息难以获取，特别是由于国内对孟加拉国和缅甸农业的关注和研究相对较少，使得与农业相关的企业难以开展国际合作。因此，民间合作和交流对加强四国农业合作显得尤为重要。

四　推进孟中印缅农业合作中的对策建议

（一）官方、民间"双管齐下"，增进合作共识

进入21世纪以来，世界区域合作发展迅速。亚太经合组织、欧洲联盟、东南亚区域合作联盟、北美自由贸易区、南方共同市场等机制在地区合作中扮演了重要角色。相比较而言，由于历史、现实等原因，南亚地区的区域次区域合作进程缓慢。本区域的南亚区域合作联盟（简称"南盟"）、孟中印缅地区经济合作论坛、孟印缅斯泰经济合作组织等合作机制也有待加强。在

---

① 诸昆雄、杨蕾、郭品：《中国和印度农业保护政策的比较》，《世界农业》2004年第4期。

四国农业合作中，孟缅两国态度一直较为积极，相对来说，印度并没有表现得很主动。但中印作为两个农业大国在农业发展道路上有很多经验和技术可以相互借鉴。四国官方加强交流，深化合作意识对彼此农业合作具有重大意义。官方签署农业合作协议，规定农业合作范围和领域，并将其落到实处，必将促进四国农业合作和稳定发展。

除了官方加强合作以外，民间合作和交流也是非常重要的一环。四国需要不断加强人员往来，互相学习农业发展经验，加强人才流动，扩大民间企业在他国的农业投资，以充分利用当地丰富的原材料和劳动力资源，拉动当地经济发展加强区域间农业合作。

（二）积极推动四国间交通设施的建设

孟中印缅经济走廊的交通线路包括：北线，沿着原二战时期"史迪威公路"，从云南保山向北进入印度东北；中线，由云南瑞丽，经缅甸曼德勒，进入印度罗尼普尔邦；南线，由云南德宏，沿伊洛瓦底江，通过水陆联运到缅甸仰光，再到孟加拉国吉大港、印度加尔各答。[①] 但目前没有一条开通。

缅甸是云南省面向东南亚、南亚国际大通道建设中的重要交通节点。目前的当务之急是尽快推进签署孟中印缅通道建设谅解备忘录，加快通道基础设施建设，服务四国农业合作与经济发展。在云南境内也需要加快通道建设，铁路方面加快"四出境"铁路网中的西线建设。水路方面加快缅甸与中国的水陆运输。航空运输方面开通更多航线。

（三）加强贸易合作，推进互补性农产品贸易发展

孟中印缅四国间有较强的农业互补性，充分发挥其互补性产品贸易的作用，可以调节彼此国内市场，促进四国农业经济发展。印度是个人口大国，市场需求相对孟缅两国来说空间更大，而我国的粮食品种、灌溉技术等可以和印度加强交流合作。另外，印度的棉花产量大且质量好，可更多向中国出口。中印之间由于比较优势不同，双方可向对方出口其具有比较优势的产品，如中国向印度出口其具有比较优势的非食用畜产品，印度向中国出口大宗农产品和其他类产品。即使在中印都具有比较优势的产品方面，双方也可以相互进口产品。不过，进口量可能相对较少。如中国向印度出口相对较多的园艺类产品，而从印度进口的园艺类产品的贸易额相对较少；印度向中国

---

① 李建平：《中缅启动跨境高速公路前期工作，布局孟中印缅交通走廊》，中国新闻网，http://www.chinanews.com/gn/2013/10－30/5444768. shtml。

出口相对较多的水产品，从中国进口的水产品的贸易额相对较小。① 观察某一农产品的进出口绝对额及其增长速度可以发现，中印两国存在竞争性的农产品本身蕴藏着互补性，充分利用两国之间具有潜在互补性农产品贸易关系，积极拓展农产品的贸易空间，可以扩大两国贸易规模，加强贸易关系。

孟缅土地资源和劳动力资源丰富，而我国的农业生产技术相对先进，产量较高，开展合作潜力较大。近年来，孟缅两国与中国的农业贸易也不断发展。今后，云南省可继续利用边境地理优势和丰富的农产品扩大对孟缅的农产品贸易。

（四）完善合作制度，消除制度冲突

加强孟中印缅农业合作离不开农产品贸易流通性的提高。目前除了交通方面的不便之外，还存在制度上的限制和市场规模开发不足的情况，建立区域自由贸易区是解决此问题的良好方案。因为区域自由贸易区的建立有利于实现规模经济效益，发挥区域贸易的集聚效应，提升区域综合国际竞争力，扩大四国间贸易规模。同时，自由贸易区的建立，一方面可以缓解制度冲突，降低影响农业贸易发展的关税和非关税壁垒，简化进出口手续，提高办事效率，将各自的比较优势转化为共有优势，进一步促进合作；另一方面可以拓展四国市场空间和市场规模，释放贸易潜能，促进双边或多边贸易的集聚效应。另外，自贸区的建立有利于发挥各自比较优势，促进资源优化配置。②

（五）加强信息沟通，推动农业技术合作

孟中印缅四国的农业作物品种及农业技术发展水平不同，加强农业信息的交流有利于扩大技术合作，促进农业共同发展。进入工业化社会以来，印度大面积地使用机械代替传统工具进行耕作，然而，其现代化机械的覆盖率还较低，特别是灌溉设施方面还较薄弱，以常见的漫灌、喷灌为主。而以漫灌为主的灌溉方式很容易造成土地盐碱化，造成土地资源的浪费。在经济欠发达地区，传统的小农经济依然占了很大比例，这类农户基本上是"靠天吃饭"，对农业技术使用低。孟缅两国的农机化和农业现代化水平也不高，但相对孟缅印来说中国农业现代化水平具有优势。因而四国合作基础广泛。

四国农业技术合作可通过多种渠道实现。一是政府援助。我国不少农机、化肥、农药、种子企业生产能力过剩，但孟印缅还处在起步阶段，市场

---

① 朱晶、陈晓艳：《中印农产品贸易互补性及贸易潜力分析》，《国际贸易问题》2006 年第 1 期。

② 杨文武、戴江涛：《对于构建中印自由贸易区的理性认识》，《南亚研究》2006 年第 1 期。

需求相对较大。因此，以政府援助、技术输出为重点，投资于农业生产特别是农业装备、农产品加工等行业，逐步培育其生产消费习惯，既有利于带动我国成套机械设备与零部件出口，带动国内农资行业和产品的输出，又有利于享受我国政府鼓励带料出口加工的优惠政策，占领对方市场。二是企业合作。一些中国农机生产企业和农业企业已经开始在缅甸和孟加拉国从事有关农机制造、作物育种、渔业捕捞和橡胶作物种植等开发活动，今后应进一步扩大规模。三是贸易合作。国内部分企业已通过多种贸易形式将农机、种子、化肥、农药等农用生产资料出口到孟印缅，特别是手扶拖拉机及其散件，在缅甸市场占有率已超过 70%。中印技术合作也在不断发展。因此，今后要将农业技术合作作为加强四国农业合作的一个重要方向。

互联互通

孟中印缅经济走廊与云南交通
互联互通建设问题

牛鸿斌①

2013 年 5 月李克强总理就任后首站访问印度，中印双方同意启动两国区域贸易安排谈判，开展在产业园区、基础设施等领域的大项目合作，共同倡议建设孟中印缅经济走廊，推动中印两个大市场更紧密连接。这表明"孟中印缅地区经济合作论坛"这一机制已经发挥了积极影响，四国政府正在推进政府间合作。这对作为合作桥头堡的云南提出了更高要求。近年来中国云南省与印度西孟加拉邦在贸易、文化、旅游、医药、交通及信息产业等领域积极开展合作，已取得不少成果；在昆明举办的进出口商品交易会、南博会、中国—南亚商务论坛和南亚国家商品展、中国国际旅游交易会等一系列大型国际展会活动进一步加强了与东南亚、南亚及区域间的经济合作与交往。目前，孟加拉国正式向我国外交部申请在昆明设立总领事馆，南亚国家商品展永久落户云南，南亚八国工商会在昆明设立了办事处，中国—南亚商务论坛秘书处、中国—南亚商务理事会中方秘书处在昆明挂牌办公。多领域合作的贸易平台已基本形成，相比而言，云南对外对内交通的互联互通仍有许多工作要做。

一 云南在孟中印缅相邻区域
交通体系中的地位和意义

（一）历史上云南就是我国与东南亚、南亚各国进行经济文化交流的重要通道和桥头堡

我国历史上的对外经济贸易与文化交流，在海路交通没有开辟之前，主要依靠从中原通过今新疆到达中亚、西亚及欧洲的北方丝绸之路和从成都经过云南和东南亚、南亚国家并连通亚欧大陆的南方丝绸之路。而云南在秦汉时期就已成为南方丝绸之路上重要交通中转站和贸易集散地。所谓南方丝绸

---

① 云南省社会科学院南亚研究所研究员。

之路，实际上是由川滇缅印道（又称五尺道等）和川滇藏印道（又称茶马古道）等多条道路组成的，两千多年来的历史进程中，至少有三点可以说是中国对外交通史上的亮点。

第一，南方丝绸之路带来了中国西南与东南亚，南亚以及欧洲的持续的贸易与交流发展。在公元前4世纪就已经有产于中国西南各地的丝绸、铁器和布匹通过云南被贩运到印度以至大夏国（今阿富汗），而来自印度洋沿岸的海贝输入云南后成为长期使用的货币，来自南亚以及欧洲的珊瑚、琉璃等"奇珍异物"大量通过云南进入中国内地。更重要的是，南方丝绸之路介于北方丝绸之路和海上丝绸之路中间，是陆海路沟通转运的桥梁，而云南就是桥头堡。到了近代，中国西南与缅印各地之间的贸易也曾带动了云南棉纺织业和印度东北部茶种植业的发展。

第二，南方丝绸之路创造了涵盖中国、东南亚、南亚的佛教，特别是南传佛教文化圈。佛教产生于印度后沿着两条丝绸之路传入中国，其中南传佛教主要通过滇缅印道由缅甸等地传入云南，藏传佛教则通过茶马古道传入云南，加上由中原传入的汉传佛教，在云南形成三大佛教主要派别聚于一地的奇观。另一方面，云南文化历史上具有明显的东南亚、南亚文化的影响，这是今天与周边开展人文交流的文化纽带。

第三，滇缅公路、史迪威公路是第二次世界大战中国和太平洋战场对日作战取得胜利的基本保障之一。1937年全面抗战开始后，我国的海路被封锁，西北陆路也不通，1938—1945年年初，唯一可以从国外运入战时物资的通道就是滇缅公路和1942年抢修的中印公路。盟军当时还开辟了飞越喜马拉雅山的中印驼峰航线，修通了沿中印公路的输油管道。在云南构成了保障胜利的立体交通网。

（二）加快云南互联互通建设是推动孟中印缅经济走廊建设的现实要求

第一，云南是内引外联的交通枢纽，加快省内外互联互通交通建设，是中国第二轮西部大开发、深化对外开放和建设孟中印缅经济走廊的必然要求。国家"十二五"规划纲要明确提出要协同推动沿海、内陆、沿边开放，形成优势互补、分工协作、均衡协调的区域开放格局。党的十八届三中全会提出，适应经济全球化新形势，必须推动对内对外开放相互促进、引进来和走出来更好结合，促进国际国内要素有序自由流动，要"加快自由贸易区建设，扩大内陆沿边开放"。今后一段时期，扩大西部地区对外开放，是我国对外开放战略的重点。

第二，完善云南内外交通设施，尽快建成连接内外、通达便捷的交通网络，是我国建设面向西南开放桥头堡和有效开展孟中印缅经济走廊多领域合作的基本保障。目前，云南省连接周边的公路已有昆明至曼谷的高等级公路，昆明至越南、昆明至缅甸以及昆明至南亚的三条干线的境内段已基本实现高等级化；泛亚铁路东、中、西三条线及昆明通往南亚的铁路的国内段也已开始建设。然而仅就省内来讲，通边干线公路还存在不少瓶颈点，而铁路还在建设中，距投入运营还有不小距离。桥头堡建设要求我们加快云南交通建设的步伐，在孟中印缅之间建成高效连接的公路、铁路交通线，将大大改变我国和东南亚、南亚及中亚的交通状况，将使我国的深化改革开放更快更好地融入亚洲和世界经济一体化发展的潮流，将使云南的交通建设在更高的层次和平台上获得资金等各方面的支持与关注。

第三，当前关于我国钓鱼岛及南沙群岛的争议问题，也使我国东部、东南部太平洋沿海面临复杂局势，形成云南与东南亚、南亚国家之间新的面向印度洋的陆海通道，有利于我国突破"岛链"封锁。因而寻找印度洋出海口是我国坚持对外开放、维护区域和平的必然要求。

(三) 推动云南境内境外互联互通建设的重要意义

抗战胜利后的20世纪中叶迄今，由于多种原因，孟中印缅的相邻区域间没有形成通畅的交通网，应当是这一区域经济发展相对缓慢的原因之一。近年来各国都很重视交通基础设施的建设，建立相互连接的便捷交通网无疑将对相邻区域的社会经济发展产生巨大推动力，这已成为各个区域合作组织的共识。很早就有学者和专家提出建设包括亚洲南部在内的亚洲西南大陆桥，近年又发展为建设贯通亚欧南部的第三亚欧大陆桥构想。第三亚欧大陆桥将是继第一（西伯利亚）、第二（中国—中亚—欧洲）大陆桥后的横贯亚洲南部的一条交通运输大动脉，它的建设和现阶段区间的以及未来全线的营运将对亚洲的社会经济发展和资源整合发挥巨大的作用，特别对于亚洲南部中国、东南亚、南亚各国相互间扩大和深化经贸交流，改变三者之间铁路及公路交通干线互不连接的现状，进一步在更大规模和更广领域开展国际区域和次区域合作具有重要的意义。

历史发展到中印两国共同倡导建设孟中印缅经济走廊的现阶段，率先在孟中印缅的相邻区域间通过不断扩大的经贸合作，构建相互间便捷的交通网的条件已基本成熟，这也是第三亚欧大陆桥可能最终形成的关键一步。云南应做好自身的工作，首先在省内为孟中印缅经济走廊互联互通交通体系的构建创造条件。这是云南及中国西南社会经济发展，也是我国深化开放、和谐周边的有利选择，不仅具有拓展与东南亚、南亚及亚欧大陆国家贸易合作新空间的经济意义，而且具有开辟对外连接陆海新通道、构建和谐安全周边环境、应对岛链封锁的地缘政治意义。

第一，有利于发挥云南连接国内和东南亚、南亚市场的优势。近年云南对南亚国家的贸易不断开展，已经有企业获得了发展的新机遇。如云天化的化肥产品，据报道，在 2005 年左右，国内化肥市场产能已经严重过剩，必须通过海外市场分流，否则产品消化不完。云天化在 2006 年开始开拓印度市场，化肥首次出口量 12 万吨，2008 年增长到 50 万吨，印度市场良好的增长业绩使公司下决心于 2009 年在印度设立了办事处，2011 年公司出口量达 117 万吨。印度市场的出口量也占到了公司整个出口量的 30%。① 在钢铁行业方面，目前云南钢铁企业所需矿石大量由印度进口，而南亚国家正在进行的基础设施建设又为企业的产品提供了潜在的市场。

第二，有利于促进周边睦邻友好，巩固边防。云南及邻近的印度东北部、缅甸北部都是社会经济发展相对滞后的多民族聚居区，面临着较为复杂的社会发展问题，而且这些区域多为山区，交通设施落后。从经济层面看，建设良好的道路，有利于相邻区域的贸易交流和促进当地经济的发展，中缅相邻的瑞丽、木姐等地的情况说明了这一点。

第三，有利于促进西部地区特别是西南地区的资源优势转化为经济优势，深化对外开放，实现可持续的快速发展。西南地区自然及人文、历史资源丰富，但长期以来交通基础设施建设滞后，资源优势远未能转化为经济优势。建设中国连接南亚的国际大通道，为西南地区对外开放打开了一个便捷的通道，由这一通道抵达南亚国家，比经由东部沿海港口要缩短运距 5000 多公里；中国东南部沿海省区经由中国连接南亚的国际大通道到达缅甸以及南亚和中东国家，也可避免绕道马六甲海峡而缩短运距 5600 多公里，而且运输时间可节约 2/3，运费可节约一半以上。这对于改变中国单一沿海开放格局，提高西南省市对外出口商品在国际市场上的竞争力，加速推进西部大开发、逐步缩小东西差距，促进区域内的政治、经济和生态安全，都具有重要意义。现在云南沿边保山、德宏等地在对外贸易的促进下，在交通干线网络不断高等级化的支撑下，已经建起不少的经济开发区和工业园区。如保山充分利用国际国内两种资源、两个市场，建设水长等工业园区，并将其作为承接东部地区产业转移的重要平台来重点发展冶金矿产业、化工产业和建材产业。②

---

① 据云南网，http：//www.yunnan.cn，发布时间 2012 - 11 - 15。
② 保山新闻网，发布时间：2010 - 07 - 07。

二　当前云南对外交通网络的基本状况及存在问题

（一）当前状况

公路方面。改革开放以来，云南公路建设走上了从高等级化到高速化再到建设国际大通道的发展过程。目前，全省公路总里程达 21.8 万公里，居全国第一位。高等级公路超过 13140 公里，其中，高速公路 2943 公里，一级公路 259 公里，二级公路达到 3267 公里。农村公路里程达 14.6 万公里，51% 的乡镇已通油路，84% 的建制村已通公路。以昆明为中心 200 公里范围内的干线公路已全部实现高等级化，连接省外和周边国家的干线公路也正在向高等级化方向发展。"七入滇、四出境"的干线公路中，昆明至曼谷的高等级公路已经贯通，昆明至越南、昆明至缅甸以及昆明至南亚的三条干线公路国内段已基本实现高等级化。

铁路方面。泛亚铁路东、中、西三条线及昆明通往南亚的铁路正在抓紧推进。最近云南省委、省政府提出了 10 年内建设中国连接东南亚、南亚国际大通道形成"八入滇、四出境"网络布局的战略构想，即云南铁路将形成以昆明枢纽为中心，8 条干线铁路入滇（滇藏、成昆、内昆、贵昆、南昆、云桂、渝昆铁路及 1 条高标准的沪昆客运专线），4 条铁路出境（中越、中老、中缅、中缅印铁路），由东、中、西三向出境，经越、老、缅三国连接东南亚、南亚等地区，建成通江达海连接周边的云南铁路运输大通道。力争经过 5 到 10 年的建设，5 条现有铁路（贵昆、南昆、成昆、昆河、内昆）得到全面改造提高；泛亚铁路新加坡至昆明通道中线（昆明—玉溪—尚勇）和西线（昆明—大理—保山—瑞丽）两条出境铁路及大理至迪庆铁路基本建成。再过 5 年，中印铁路云南境内段（大理—猴桥）基本建成；按照铁道部关于列车提速的要求：500 公里以内朝发夕至，1500 公里以内夕发朝至，2500 公里以内一日到达。云南 3 条铁路对外通道建成后，加上现有的河口通道，在一日车程内可由昆明分别抵达 4 个国家的首都即河内、万象、曼谷、仰光。届时，人们由昆明至景洪、瑞丽，将做到夕发朝至。昆明将成为我国继哈尔滨之后第二个内陆铁路口岸，成为我国连接东南亚、南亚的铁路枢纽。

水运方面。云南省地跨 6 大水系，具有开发航运价值的主要河流有 6 条，尤其是澜沧江—湄公河、元江—红河以及独龙江—伊洛瓦底江 3 条河流，在国际长途水运或联运方面极具开发价值。伊洛瓦底江发源于喜马拉雅山麓，经云南进入缅甸汇入恩梅开江，往南与迈立开江汇合后合称伊洛瓦底江，全长 2200 公里，其中中国境内 171 公里（在云南称独龙江）。中缅陆水联运通道，全称为"中国昆明—缅甸仰光伊洛瓦底江陆水联运通道"，是指从中国昆明经保山、瑞丽至缅甸八莫港陆路，再经八莫港至仰光港水路出海，最终进入印度洋，包括公路、口岸、枢纽、中转港、水路、出海港在内的汽车与船舶国际联合运输的整个陆水联运系统。目前，中缅陆水联运大通道云南境内的最后两段公路保山市至龙陵县公路高等级化改造工程已经完成，2011 年 5 月 30 日云南龙（陵）瑞（丽）高速公路在瑞丽奠基，中缅陆水联运也已进行了联合载货试航运输，只要中缅两国签订联运协议，从昆明到滇西中缅边境将实现公路全程高速化，与缅甸公路和水路相连即可形成经仰光港进入印度洋的"陆水联运"通道，成为中国直入印度洋最直接的战略通道，从而有利于中国谋求从传统的"一洋战略"向更加安全稳妥的"两洋战略"转变。

航空方面。已基本形成沟通省内外主要城市和东南亚国家的航空网络。目前，云南已先后建成 12 个地方机场，各机场开通航线 301 条，其中国内航线 258 条，国际地区航线 43 条。以昆明为中心，省内与周边省际、国内大中城市、东南亚和南亚 3 个轮辐式为主及城市对式结构互补的航线网络初步形成。2007 年 10 月 29 日中国东航正式开通昆明直飞印度至加尔各答航线。为中国西北、西南、中南地区往来南亚国家印度搭起了便捷的空中通道。

（二）存在的主要问题

但是从现在云南外贸仍然大量依靠海运的现状看，再从今后内引外联的桥头堡和高效快速地开展宽领域多层次孟中印缅经济合作的高度要求，云南交通在内外连接方面仍然存在很大问题。主要有以下几点：

一是与境外连接交通网不畅。公路方面，云南周边直接接壤的缅甸、老挝和越南的公路等级都不高。连通周边省份和国家的出省、出境公路通而不畅状况还较为突出。亚洲南部的公路体系，最初形成于近代的殖民统治时期，特点是中国、东南亚、南亚各自自成体系，相互间的连接线路很少。而在仅有的陆路连接线中，云南就有滇越铁路和滇缅公路，但这些线路很陈旧，不能适应现实的需求。目前已经通车的高等级昆曼公路，尚未能与其他交通线形成高效互联。现在贸易量较大的中缅瑞丽—木姐口岸，缅方一侧的道路仅为三级路面。铁路方面，运力不足是困扰很大的问题，目前我省铁路运输仅能满足需求量的 20%，供需矛盾突出。与邻省铁路只有贵昆、内昆、成昆和南昆 4 条，且多为单线铁路；通边、出境铁路仅有 100 年前建的昆河米轨铁路。路网规模不足，全省铁路营业里程仅占全国铁路总里程的 3% 左右，分布也极不平衡，主要布局在滇东和滇东北部地区，滇西及滇南、滇西南地区仅有广大铁路和在建的大丽、大瑞铁路。航空方面，国际航线网络不健全、国际旅客所占比例较低。昆明尚未开通欧美澳等地航线；2012 年全省国际和地区旅客吞吐量仅为 173 万人次，仅占全省旅客吞吐量的 5.4%。已通航使用的 12 个民用机场只有昆明、版纳和丽江等少数机场盈利，其余均不同程度亏损。航班密度小、合作伙伴少、机场资源闲置等问题较为突出。机场建设和运营层次还不高。机场建设项目审批程序复杂、难度大，通用航空发展滞后。

二是与周边国家的交通协调问题。例如，作为中国连接南亚次大陆的大陆桥的重要公路段云南保山腾冲至缅甸密支那的腾密公路缅甸段已于 2007 年 4 月 26 日正式通车，通车的路段全长 96 公里。在中国通往南亚国家及西亚、欧洲的陆路交通线路中，云南保山是交通条件最优越、路途最短的通道口。如果按昆明到腾冲修筑高速公路的里程、腾冲到密支那修建二级公路的里程计算，从昆明经腾冲、密支那到缅印边境的班哨，再到印度雷多只有 1200 余公里，比绕道马六甲海峡的六千里海路要近 4800 余公里。如果全部建成高等级公路，从昆明到雷多全程仅只需十多个小时。但是关于这条线路，由于中印间存在边界争议而难以推进。再如通过缅甸伊洛瓦底江的中缅陆水联运项目，也是多有反复以至迄今不能落实。

三是省内交通网还需要进一步建设和完善。通边公路还存在不少瓶颈制约点，如滇西昆明—瑞丽高速公路的龙陵—瑞丽段，滇东南昆明—广西高速公路到中越天宝国家级口岸的砚山—天宝段，等等。全省公路大多质量差，技术等级低。目前全省二级及以上高等级公路所占比重不到 4%，广大农村公路技术标准低、通行条件差、配套设施缺乏。内河航运还有很大发展空间，云南省水系具有开发航运价值的主要河流有数十条，但当前仅有澜沧江、金沙江等少数航道开发运营，多种运输方式中水运投入最少，全省用于航道建设的总投资仅 3 亿多元，仅相当于约 6 公里高速公路投资，水运发展后劲明显不足。

四是孟中印缅相邻区域间的交通连接线路可能穿越敏感的或争议地区，包括国家与国家之间，也有同一国家内不同地区存在的民族矛盾、地方分裂势力的存在、经济社会发展不平衡带来的矛盾等。事实上孟中印缅之间的互联互通问题，当前主要受困于历史及政治等因素影响，特别是相关国家间悬而未决的历史遗留问题以及自 20 世纪中叶以来的相互隔绝和由此产生的陌生感，需要加强国家间政治外交层面的协调努力。而且，相关国家法律制度、边检程序、贸易及过境政策等不同，涉及复杂的关系协调。但目前尚缺乏有效的国家间协调机制，在推动过程中也面临各种障碍。

三　对策与建议

（一）进一步重视发展与缅甸等周边国家的友好关系，解决中国—东南亚—南亚的陆路通道问题

构建孟中印缅经济走廊首先应在相邻区域建设通畅的交通体系，目前的关键点和突破口就在中国—东南亚—南亚的交汇地区，即中国西南、缅北和印度东北部，应充分利用我国与东南亚、南亚国家已建立的友好合作关系，通过中国—东盟、中国—南盟、GMS 和孟中印缅等合作机制，制定和提出建设区域通道的切实可行的方案和规划，争取这些区域合作组织的认可与通过。目前我国西南的对外贸易与交通，与东南亚在陆路水路和航空方面都已基本形成交通网络，但在与南亚国家方面却基本没有陆路水路的连接，以至云南与南亚国家虽然相距很近，而贸易仍然要通过海路实现。而云南要建成联通南亚国家的陆路大通道，缅甸就是不可逾越的，因而在国家层面，云南应积极向国家提出建议，更加注重发展与缅甸等国家的友好关系，协调与周边特别是缅甸和南亚国家的交通连接以及相应的货物过境等问题。在道路基础设施的建设方面，如有可能应在缅甸开展援助建设项目，如将缅甸境内密支那至印度边境的路段改扩建作为援外项目。

（二）在孟中印缅经济合作论坛组织建立交通合作经常机制

应充分利用中印倡议建设孟中印缅经济走廊的有利态势，在现有孟中印缅经济合作论坛下设立交通连接合作的日常机制。通过这一机制协调各自交通建设的基本方向，强调相互连接与本国交通建设的一致性，争取在近期把沟通公路铁路干线作为重点项目；互通相关情况，共同筹措建设资金；在技术、资金、人员等各方面把交通建设作为相互援助的首选项目。作为中国面向西南开放的桥头堡，云南省应提出相关的方案设想，并积极为该机制的设立准备包括人员、办公场地等在内的条件。

（三）云南省重点推进的对外通道建议

主要涉及项目有以下几点：一是尽快打通中印之间包括公路和铁路在内的陆路通道。公路方面，有通过腾冲经缅北的原中印公路（史迪威公路）和经缅甸曼德勒到达印度的线路，实际上这些路线目前基本都在使用中，在技术层面，通而不畅的原因主要是部分路段等级过低或雨季中断，其中大多在缅甸境内。这一项目应从桥头堡战略的高度争取国家支持，作为国家援外项目实施。二是泛亚铁路的建设。现在东南亚、中国、南亚各自的铁路网已

基本连为一体，只有中国—南亚、南亚—东南亚两个断点没有连接，而能使两个断点实现快速连接的选择就是通过云南腾冲或瑞丽到达缅甸密支那，再与印度以至南亚、东南亚的铁路相连接。当然，中间还有铁路轨距等许多问题需要解决。三是要促成中缅陆水联运通道项目的通过与实施。这是通过陆路和缅甸伊洛瓦底江水路通向南亚、印度洋的快捷通道，1996年中缅双方就已经基本达成合作建设陆水联运通道的共识并组织了联合考察，当时联合考察组考察认为在技术上完全可行。后因在一些问题上存在分歧而进展缓慢。这一联运路线建设周期短，投资少而见效快，现在龙陵至瑞丽的高速公路已经动工建设，从瑞丽到缅甸八莫港口的陆路仅百余公里。促成陆水联运实施将进一步推进云南通道优势的发挥。

（四）云南省内连接近期重点建设的线路连接建议

在中国云南省内层面，一是建议加快龙陵—瑞丽、保山—腾冲、砚山—天宝等几条通边和口岸高速公路的建设；二是建议省政府上报国务院，积极协调有关省区或部委，尽早解决云南广南连通广西西江水运通道工程。

试析孟中印缅四国毗邻地区
互联互通前景

涂华忠[①]

2013 年 5 月，李克强总理访印期间，与印度总理达成一致共识，倡议建设"孟中印缅经济走廊"。[②] 孟加拉国与缅甸也在不同场合表达了对加快四国合作的意愿。可以预见，随着孟中印缅四国对区域合作积极性不断升高，孟中印缅四国毗邻地区的发展也必将迎来新一轮的机遇。当然，推动孟中印缅四国毗邻地区的发展离不开顺畅便利的交通，孟中印缅四国都应重视互联互通建设，才能够为四国的合作与发展提供持久的保障。

一 孟中印缅四国毗邻地区互联互通合作趋势

近年来，在孟中印缅四国高层的重视下，四国毗邻地区互联互通建设，顺应了经济全球化与地区一体化这一趋势，使得孟加拉国、中国、印度和缅甸的区域经济合作步伐不断加快。在这样一种背景下，孟中印缅四国之间的关系也在不断发展，特别是中印、中缅、中孟的双边关系，以及其他三边关系都得到了长足发展，四国双边关系和多边关系带来的发展机遇，都为这一区域的互联互通建设展示了美好的前景。

作为中国西南边陲的重要省份，云南拥有长达 4601 公里漫长的边境线，与老挝、缅甸、越南山水相连，与 14 个南亚、东南亚国家毗邻，是我国能在陆上与南亚、东南亚直接相通，具有沟通太平洋和印度洋独特区位优势的地区。[③] 云南可谓是我国西南对外开放格局中当之无愧的重要门户。从历史

---

① 云南省社会科学院南亚研究所助理研究员。

② 李建平：《学者称："孟中印缅经济走廊"进入实质性发展阶》，参见中国新闻网，http://finance.chinanews.com/cj/2013/10–25/5426786.shtml。

③ 宣宇才、胡洪江：《云南建设中国面向西南开放桥头堡（云南沿边行）》，《人民日报》（海外版）2010 年 10 月 21 日。

发展阶段看，云南省仍处于社会主义初级阶段低层次。① 孟中印缅四国毗邻地区互联互通建设对云南而言既是机遇也是挑战，尤其是云南如何率先在沿边州市的互联互通工作中打开思路仍然是当前面临的重要课题。

目前，云南已经在推动孟中印缅四国毗邻地区互联互通的建设工作取得了一定成绩。从通路来看，云南是全国机场数量最多的省份，有 12 个民用机场，通航城市 90 余个，航线达到了 210 余条。② 此外，云南与孟中印缅四国毗邻地区，特别是与缅甸、泰国与印度都有道路相连。省委、省政府高度重视铁路建设，抓住国家实施中长期铁路建设规划的有利时机，积极主动与铁道部签订战略合作协议，并提出了"八入滇、四出境"的铁路建设总体构想。"八入滇"，就是沪昆铁路、成昆铁路、南昆铁路、贵昆铁路、内昆铁路、渝昆铁路、滇藏铁路、云桂铁路。"四出境"，就是泛亚铁路东线中国至越南铁路、泛亚铁路中线中国经老挝至泰国铁路、泛亚铁路西线中国至缅甸铁路、中国经缅甸至南亚铁路。③ 从通商来看，截至 2011 年底，云南省对外贸易额突破了 160.5 亿美元。④ 与孟中印缅四国毗邻地区有着良好的通商氛围；从通油和通气方面，中缅油气管道正在抓紧建设，预计 2013 年建成并投入使用，每年原油管道输送能力达 2200 万吨、天然气 120 亿立方米；从通币来看，2012 年云南省跨境贸易人民币结算金额超过 250 亿元，同比增长 3 倍。2013 年前 3 季度，银行办理跨境人民币结算业务 311 亿元，同比增长 93%。云南 6 家商业银行与东南亚 9 个国家的商业银行签署了代理清算协议。⑤ 从通关来看，从 2009 年开始，省政府每年投入 2 亿多元的资金用于云南省口岸基础设施建设，云南省现在开放的口岸已达 20 余个。⑥ 随着各项措施的稳步实施，孟中印缅四国的互联互通展现出了光明的前景。

①　云南省发展和改革委员会：《云南省国民经济和社会发展第十一个五年规划纲要》，第 4 页。

②　关桂峰：《云南加快机场建设　构建辐射东南亚南亚航线网》，参见新华网，http：//www. yn. xinhuanet. com/newscenter/2009 - 08/27/content_ 17518547. htm。

③　罗正富：《抓住机遇　顺势而谋　努力加快云南铁路建设步伐》，《云南日报》2009 年 8 月 10 日。

④　中华人民共和国商务部：《2011 年云南省对外贸易运行情况》，http：//www. mofcom. gov. cn/aarticle/difang/yunnan/201203/20120307992689. html。

⑤　伍晓阳：《云南以"八通"为重点推进与周边国家互联互通》，http：//yn. wenweipo. com/Article/ShowArticle. asp？ ArticleID = 36155。

⑥　云南省商务厅对外经济合作处：《加快推进现代大通道建设　以互联互通破题我省"桥头堡"战略》，http：//www. dh. gov. cn/bofcom/432910751858950144/20110927/301733. html。

二　孟中印缅四国毗邻地区互联互通合作动因分析

从外部环境来看，由于历史与现实原因，大多数与云南毗邻的四国边疆地区经济都十分落后，与云南开展互联互通建设，存在着基础设施落后、配套设施不足等一系列问题。特别是缅甸北部与印度东北部等地区，还存在着民族问题、地方武装、宗教问题与毒品问题，而这些问题又成为互联互通建设的重大隐患。

缅甸、印度等国由于国内外情势不同，与云南推动互联互通合作存在着一定的阻力。从缅甸来看，2011年9月，随着昂山素季及其支持者的反对，缅甸停建与中国合作最大的伊洛瓦底江密松水电站，除此之外，中国在缅甸还有交通、能源、矿山等合作项目，是否会遭到缅甸亲西方势力从中作梗还有待观察。从印度来看，受制于边界争端，印度国内反华势力也有逐渐抬头的趋势。印度还存在着较为严重的贸易保护主义思想与"受害人"心态，面对中国推进与其互联互通建设，印度国内以保护本国企业和维护东北部安全为借口的理由也在国内有一定的影响。

然而，近年来缅甸、印度、孟加拉国等国家政府都意识到了对抗不利于问题的解决，只有加快经济发展才能够为本地区的和平与稳定发挥积极的促进作用。"孟中印缅经济走廊"目标提出之后，进一步明确了我们今后对外开放过程中的主要工作，然而在如何落实与"孟中印缅经济走廊"这一系列议题时，还存在着不少问题。由于孟中印缅四国互联互通要求云南与孟中印缅四国毗邻地区基础设施等"硬件"方面应当创造一个良好的基础，进而推动双边乃至多边物流与信息流的畅通无阻。然而，当前云南与孟中印缅四国在"八通"方面还缺乏统一的协商机制。虽然云南与周边国家有着定期的交流与互访机制，但目前主要围绕旅游、教育等议题开展，尚未提升至全方位、高层次、定期的合作机制，使得云南与孟中印缅四国毗邻地区进一步深化互联互通上存在着机制衔接的问题。但孟中印缅四国近年来合作步伐不断加快，上述问题正逐步得到解决。从外部动因来讲，印度、孟加拉国与缅甸高层都有着提升本区域对话的内在要求，这一动力将会极大地促进四国之间的互联互通。

从内部环境来看，经过多年来的努力，云南已经初步形成了建立在农业基础上的，以烟、茶、糖、胶为代表的轻加工工业和以能源、矿产开发为基础的，以有色金属、磷、盐化工、钢铁、铁合金为主要内容的能源、重、化工业产业结构。① 近年来，在烟草等龙头支柱产业的拉动下，云南经济快速发展，然而云南其他特色产业、优势产业发展步伐相对缓慢，云南经济产业结构还不适应，发展方式仍然比较粗放。② 尽管还存在着这样那样的问题，然而，云南的经济发展仍然取得了长足的进步。

　　虽然云南经济每年都在快速增长。然而，通过对比发现，1997 年重庆设立直辖市时的经济总量仅有 1350 亿元，远远落后于云南的 1676 亿元。经过十多年的发展，2012 年云南的经济总量达到了 10309 亿元，然而却被重庆（11459 亿元）超越，与广西（13031 亿元）、四川（23849 亿元）等周边省市差距也越拉越大，甚至也相继被面积仅为云南二百分之一的深圳（12950 亿元）、苏州（10500 亿元）等市超越。云南与周边省市 GDP 差距的拉大，最终导致了城乡收入与周边省市差距的逐渐拉大。

　　云南除经济发展与周边省市差距越来越大之外，还面临着严峻的就业问题。随着城镇化进程的不断加快，云南每年城镇人口新增 120 万—160 万人；加上 2014 年普通高等院校毕业生 15.5 万人③、普通中等教育专业学校毕业生 8.24 万人、职业教育中学毕业生 8.02 万人；④ 此外，算上城镇登记失业人数 17.4 万人⑤，2014 年云南将会迎来新一波的就业高潮，届时将会有 160 万—200 万人面临着严峻的就业问题。然而，云南能够提供的就业岗位十分有限，2013 年非正式统计新增就业岗位仅为 30 万个⑥，远远不能解决当前的燃眉之急。云南就业压力的提升，也导致了社会不稳定因素的日益增加。

　　面临着日益严峻的发展问题，云南省亟须加快对外开放的步伐，以促进云南省经济社会的可持续发展。那么，通过什么样的措施才能加快对外开放的步伐，进而缩小云南与周边省市的差距呢？从内部来看，应当积极扩大内需，实施更多稳健的经济刺激措施；从外部来看，应当巩固现有对外开放成果，实施更加积极的对外开放步伐。而加快与印度、孟加拉国、缅甸的合作

---

　　① 中国人民政治协商会议云南委员会：《云南产业结构调整和优化的研究报告》，http：//www. ynzx. gov. cn/info/detail. jsp？infoId = A000004799。

　　② 《云南将加快产业结构调整》，http：//www. aosee. com. cn/xiangmu/ShowArticle. asp？ArticleID = 101。

　　③ 2014 年云南省高校毕业生将达 15.5 万人，http：//career. eol. cn/kuai＿xun＿4343/20131208/t20131208＿1049479. shtml。

　　④ 云南省统计局：《云南统计年鉴 2013 年版》，第 336 页。

　　⑤ 同上书，第 451 页。

　　⑥ 《云南 2013 年拟新增就业 30 万　扶持 12 万人自主创业》，《人民日报》（海外版），2013 年 1 月 22 日。

成为了云南对外开放的重要组成部分。从内部动因来讲，云南的经济社会发展，需要加快与周边国家的互联互通建设。

随着云南在孟中印缅四国毗邻地区互联互通建设过程中作用的不断提升，与周边国家经贸关系的不断发展，云南更应意识到自身在我国西南开放中充当的重要角色和占有的重要地位作用，积极推动地州市的建设，打造一流的边境口岸，有效发挥中国与东盟、南盟经济合作的桥梁与通道作用。云南在孟中印缅四国毗邻地区互联互通建设过程中应牢牢把握住建设我国西南开放重要门户的大好机遇，抓紧各项工作的推动与落实，打开思路，开拓进取，努力做到在开放的过程中实现互利互惠。孟中印缅四国毗邻地区互联互通提出促进云南对外开放，正是立足于服务中国西南开放的大格局。

三　孟中印缅四国毗邻地区互联互通合作外在需求

受全球经济一体化与区域一体化浪潮的推动，全球乃至亚洲地区出现了新一波的经济合作高潮，亚太经济合作组织（Asia-Pacific Economic Cooperation，APEC）、上海合作组织（The Shanghai Cooperation Organization，SCO）等组织纷纷成立，为全球经济一体化与区域一体化带来了巨大的推动作用，也为亚洲经济的快速繁荣发展奠定了坚实的基础。

长期以来，亚洲两大经济体，中国和印度之间却缺少经济合作，使得亚洲的经济发展缺乏长期健康的发展动力。为了共同应对全球经济一体化与区域一体化带来的挑战，成立一个由中国和印度为参加方的经济合作组织，就成为了摆在所有人面前的一个共同课题。1999 年 8 月 "孟中印缅（BCIM）地区合作" 宣告启动以来，经过十多年来的发展，已经成为了中国联系孟加拉国、印度与缅甸的重要基础平台。为四国拓展开放空间，紧密联系几大市场，加快次区域经济发展，增强各国的经济实力，改变贫困落后的面貌，开创一种 "南南合作" 机制。① 截止到 2013 年 2 月，孟中印缅四国共举办了 11 次孟中印缅区域合作论坛，并在第 11 次会议上就促进区域内贸易、投资、区域联通、能源合作及机制建议等交流了意见。与会人士呼吁建立多种形式的区域联通体系，加快签证审批程序，改善基础设施建设，减少贸易壁垒，更好促进域内贸易发展。② 云南作为中国通向东南亚、南亚的前沿和最

---

① 任佳、陈利君：《孟中印缅之间的区域经济合作》，《当代亚太》2004 年第 1 期。
② 《第 11 届孟中印缅四国论坛会议在达卡闭幕》，http：//news. ifeng. com/gundong/detail_ 2013_ 02/25/22471108_ 0. shtml。

先倡导开展孟中印缅（BCIM）地区经济合作的省份，一直致力于参与和推动 BCIM 地区经济合作。目前，BCIM 论坛已成为云南省大力推动面向南亚开放，实现国际区域合作的一种重要形式机制。①

早在 2009 年 8 月，为了应对孟中印缅四国合作步伐的进一步加快，云南省人民政府就下发了《云南省能源产业发展规划纲要（2009—2015 年）》《云南省黑色金属产业发展规划纲要（2009—2015 年）》《云南省烟草产业发展规划纲要（2008—2012 年）》《云南省有色产业发展规划纲要（2009—2015 年）》《云南省石化产业发展规划纲要（2009—2015 年）》《云南省生物产业发展规划纲要（2009—2015 年）》《云南省旅游文化产业发展规划纲要（2009—2015 年）》《云南省商贸流通产业发展规划纲要（2009—2015 年）》《云南省装备制造业发展规划纲要（2009—2015 年）》《云南省光电子产业发展规划纲要（2009—2015 年）》② 等文件，进一步在全省范围内推动云南省十大产业发展的方向，明确了旅游文化、烟草、生物、石化、有色、黑色金属、能源、光电子、装备制造、商贸流通十大产业规划今后的前进道路，使得云南作为孟中印缅四国毗邻地区互联互通的重要门户的作用日益凸显。近期，云南省科技厅等单位也出台了《云南省"十二五"科学和技术发展规划》等纲领性文件，旨在进一步促进云南科学技术领域的产业结构升级。对于云南近期出现的产业结构调整和产业结构优化，不难发现一个新的外向型的特色产业基地正在逐渐形成。根据云南"桥头堡"建设的实际需要，加快产业结构改制升级，不断提升产业结构的升级换代和"走出去"步伐，才能够使云南在建设西部地区重要的外向型特色优势产业基地的过程中发生质的变化。

为了应对亚洲其他地区经济合作组织的竞争，中国必须同周边国家加快发展经济合作关系，从而促使双边乃至多边达到一个互联互通的阶段，为中国与周边国家的经济发展提供不懈的增长动力。云南是一个旅游和能源、矿产、生物资源极为丰厚，而少数民族众多，经济社会发展相对落后的西南边疆省份。③ 通过孟中印缅四国毗邻地区互联互通建设，发挥云南的优势，把云南建设成为西部地区重要的外向型特色优势产业基地，是孟中印缅四国毗

---

① 《孟中印缅地区经济合作融合加速》，http：//www.chinadaily.com.cn/dfpd/yn/2011 - 01/18/content_ 11876792.htm。

② 《云南省人民政府关于印发能源等 10 大产业发展规划纲要的通知》，2009 年第 6 期。ht-tp：//www.cxjyzx.gov.cn/Html/c200906/145903115.html。

③ 云南省人民政府：《云南省旅游产业发展和改革规划纲要（2009—2015 年）》，2008 年 11月，第 10 页。

邻地区互联互通对云南的内在要求。随着"桥头堡"战略的最终确立，把云南建设成为建设西部地区重要的外向型特色优势产业基地，既对云南省发展优势产业做出了重要的肯定，也对云南优势产业的发展方向提出了更高的要求，不难预见，孟中印缅四国毗邻地区互联互通建设也会反过来进一步促进云南产业结构的进一步优化，为云南的对外开放塑造更多的品牌。而云南的发展，也会为中国走向东南亚、南亚提供最为重要的桥梁作用。

四 推动孟中印缅四国毗邻地区互联互通发展的对策

孟中印缅四国毗邻地区互联互通建设的提出，不仅仅为亚洲经济的繁荣发展提供了创造性的思路，也为孟中印缅四国之间的经济社会发展提供了不竭的动力。回顾过去，展望未来，孟中印缅四国毗邻地区互联互通不仅仅是连接四国之间的桥梁，也是连接东亚、东南亚和南亚的重要连接点，云南的对外开放再一次得到提升，为此，推动孟中印缅四国毗邻地区互联互通建设需要打开思路，集思广益。

1. 把云南建设成孟中印缅四国毗邻地区互联互通先行区。加快云南的对外开放步伐，不仅仅是我国沿边开放的试验区和西部地区实施"走出去"战略的先行区的重大目标，也是云南加快对外开放的重大任务之一。加快对云南边境口岸的建设，把云南与孟中印缅四国毗邻的地区建成示范区，为中国加快与印度、孟加拉国与缅甸的合作奠定坚实的基础。目前，国家已经出台的许多支持孟中印缅四国毗邻地区互联互通的政策。这些政策针对云南的现有基础，提出了指导性的意见。我们必须牢牢吃透中央精神，先行先试，走出一条具有特色的开放路子，建设具有特点战略的先行区。

2. 积极发挥云南在孟中印缅经济走廊中的优势。如何发挥潜在资源优势，特别是通道优势、产业优势、物流优势等成为云南各族人民所面临的重要课题之一。经过多年来的努力，云南对周边的开放已经在东南亚和南亚两个方向上形成了一定的基础和优势。[①] 特别是在南亚方向，形成了孟中印缅地区合作论坛、中国—南亚博览会、中国南亚商务论坛、中国—南亚智库论坛等合作机制。这些合作机制是云南多年来努力取得的结果，无疑为云南与孟中印缅四国毗邻地的互联互通建设奠定了坚实的基础，具有积极的促进作用。

---

① 任佳：《关于构建云南沿边经济开放区的研究》，《云南省社会科学院南亚研究所研究专辑》，2009 年，第 4 页。

3. 通过加强对话合作，鼓励云南中小企业走出去。云南一定要强调与孟中印缅四国毗邻地区对话合作，增强互信。我们不仅仅要鼓励国企走出去，还应当鼓励民企走出去，共同推动孟中印缅四国毗邻地区的基础设施建设，改善互联互通环境，为孟中印缅四国毗邻地区人民带来实惠。截至2013年6月，云南累计向国外派出务工人员78854人次，出国务工的劳务收入接近7亿美元，前往东南亚国家务工的人数接近一半。① 为此，应当加大海外出国务工宣传与培训，鼓励更多中小企业走出国门，积极发挥云南企业在孟中印缅经济走廊建设过程中的积极作用，进而带动海外务工人员的增加。

4. 设立专门孟中印缅经济走廊建设基金。由于印度、孟加拉国与缅甸的发展程度相较于中国的发展较为滞后，加之双边的合作有着一定的互补性。除了部分涉及国家安全的领域之外，大部分领域云南企业都能够积极参与，只需要投资较少的资金就能够将云南具有优势的生物产业、采矿业、建筑业等进驻这一地区。然而当前，缺乏专门的孟中印缅走廊建设基金，应当设立专门的培训机构与基金，支持中国的工业企业，特别是云南的工业企业参与到孟中印缅经济走廊建设之中。

综上所述，虽然推动孟中印缅四国互联互通建设面临着诸多的困难。然而，孟中印缅四国都有着积极发展本地区经济的强烈愿望。可以预见，在孟中印缅四国高层的重视下，四国互联互通建设不断发展，不但顺应了经济全球化与地区一体化这一趋势，也使得孟加拉国、中国、印度和缅甸的区域经济合作步伐不断加快。在这经济合作不断加快的大背景下，孟中印缅四国之间的全面合作关系也在不断发展，特别是中印、中缅、中孟的双边关系都得到了长足发展，四国双边关系和多边关系带来的发展机遇，都为这一区域的互联互通建设展示了美好的前景。作为孟中印缅经济走廊建设的重要门户，云南具有无可替代的地位。作为中方的前沿阵地，云南理所当然应当在推动孟中印缅四国互联互通建设的过程中发挥积极的建设作用。

① http：//www. pyrc. net/show. asp？ id = 16423.

云南与孟中印缅经济走廊
互联互通建设

刘紫娟　张多拉[①]

建设孟中印缅经济走廊最早可追溯到始于 1999 年四方学者在云南签署的《昆明倡议》。在此基础上，四国于 2011 年正式提出了构建昆明—曼德勒—达卡—加尔各答经济走廊的构想。2013 年 5 月，中国国务院总理李克强出访印度，双方签署了《中印联合声明》，并正式倡议共同建设孟中印缅经济走廊，此举标志着孟中印缅经济走廊上升为国家战略。2013 年 12 月，在孟中印缅经济走廊联合工作组第一次会议上，四方签署了会议纪要和孟中印缅经济走廊联合研究计划，正式建立了四国政府推进孟中印缅合作的机制。这标志着历经 14 年的孟中印缅经济走廊建设从愿景进入实质推进阶段。

虽然四国合作正呈稳步上升趋势，四方合作前景也十分广阔，但由于交通基础设施落后，各国间的连通性较差，使得四国间的经贸合作水平与人口、资源、市场等优势极不相符。根据大湄公河次区域合作 20 多年来的成功经验，互联互通在促进贸易便利化、实现地区发展红利共享方面起到了至关重要的作用。这对于孟中印缅经济走廊建设具有重要的启示意义。

孟中印缅地区经济合作论坛研讨的交通走廊线路包括：北线，沿着原二战时期"史迪威公路"，从云南保山向北进入印度东北，再到孟加拉国；中线，从昆明经瑞丽进入缅甸木姐，然后经腊戌、曼德勒北上从莫雷进入印度，通过因帕尔等地从舒拉南下孟加拉国，再经达卡、班纳普从佩纳普进入印度，最终到达加尔各答；南线，由云南德宏，沿伊洛瓦底江，通过水陆联运到缅甸仰光，再到孟加拉国吉大港、印度加尔各答。

目前，在孟中印缅合作机制的推动下，昆明开通了到仰光、曼德勒、达卡、加尔各答等地的航线，北京、上海、广州、成都等城市也相继开通到孟印缅三国的航线；云南连接周边国家的高等级公路网已初步形成；孟缅、印缅、印孟间也加快了交通线路的连接。未来，如果孟中印缅地区加强对综合

---

① 云南民族大学经济学院国际贸易学硕士研究生。

交通运输网络的科学布局，不仅可实现铁路、公路、航空、水运、管道等方面的联通，而且可将中国—东盟自贸区、东盟—印度自贸区、东盟自贸区联系起来，形成世界上规模最大、最具活力的自贸区，这对经济走廊建设将起着决定性作用。

一　孟中印缅经济走廊互联互通建设基础

（一）铁路方面

目前，孟中印缅四国铁路互联互通水平较低。未来将通过建设"泛亚铁路"来承担彼此之间的交通运输。泛亚铁路西线在云南境内主要由广昆复线、广大铁路扩能改造工程、大瑞铁路大保段、大瑞铁路保瑞段组成，它们共同形成了云南向西的铁路国际大通道。由昆明经大理、保山从瑞丽出境，可以连接缅甸木姐，或通过保山、腾冲猴桥出境连接缅甸密支那。2013年12月27日，历时六年的广昆复线正式开通运营。该线全长106.3公里，东端通过昆明枢纽与既有沪昆、南昆、昆玉铁路相接，而西可至成昆铁路广通北站，与广大铁路、大丽铁路、大瑞铁路相通，是泛亚铁路西线的重要组成部分。[①] 广昆复线的开通，将完善云南铁路交通网布局，提高成昆铁路广通至昆明的运输能力，促进西南地区经济社会发展。此外，云南广通至大理铁路扩能改造工程正在有序推进，工程全线长174.59公里，设计时速200公里，全线设8个车站，新建桥梁78座、隧道43座，桥隧总长达110.31公里，约占泛亚铁路西线全线总长的63%，预计2017年完工。[②] 大瑞铁路大保段已于2008年开工建设，线路长133.6公里，受横断山脉复杂多变的地质结构影响，线路共有隧道21座，共计103.71公里，桥梁34座，计11.902公里，桥隧比高达87.4%。目前大保段正在加紧建设当中。[③] 大瑞铁路保瑞段共计196公里，现已奠基，有望于2014年开工建设。保瑞段全线速度目标值为140公里/小时，建成后每天可开行客车12对，货运能力将达到每年1200万吨。但由于桥隧总长占该段总里程的75%，地质条件极为复杂，尤其是要穿越高黎贡山、打造长达36公里的隧道，难度极大。

---

① 《泛亚铁路西线广昆复线开通　成昆铁路广通至昆明运力提高》，《和讯新闻网》2013年12月30日，http：//news. hexun. com/2013 - 12 - 30/161007501. html。

② 《泛亚铁路西线云南广通至大理铁路扩能改造工程有序推进》，《新华网》2013年11月15日，http：//www. yn. xinhuanet. com/newscenter/2013 - 11/15/c_ 132891547. htm。

③ 《泛亚铁路西线大保段"修地铁"秀岭隧道为拦路虎》，《搜狐网》2013年11月19日，ht-tp：//stock. sohu. com/20131119/n390425606. shtml。

此外，2009 年开工建设的昆明铁路枢纽正顺利推进，其扩能改造工程安宁温泉站至读书铺段的复线即将开通，届时将化解泛亚铁路西线、成昆铁路车列进入昆明的"瓶颈"。计划由中方全资修建的中缅高铁已开始进行研究和磋商，建成后的电动高铁最高时速可达 125 英里/小时，是目前缅甸火车时速的 3 倍多；每列火车载重约 4000 吨，超过缅甸火车 4 倍多。缅甸境内由木姐至腊戍铁路路基勘测工作已经开始，为此，中国已援助 8000 万人民币。① 而全长 500 英里的木姐－皎漂铁路贯通后，将为缅甸提供很多就业机会，并成为中国运送物资到海外的重要国际大通道。

（二）公路方面

1. 亚洲公路网

亚洲公路网建设构想于 1959 年提出，是连接亚洲各国首都、工业中心、重要港口、旅游及商业重镇的交通运输网。它全长 14 万多公里，将贯穿 32 个国家，覆盖了除西亚以外的几乎整个亚洲地区。2004 年 4 月，23 个亚洲国家在上海举行的"亚太经社会"第 60 次会议上签署了亚洲公路协议，2005 年 7 月 4 日正式生效。工程全部竣工后，亚洲的港口、飞机场和主要的旅游景点将连成一片，为商贸和旅游业提供更多的便利。这也为四国公路的连接提供了有利条件。

尽管云南省学术界早就在孟中印缅论坛上呼吁修建云南—缅甸—印度—孟加拉国高速公路，但到目前为止，该项目还没有进入实施阶段。在中国境内，昆明—楚雄—大理—瑞丽线是"亚洲公路"云南与缅甸之间的连接线。该线路涵盖昆明—楚雄、楚雄—大理、大理—保山、保山—瑞丽段。目前，除保山—瑞丽段外，其他几个路段高速公路均已通车。2012 年 4 月份，保山—瑞丽段中的龙陵—瑞丽高速公路实现全线开工，2013 年该项目完成投资 58 亿元，比年度计划完成 38 亿元提高了 73.7%，项目建设全面提速，并有望于 2014 年底前通车。届时，中国上海经昆明到瑞丽这一中国国家高速公路网主干线将全程贯通。

"亚洲公路"由云南瑞丽经过木姐进入缅甸后，在缅甸境内，由木姐经过曼德勒到达缅甸西部边境与印度交界的德穆相连。其中，木姐—曼德勒段路线全长 460 公里，是全年可通行的两车道沥青路面，相当于我国三、四级公路标准；曼德勒—德穆段约长 600 公里，途经蒙育瓦、羌乌、勃莱、甘高和吉灵庙。

---

① 《缅甸将修建木姐—腊戍铁路》，中华人民共和国商务部网站，2010 年 8 月 20 日。http：//www.mofcom.gov.cn/aarticle/i/jyjl/j/201008/20100807092983.html。

在印度境内，"亚洲公路"线路全长为 65570 公里，修建得相对较好，几乎全路段都是两车道或者两车道以上路面。但从因帕尔到与孟加拉国接壤的道基路段因穿越山岭地带，载有集装箱的重型卡车难以通行，而经印度卡里姆甘吉和孟加拉国奥斯特拉各拉姆两地、从因帕尔—锡尔赫特的这条线路路程较短。[①]

"亚洲公路"在孟加拉国境内从塔马比尔到锡尔赫特及其后的部分都按"亚洲公路"II 级和 III 级标准建成了双车道沥青路面。"亚洲公路"经过贾木纳河上新建成的邦噶邦德大桥后便分成 A1 线和 A2 线，A1 线朝西南方向经贝纳普乐到加尔各答，A2 线朝西北方向经邦噶邦德到尼泊尔。[②]孟加拉国交通部在第六个五年规划中，计划投资 1589 亿塔卡建设 23 个公路和桥梁项目，以连接亚洲公路网。

2. 重要的双边公路

（1）中—缅公路

早在抗日战争时期，我国就修筑了一条重要的联外通道——滇缅公路。滇缅公路起于云南省昆明市，终于缅甸腊戍，全长 1453 公里。其中，中国境内全长为 850 公里，近年来经过不断整治和改建，已成为云南境内重要的国道干线。由滇缅公路进入缅甸后可达缅甸旧都仰光，泰国的首都曼谷，往西可抵印度，最南可抵新加坡，是当时中国西南联外的第一大公路。

目前，由中方投资近 50 亿人民币的中缅葡贡友谊公路正在修建中，该路段由中国怒江州 41 号界碑接壤处起至缅甸葡萄县，全长约 310 公里。继葡贡友谊公路之后，应缅甸政府要求，我国将再修建一条从怒江州片马镇至缅甸密支那的省级二级公路。中缅片马—密支那友谊公路预计全长 220 公里，它将更好地完善中缅交通网络，促进中缅文化交流，增进两国之间传统友谊。

2013 年 9 月，云南瑞丽到陇川的高速公路正式开工建设。瑞陇高速公路起点链接龙瑞高速公路止点，并与中缅瑞丽至皎漂公路通道起点相连，止于陇川县章凤镇，全长约 24.26 公里。[③]该段公路与中缅陆水联运通道的陇川章凤至缅甸八莫公路的起点和腾冲至陇川二级公路的止点相连，将境内外四条公路、水路通道连为一体，是中缅水陆联运大通道的关键环节，预计三

---

①　［孟］M. 拉马图拉、张林、邓蓝：《推进孟中印缅交通连接及对策建议——孟加拉国的思考》，《东南亚南亚研究》2010 年第 3 期。

②　同上。

③　《云南瑞陇高速开工　加速中缅水陆联运大通道建设》，网易新闻网，2013 年 9 月 29 日，http：//news. 163. com/13/0929/18/99V9OTN500014JB6. html。

年后建成通车。

此外，在"亚洲公路"的基础上，我国正与缅甸有关方面密切协作，共同推进中国瑞丽—缅甸曼德勒—皎漂跨境高速公路建设，该路线与孟中印缅交通走廊中线方案在中国瑞丽—缅甸曼德勒段实现重合，成为孟中印缅经济走廊最先启动可行性研究的基础设施互联互通项目。

（2）中—印公路

1945 年初建成通车的中印公路，即著名的史迪威公路，是第二次世界大战中举世闻名的军事运输线。中印公路西起印度东北铁路终点站雷多镇，中经缅北和滇西，东至昆明。如今，中印公路分为 1945 年建的旧中印公路及 1946 年建的新中印公路，旧中印公路前段昆明到缅甸木姐跟滇缅公路共线，而后转往密支那往印度雷多，全长 2125 公里。其中，中国境内为 850公里，国外为 1275 公里。新中印公路昆明—保山跟滇缅公路同线，而后由保山转往腾冲往密支那再往印度雷多，又称腾密公路，全长约 295 公里，其中中国境内约 180 公里，境外约 115 公里。

（3）中—孟公路

目前，昆明至达卡公路的修建已经写入中孟两国政府的联合公报中，但由于这条公路要经过缅甸，孟加拉国正就这个项目与缅甸进行商谈。从昆明到达卡有两条路线，北线是从昆明—保山—腾冲—猴桥通往缅甸密支那，最后到达卡，这条路线距离最近，但沿途尽是山脉，修建道路有一定困难；南线是从昆明—保山—龙陵—瑞丽—弄岛—曼德勒到达达卡，由于缅甸曼德勒位于平原地带，南线修建难度系数较低，但这条路线路程较北线长。但无论是选北线还是南线，保山—腾冲和保山—龙陵高速公路的贯通使用已经为中—孟公路的修建做好了前期准备。

（三）水运方面

1. 中—缅水运合作

澜沧江—湄公河国际航运为中缅水上运输提供了便利。1997 年 1 月，中缅两国正式签订《澜沧江—湄公河商船通航协定》。2001 年 6 月中老缅泰四国在中国思茅港—老挝琅勃拉邦 786 公里的水域上正式实现通航。为确保水上运输的安全和扩大航运成果，2002—2004 年，中国政府出资 500 万美元，对湄公河多处碍航滩险进行了航道改善工程，该工程的完工极大地改善和提高了通航能力。2011 年 10 月 5 日震惊中外的"湄公河惨案"导致航运全面暂停，经过中缅老泰四国的协调及开展联合执法护航，澜沧江—湄公河水上运输安全得到加强。其中，航道货运已于 2011 年 12 月恢复，国际旅游航线也于 2014 年 1 月份逐步恢复。

目前，中缅双方正在积极构建陆水联运通道，该通道从昆明经瑞丽到达缅甸八莫港后，经伊洛瓦底江到达仰光，构成了我国云南通过缅甸伊洛瓦底江从仰光出海进入印度洋的新通道。云南—八莫港的公路运距为923.3（境内807公里，境外116.3公里），伊洛瓦底江八莫港—仰光水运为1277公里，经仰光港出海至缅甸以西国家，比由湛江港出海可缩短海上距离2000多海里，节省6天的运输时间。① 开通中缅陆水联运，是中缅两国的共同利益所在，也是双方的共同愿望。自1989年缅甸政府总理正式提出中缅联合开发利用伊洛瓦底江航运的建议以来，两国有关部门进行了多次考察和会谈，并在开通中缅陆水联运通道原则上达成一致。目前，中缅陆水联运交通运输系统已初具雏形，当前的建设重点是"一路一港"，即瑞丽—八莫港公路和八莫港建设。中缅陆水联运的开通将使云南基本形成四大对外出口通道的格局，为孟中印缅经济走廊建设铺平道路。

2. 中—孟水运合作

目前，中孟水运合作不断拓展，已扩大到港口工程领域。多年来孟加拉国一直在努力争取中国在吉大港建设计划上的援助，现中国已同意投资约90亿美元援建孟加拉国吉大港（包括建设一个新型深水港），并与孟加拉国分享布拉马普特拉河的水文资料。孟加拉国现已公开表示同意印度使用吉大港，还计划说服中国将吉大港港口作为云南省的商业出海口。如果中国同意使用吉大港，无疑将极大地促进孟中印缅经济走廊的建设。虽然近来由于孟加拉国政局动荡，国内交通封锁，大量工人罢工，吉大港每天积压大量货物，项目建设不得不暂停，但可以肯定的是，未来中孟双方将在海运和港口领域开展进一步合作，吸引更多有实力和技术的中国企业将前往孟加拉国参与投资和建设。

（四）航空方面

1. 中—缅航线

1956年，中国民用航空局与缅甸联邦航空公司开通了昆明—曼德勒—仰光的国际航线，这是云南省最早的国际航线，也是中国较早的国际航线。2002年4月，中国云南航空公司正式开通了昆明至缅甸第二大城市曼德勒的国际航线。2007年11月，中国南方航空公司开通了广州—仰光航线，这是继北京直飞仰光后，国内第二条直航仰光航线。在开通昆明—曼德勒航线7年之后，中国东方航空公司于2009年10月24日增开了昆明—仰光航班，

①　《发挥地缘优势开通中缅陆水联运通道》，全国科技信息服务网，2011年2月18日，http://yunnan.stis.cn/xnjw/dmkjjj/200411/t20041102_235603.htm。

而缅甸也已开通仰光直飞昆明的航线。此外，昆明—南宁—仰光航线也于2010年1月份开通。

2. 中—印航线

2002年3月底，东方航空公司先后开通北京—新德里、上海—新德里航线，从而实现中印两国的首次直接通航。2007年10月，东方航空公司又开通昆明至印度西孟加拉邦首府加尔各答的直飞航线，该航线自营运以来就保持良好发展势头，从2009年4月份开始，昆明—加尔各答航线班期增至每天一班。为继续扩大云南与印度西孟加拉邦之间的经贸往来和文化交流，东方航空公司于2009年5月份增加加尔各答—昆明—北京、加尔各答—昆明—上海两条航线，将昆明打造成为西孟加拉邦通往中国内陆的空中枢纽，实现印度旅客到昆明后可以当天中转到北京、上海、广州、成都等中国中心城市，以及义乌、大连等小商品集散中心地。2008年3月底，印度航空公司也首次开通中国直航航线。2010年3月初，中国国际航空公司正式开通成都—班加罗尔直航航线，从而催生了国内第一条飞往尹大夫"硅谷"班加罗尔的航线。2012年5月份，中国国际航空公司又开通上海—成都—孟买直达国际航线，这是中国大陆唯一一条直飞孟买的航线，对促进上海为中心的长三角地区和成都为中心的西南地区与印度之间的经贸合作和文化交流具有深远的意义。

此外，中国南方航空公司也加快了与印度通航的步伐，目前南航每周共有10个航班往返于广州—德里之间，为中国旅客前往印度，以及印度旅客经广州中转至中国或国际各大城市提供了便捷的空中桥梁。从2012年12月份起，南方航空公司与印度捷特航空正式开展SPA（特殊分摊协议）合作，通过与捷特航空的25个印度国内航段、10个国际航段的有效衔接，以及印度航空24个国内航段、16个国际航段的有效衔接，南航的印度以远航点延伸至印度国内全境。此次合作的开展，将为两地间旅客和货运提供便利，并能有效提高中印航线覆盖率和联程价格竞争力。

3. 中—孟航线

自1980年中国与孟加拉国签署双边民航协议以来，中国东方航空公司于2005年5月开通了北京经昆明至达卡的国际航线，实现中孟首次直航。2009年8月，中国南方航空公司正式开通广州至孟加拉国首都达卡的航线。2011年10月，南宁—达卡国际货运航线正式开通，期间由于中孟两国政策发生变化，自2012年5月该航线暂停营运，但很快于2013年8月顺利复航。

（五）油气管道方面

目前，中国与孟加拉国、印度、缅甸在油气管道方面的合作主要以中缅油气管道为主。中缅油气管道横贯缅甸，从瑞丽进入中国境内，跨越云南、贵州、广西和重庆4个省区市，全长7676公里。投产后，预计每年可向中国输入120亿立方米天然气、2200万吨原油。早在2004年，云南学界就提出修建一条打通印度洋的输油管道的建议，后经过多轮谈判，中缅两国最终于2009年正式签署中缅管道运营协议。2010年6月，中缅石油天然气管道工程正式开工建设，历时三年多，中缅天然气管道于2013年10月份全线正式建成投产，而原油管道预计于2014年达到投产要求。中缅油气管道的建成将有利于实现我国能源供应多来源、多通道、多方式，并缓解马六甲困境，减少对马六甲海峡的过度依赖，降低海上进口原油的风险。对于缅甸来说，中缅油气管道将为缅甸的整体经济发展注入动力，使缅甸的工业化和电气化程度得到提高，对缅甸的长期发展具有重要意义。同时，印度也参与到该项目的投资当中，并占到12.5%的股权，中、印、缅将在该项目的合作中实现互利共赢，并带动区域经济增长，推进亚洲国家走向合作。此外，中国还与孟加拉国在油气领域开展合作，双方已于2010年3月份签署《中孟石油天然气领域合作谅解备忘录》。根据备忘录，双方将进一步加强在油气领域的合作。

近期，中印两国学术界正积极研讨"亚洲能源高速公路"建设的可行性、进展、政策背景及风险，以保持亚洲能源供需平衡，提高能源利用效率，同时推动可再生能源的大规模利用。尽管这条"高速公路"可能面临技术创新、能源贸易等问题，但却是未来的发展方向。一旦该项目得以实现，包括孟中印缅四国在内的亚洲国家，将通过长距离高效输送通道，使能源在整个亚洲区域内完成跨国界配置。

二　云南在孟中印缅经济走廊互联互通建设中的机遇

（一）拓展与孟印缅之间的经贸合作

近年来，缅甸是云南省在东盟最大的贸易伙伴，其自然条件优越，矿产资源、林木资源、渔资源、水利资源等极丰富，石油和天然气储藏量巨大，宝石、玉石更是闻名世界。如今，缅甸已成为云南省主要的对外经济技术合作市场。由于双边需求上的互补，云南出口缅甸的产品多为化工、机电、纺织服装等工业产品，而进口产品主要为木材、矿产等初级产品。2012年，滇缅进出口额达 22.2 亿美元，与 2007 年的 8.9 亿美元相比，增长约 1.5 倍。仅 2013 年上半年，云南与缅甸就实现贸易进出口总额 16.9 亿美元，同比增长 50.4%，占云南省贸易总额比重的 44.33%，实现贸易顺差 1.5 亿美元；其中进口额为 7.7 亿美元，同比增长 90.9%，为东盟十国增长率最快的国家；出口额为 9.2 亿美元，同比增长 27.6%。[①]

在昆交会、南亚国家商品展、南亚商务论坛、南盟经贸高官会和孟中印缅（BCIM）合作论坛等活动和机制推动下，云南省与印度高层交往更加密切，经贸合作富有成效，双方贸易额从 2004 年的 8224 万美元增加到了 2011 年的 8.42 亿美元，增长近 10 倍。[②] 多年来，印度一直是云南最重要的贸易合作伙伴之一和南亚第一大贸易国，但近两年双边贸易额却有所下降。2012 年，滇印贸易额为 4.6 亿美元，同比下降 45.3%；2013 年 1—9 月，云南与印度贸易额为 3.57 亿美元，比上年同期下降 4.3%。[③] 同时，云南省与印度贸易商品多为初级产品。云南省出口印度的主要是磷矿石、黄磷、铅锭、锌锭；从印度进口商品主要是铁砂矿、氧化铝、铬铁砂等。而且滇印贸易方式单一，多样性的贸易格局尚未形成。目前滇印贸易以一般贸易为主，加工贸易、技术贸易和服务贸易尚未发展起来。

继印度之后，孟加拉国已成为云南在南亚的第二大贸易伙伴。2011 年，云南省与孟加拉国贸易额为 1.4 亿美元；2012 年，双方贸易额为 7084 万美元；2013 年 1—10 月，云南省与孟加拉国贸易额达 1 亿美元，同比增长 52.4%。而双方在贸易产品上也存在互补性，近年来，中国对孟加拉出口的商品主要有药品、机械、医疗器材、能源、钢铁、飞机等，孟加拉国主要向中国出口皮革、棉麻纺织品、海产品等。

一直以来，运输距离过长是限制云南与孟印缅双边贸易拓展的主要因素。由于云南与孟加拉国、印度、缅甸在资源、商品和技术结构上互补性较强，借助孟中印缅互联互通建设，云南与孟印缅三国之间不仅可以减小贸易成本，还可以将双边贸易合作向深度拓展。

就云南和缅甸来说，双方产业互补性很强，通过互联互通建设，双方经贸合作将大有可为。随着以美国为首的西方国家对缅甸实施新一轮经济制

①　《2013 上半年云南对东盟总贸易额为 38.2 亿美元》，中国网，2013 年 9 月 5 日，http：//mz. china. com. cn/？ action-viewnews-itemid-24086。

②　《滇印贸易额大幅增长》，中华人民共和国商务部，2012 年 6 月 7 日，http：//www. mofcom. gov. cn/aarticle/resume/n/201206/20120608166780. html。

③　《昆明·加尔各答：下一个十年的考验》，和讯新闻网，2013 年 11 月 25 日，http：//news. hexun. com/2013 - 11 - 25/159982913. html。

裁，缅甸逐渐认识到与云南的陆上贸易通道的重要性。因此，缅甸希望通过加强与云南的经贸合作，来缓解国内经济困境。这对于云南来说，是一个难得的机遇。云南在资金、技术、管理等诸多方面都有比较优势，缅甸则在矿产资源、市场、劳动力成本等方面有优势，在互联互通基础上，云南省企业可以充分发挥产业优势，结合产业结构调整，实施"走出去"战略，通过境外投资、境外加工贸易、开展经济技术合作和工程承包等多种形势，在矿业开发、烟草加工、制药、机械制造、生物资源开发、旅游、农业、石油、天然气勘探、水电工程和公路等基础设施建设等方面与缅甸开展全方位、多层次的经贸合作，这不但可以转移省内优势产业的过剩生产能力，提高云南省产品在缅甸市场的占有率，而且可与缅甸建立长期、稳固的经贸合作关系。①

云南和印度，一个在钢铁、纺织、造船、农业等领域拥有丰富的资源和强劲的发展动力，一个在农业、旅游、生物医药、机械制造等领域正迸发出无限活力。近年来，印度制药业快速发展，市场空间正日益扩大，印度的软件产业、服务外包等领域的发展已达到相当水平和规模，云南省乃至整个中国对印度的制药、软件等高科技产品的需求空间巨大。② 与此同时，云南的特色农产品、生物制药、机械化工产品符合印度市场需求。但云南和印度要做大做强双边贸易，需尽快将双方的经贸合作从商品贸易向投资合作、产业合作和经济技术合作等领域延伸，共同寻求并推动双方经贸合作得到突破。而这些需要建立在互联互通的基础上，没有能承载大规模货运的物流体系，一切都难以开展。在互联互通的基础上，双方将进一步发挥各自优势，实现互利共赢。

孟加拉国巨大的低成本劳动力群体、数以亿计的潜在消费市场、多模式及便利的交通体系，将使其成为全球资本汇聚的洼地。基于上述优势，孟加拉国不仅可以成为中国产业转移的重要基地，更将是云南产业走向世界的桥梁。在孟中印缅经济走廊背景下，云南与孟加拉国经贸合作潜力巨大。孟加拉国有丰富的天然气资源，而云南蕴藏有丰富的水电资源，双方开展合作不仅能解决孟加拉国能源短缺的燃眉之急，同时有利于中孟两个发展中国家共同建立能源安全保障体系，共同抵御风险。另外，能源领域还能吸引更多外

---

① 《滇缅"合伙人"》，中国民族宗教网，2013 年 12 月 29 日，http：//www. mzb. com. cn/html/Home/report/131214923 - 1. htm。

② 《昆明·加尔各答：下一个十年的考验》，和讯新闻网，2013 年 11 月 25 日，http：//news. hexun. com/2013 - 11 - 25/159982913. html。

国直接投资和区域内相互投资，推动多边贸易发展。① 为促进产业合作，孟方已提议建设孟加拉云南出口加工区。出口加工区可以通过提供免税待遇、外资享有 100% 企业自主权、原料和成品进出口免税等行政、财政多方面扶持来吸引外资。目前，孟加拉国所需供电量达 11000 兆千瓦，但现有设施无法满足，至少存在 4000—5000 兆千瓦的电力缺口，孟方希望云南进入该领域。未来，为继续加强经贸往来，云南将鼓励有实力的企业"走出去"参与孟加拉国经济建设，争取在综合交通、能源和矿业开发等领域实现新的合作，并借助中国——南亚博览会等平台开展全方位经贸合作。

（二）加强与孟印缅的旅游合作

云南是中国距离东南亚、南亚最近的地区之一，与孟加拉国、印度和缅甸的旅游资源互补性较强。孟加拉国是世界闻名的"大河之国"，信奉伊斯兰教（国教）的人口占 88.3%，信奉印度教的人口占 10.5%，不仅拥有丰富的生态旅游资源，而且目前河流漂流、文化旅游、宗教旅游、生态旅游、动物观光游等都还是尚未开发的项目，云南与孟加拉旅游合作有广阔的空间。印度的旅游"金三角"、佛教资源、岛屿、沙漠和瑜伽养生项目等吸引了越来越多的中国游客前往体验，而云南得天独厚的气候优势也让印度游客体验到高端休闲度假方式。此外，缅甸的旅游资源也十分丰富，但其硬件设施相对薄弱，包括酒店、机场、交通、供电等方面的基础设施建设还有待提高，而云南在这些基础设施建设方面相对有优势。因此，云南与缅甸、印度、孟加拉国的旅游合作将促进本地区进一步释放旅游资源的巨大潜力。

早在 2005 年，云南省提出了构建"孟中印缅大旅游圈"的设想，即在未来 5—10 年，通过建立连接四国间相邻的主要旅游目的地的空中航线和陆路交通干线，围绕旅游产品的开发、旅游线路的开辟、旅游市场的开拓，加强相关保障机制的建立，构建以缅甸北部、西部和印度东部、东北部以及孟加拉国和云南省为核心，辐射孟中印缅全部地区的旅游圈。② 随着孟中印缅经济联系上的日益密切以及政治互信上的增强，四国共同开发旅游资源，进一步拓展旅游国际市场条件已具备。近年来，云南省与孟加拉国和印度分别签署《旅游合作谅解备忘录》《云南省旅游局（现为旅游发展委员会）与印度旅行商协会合作协议》。2013 年年初，云南省又与印度、孟加拉国、缅甸

---

① 《云南孟加拉对话产业合作 探讨在孟建出口加工区》，中国江苏网，2013 年 12 月 30 日，http：//news. jschina. com. cn/system/2013/12/30/019801053. shtml。

② 《专家建言构建孟中印缅旅游圈》，云南日报网，2006 年 12 月 17 日，http：//paper. yunnan. cn/html/20061217/news_ 92_ 62347. html。

共同举办了首届孟中印缅四国汽车集结赛，而印度、孟加拉国、缅甸等国则纷纷到云南举办"不可思议的印度"、参加中国国际旅游交易会等推介旅游，以推动孟中印缅旅游业的合作发展。目前，印度赴云南游客人数已经从2008年的25132人次增加至2012年的51776人次，成为云南省主要客源国；昆明往返孟加拉国达卡的航班每天满载；2012年，约60万人次的缅甸人来华旅游，其中与缅甸相邻的云南是众多缅甸游客的首选。[1] 相关方应借孟中印缅经济走廊互联互通建设的便利，深化旅游合作，早日打造形成"孟中印缅大旅游圈"。云南省更是可以借此机会加大跨境旅游产品的开发力度，打造云南向中南半岛和连接南亚、中东跨国跨境旅游精品线路，不断提升云南作为区域性国际旅游集散地的功能，将云南打造成为连接东南亚、南亚、中东的旅游目的地和集散中心。

（三）扩大开放程度，打造面向西南开放的桥头堡

云南省尽管位于我国西南边陲，但处于中国大陆同中南半岛、南亚次大陆的过渡地带，拥有得天独厚的地缘优势。全省共有8个边境州市、26个边境县市与越南、老挝、缅甸接壤，边界线总长为4060公里，并与泰国、马来西亚、新加坡等国邻近，具有不可替代的独特区位条件。云南与周边国家山同脉，水同源，没有高山大河的阻隔，没有茫茫戈壁的障碍，一年四季均可顺利到达南亚、东南亚腹地。自古以来，云南省就是中国连接东南亚、南亚各国的陆路通道。先秦时期的"蜀身毒道"，唐王朝时期的"茶马古道"以及抗日战争时期的"抗日生命线"，皆为云南与印度洋沿岸地区的商贸往来做出了重要贡献。但进入20世纪以来，中国的对外开放主要集中在东部沿海地区，云南一直处于我国对外开放的末梢。在21世纪国际形势复杂多变的情况下，云南更应该充分利用地缘优势和通道建设，扩大对外开放和交往，带动经济、社会等各领域的发展，打造面向西南及印度洋的重要桥头堡。

目前，云南连接东南亚周边国家的公路、铁路、水运、航空、能源、信息通道构成的"立体大通道"已初具雏形，孟中印缅经济走廊互联互通建设将进一步完善这一"立体大通道"，实现四国之间的无缝连接。在这一良好态势之下，云南省应当抓好当前机遇，推进与周边国家通路、通电、通商、通关合作进程，把沿边地缘优势转化为经济优势。加快瑞丽重点开发开放试验区建设，推进河口、磨憨、瑞丽跨境经济合作区和天保、孟定、猴

---

[1] 《中国拟与周边国家共造"孟中印缅大旅游圈"》，中国新闻网，2013年6月6日，http://www.chinanews.com/gn/2013/06-06/4903211.shtml。

桥、勐阿、片马边境经济合作区建设，加快昆明、红河综合保税区和水富、富宁、景洪等口岸保税物流区建设。同时，以促进交通运输、金融、信息服务等生产性服务业发展为目标，打造面向省内、国内以及东南亚、南亚、连接欧亚的区域性国际航空物流基地，构建以航空业为核心、临空产业为主体的产业集群；利用空港新城和螺蛳湾国际商贸城的联动作用，打造区域性国际航空物流基地和高端物流服务聚集区；大力发展现代金融、会展、电子商务、动漫软件、研发设计、服务外包等新兴产业；推动二、三产业互动发展，着力构建以现代服务业为主的第三产业。① 通过积极努力，将云南省打造成为我国重要的出口加工贸易基地、清洁能源基地、新兴石油化工基地、优势特色农产品生产加工基地、生物产业基地和国际知名旅游目的地。

---

① 《云南利用地缘优势打造面向东南亚南亚交通枢纽》，中国网络电视台，2011 年 3 月 3 日，http：//news. cntv. cn/20110303/100053. shtml。

人文交流与合作

孟中印缅地区人文交流与合作

——历史概况、有利条件、意义及对策建议

张晓东①

　　2012 年 5 月，李克强总理在访问印度时同印方共同提出建设孟中印缅（孟加拉国、中国、印度、缅甸）经济走廊的倡议。此举契合了四国共同的心声，也为中国与南亚各国开展务实合作、推进云南与南亚的次区域合作注入了新的动力。中、印、缅、孟山水相连，友好往来源远流长。四国幅员辽阔、人口众多，总面积达 1340 万平方公里，人口近 28 亿，占世界总人口40％。四国物产丰富，资源能源富集，经济互补性强，合作潜力巨大。四国邻近地区是连接亚洲各次区域的重要枢纽，入有中、印、缅广袤腹地，出有加尔各答、吉大港、仰光等著名港口，有连接南亚和东南亚的明显区位优势。当今世界，人文交流已成为国家之间关系的重要基础，是国与国关系发展中极为重要的桥梁和渠道，对消除认识差异、增进互信和友谊、推动人类文明进步具有不可替代的作用。在这样的有利条件和形势下，我们有必要通过发展孟中印缅人文交流进一步增进彼此的了解，以便使业已建立的睦邻友好关系进一步巩固和发展。这样的做法既是大势所趋，也是推动孟中印缅经济走廊建设的重要组成部分。

一　孟中印缅地区人文交流与合作的历史概况

　　孟中印缅四国有着悠久的人文交流与合作的历史。早在先秦时期，就有零零星星的商人从中国内地经云南进入缅甸达南亚次大陆，同孟加拉国、印度等国进行文化交流与商贸往来，其间开辟了中国历史上著名的"南方丝绸之路"、"茶马古道"等，从而沟通了中国与南亚次大陆的经贸往来，同时也开启了中国与孟加拉国、印度、缅甸的文化交流。在这一时期，古滇国有着辉煌灿烂的青铜文明和城市文明，是整个中华文明的重要组成部分之

---

① 云南省社会科学院南亚研究所副研究员。

一。古滇国成为当时中国西南与孟加拉国、印度、缅甸文化交流的枢纽。

汉唐以来，佛教经由南方丝绸之路由印度传入中国，而云南则正是佛教传入的重要桥梁，由于特殊的地缘关系，佛教文化也成为云南与孟加拉国、印度、缅甸等文化交流的重要纽带。云南本地的民族同孟加拉国、印度、缅甸等国的民族经常进行跨境交流，互相往来十分频繁。中国与孟加拉国、印度、缅甸文化交流正是通过宗教等载体不断交流着。

明清后期及民国初期，"南方丝绸之路"一度十分繁忙，云南省的许多城市因为这条道路发展成为当时繁华的通商重镇，云南作为中国面向孟加拉国、印度、缅甸的枢纽作用更加突出。在这一时期，大批的中国人到孟加拉国、印度、缅甸从事经济活动的同时，更把中国文化带到了孟加拉国、印度、缅甸，并把孟加拉国、印度、缅甸文化带到了云南。甚至有不少的中国人移民或定居在了孟加拉国、印度、缅甸的广大地区。云南与孟加拉国、印度、缅甸的文化交流，为中国文化的对外传播做出了重要的贡献。到了近代以及抗战时期，中国与孟加拉国、印度、缅甸的文化往来仍未中断。滇缅公路、史迪威公路大都是沿着"南方丝绸之路"以及"茶马古道"而修筑，它成为我国西南部与孟加拉国、印度、缅甸诸国经济文化往来最重要的通道。

1949 年新中国成立后，中国与孟加拉国、印度、缅甸的文化交流进入了一个新时期。新中国成立不久，受到了西方国家的封锁，需要积极争取广大发展中国家的支持。而周边的孟加拉国、印度、缅甸对中国十分友好，这成为了中国打开国门、走向世界最容易的一个方向。通过孟中印缅的共同努力，四国不仅开展了文化及制度方面的交流，而且也促进了经贸合作。和平共处五项原则就是中国与孟加拉国、印度、缅甸发展关系及进行交流最好的体现。1954 年中国政府提出和平共处五项原则，并与印度和缅甸政府共同倡导使之成为各国间发展友好关系及进行交流合作时应遵循的基本原则。改革开放以后，中国对外文化交流进入了新的阶段。与此同时，云南不断扩大开放，已由西南边疆封闭的内陆腹地逐渐转变为中国向孟加拉国、印度、缅甸开放的重要前沿，成为重要的文化交流桥头堡。改革不仅引导云南人民走向了富裕之路，更为中国与孟加拉国、印度、缅甸的文化交流提供了新的思路与新的经验。

近年来，随着经济全球化、区域一体化进程不断加快，中国与孟加拉国、印度、缅甸的人文交流合作也不断加强。早在 1996 年，中缅两国文化部就签署《文化合作议定书》；2000 年 7 月，中缅双方签署了《中缅科技合作协定》《中缅旅游合作协定》；2003 年，中国与孟加拉国签署了

《中孟文化合作协定 2004—2006 年执行计划》；2004 年 10 月，中缅两国教育部又签署《中华人民共和国教育部与缅甸联邦政府教育部教育合作谅解备忘录》，2007 年 6 月，中国文化部部长孙家正和印度旅游和文化部部长安比卡·索尼在新德里签署了《中印政府文化交流协定 2007—2009 执行计划》，该计划是两国政府文化交流的框架性文件，内容涵盖文学、艺术、考古、图书、博物馆、体育、青年事务以及大众传媒等多个领域内的交流与合作项目。2008 年 12 月，《中孟文化合作协议 2009—2012 年执行计划》在达卡签署。2010 年 12 月，中国总理温家宝访问印度，双方签署了关于新闻媒体交流的谅解备忘录，以及《中华人民共和国政府和印度共和国政府文化合作协定 2010 至 2012 年执行计划》。2011 年 12 月，中缅两国签署了《中华人民共和国国家体育总局与缅甸联邦共和国体育部体育合作协议》。2013 年 4 月，在缅甸总统吴登盛访问中国期间，两国在联合发布的新闻公报中表示要开展多种形式的人文交流，扩大民间往来，增进两国人民的相互了解和友谊，加强媒体、非政府组织和教育、卫生等领域友好交流合作。2013 年 10 月印度总理曼莫汉·辛格对中国进行了正式访问，两国又签署了《中印文化合作协定 2013 至 2015 年执行计划》，其内容包括文化艺术、文化遗产、青年、教育及体育事务、新闻出版与大众传媒等。在这次访问中，中印双方还商定将 2014 年定为"友好交流年"。另外，中国的孔子学院也已经在印缅孟三国扎下了根。到 2013 年，中国在印度的孟买大学和韦洛尔科技大学已经创办了两所孔子学院。在缅甸和孟加拉国，中国也已经同样分别创办了两所孔子学院。其中，设在南北大学的孔子学院就是由云南大学与孟方合作创办的。中国创办的这些孔子学院在推动这三个国家的汉语教学和普及方面做出了努力的同时，也为印缅孟人民了解和认识中国的历史和文化提供了有益的窗口。

值得一提的是，孟中印缅地区经济合作论坛为四国人文领域的合作搭建了重要平台。自 1999 年首届孟中印缅区域合作论坛成功举办至今已有 10 多年的历史。至此，孟中印缅区域合作论坛已召开了 11 届。通过各方努力，这个论坛已经形成机制，四方已在贸易、交通、旅游等领域的合作方面取得了许多共识。十多年来，论坛在有效促进四国经贸合作与文化交流方面取得了许多成绩与经验，为进一步推进人文领域的合作奠定了坚实的基础。2013 年 6 月，在"中国—南亚博览会"举行的同时，"中国—南亚智库论坛"的召开又为孟中印缅的人文交流创造了一个新的重要平台。中国与中国云南省具有良好的地理位置优势，与孟加拉国、印度、缅甸相互毗邻，人文相通，具有良好的人文合作基础。目前，云南正在推进面向西南开放的门户建设，并大力推进与孟印缅的经贸和人文合作与交流。随着孟中印缅通道条件的改善和经贸合作的增加，云南将成为中国文化与东南亚、南亚文化交流的重镇。

两千多年来，"南方丝绸之路"、"茶马古道"等连接中国和孟加拉国、印度、缅甸的古老通道从未间断过，这些通道为中国与孟加拉国、印度、缅甸文化交流与传承做出了重要贡献。21世纪以来，中国在建设中国—东盟自由贸易区、大湄公河次区域经济合作和孟中印缅地区经济合作的道路上不断迈进。云南凭借东连沿海，北靠中原，南邻东南亚，西接南亚的独特区位，当仁不让地伫立在中国西南门户的位置，从而为扩大云南与孟加拉国、印度、缅甸的人文领域合作提供了最为有利的条件。

二　孟中印缅地区加强人文领域合作的有利条件

作为政治、经济交流合作的基础，人文交流可谓是深化与巩固孟中印缅区域全方位合作的一个重要前提。在开展这一领域的合作方面，我们有着不少有利条件。

第一，孟中印缅四国政治关系友好并稳定发展，为相互之间人文领域的合作奠定了基础。近年来，中国与孟加拉国、缅甸和印度的关系不断改善、友谊不断深化。缅甸与中国是山水相连的友好邻邦，中印宣布确立战略合作伙伴关系，中孟宣布确立全面合作伙伴关系。印度与缅甸、孟加拉国的经贸关系和政治关系也进一步发展。四国间的政治关系良好发展，互信不断增强，这为相互之间发展人文领域的合作奠定了基础。

第二，孟中印缅地区经济合作论坛为人文领域的合作搭建了重要平台。自1999年首届孟中印缅区域合作论坛成功举办至今已有10多年的历史。至今孟中印缅区域合作论坛已召开了11届。通过各方努力，这个论坛已经形成机制，四方已在贸易、交通、旅游等领域的合作方面取得了许多共识。该论坛已成为了孟中印缅四国经贸文化合作与交流的重要平台。十多年来，论坛在有效促进四国经贸合作与文化交流方面取得了许多成绩与经验，为进一步推进人文领域的合作奠定了坚实的基础。

第三，加强人文领域的合作与交流是孟中印缅地区经贸合作日益密切的必然趋势。人文领域的合作与经贸合作是相互促进、相互提高的过程。人文领域的交流与合作必然会推动经贸领域的合作，反之，经贸领域的合作加强也会推动人文领域的合作。而且，经贸合作进行到一定程度往往带来更大规模的文化领域的交流与合作。经过十多年的发展，孟中印缅地区的经贸合作日趋加深，人员交往也日益密切，不仅政府官员、民间商会、公司团体等相互间的访问与交流日趋频繁，而且教育、文化、学术界等领域的合作与交流也不断增加。这为推动孟中印缅地区的人文交流与合作奠定了基础。

第四，孟中印缅地区具有人文领域合作的基础。孟中印缅区域合作论坛从成立之日起，就十分重视人与人之间的交往，并不断推进人文领域的交流与合作。因为人文领域的交流与合作能够有效地促进经贸领域的合作，在有些时候甚至能够打开一些经贸合作所无法打开的局面。回顾十多年孟中印缅地区合作的成就，我们可以看到人文领域的合作给我们留下了极为深刻的印象。例如云南大学与孟加拉国合作创办南亚地区首座孔子学院、大理学院迎来南亚国家学生等。尽管孟中印缅地区在人文领域的合作已取得了诸多的成绩，但与经贸合作发展速度相比，仍然显得有些滞后。孟中印缅人文领域的合作远远满足不了本地区人民增进友谊的强烈愿望。因此，孟中印缅四国在人文领域的合作还有巨大的提升空间。

第五，悠久的历史与文化为人文领域合作提供了现实的基础。孟中印缅四国都是具有悠久历史与辉煌文明的国家。历史上的中国、印度、孟加拉国和缅甸都创造过辉煌灿烂的文明。至今，这些地区的文明依然在闪烁着它们迥异于西方文明的奇光异彩。这为四国开展人文领域的合作与交流提供了取之不尽用之不竭的源泉。

第六，人文领域合作的特殊性使其可以较少受制于经贸关系的发展水平。人文领域的合作类型多样、内容丰富，受限制的因素少、合作成本低、合作方式多元，往往可以比经贸合作先行一步，开创新的合作局面。只要相互之间有强烈的合作愿望，有增进友谊的共同期望，那么人文领域的合作就没有打不开的局面。尽管目前孟中印缅地区间的经贸合作和人文领域的合作都存在着诸多困难，但是由于人文领域的合作障碍较小，再加上四国都有加强了解、增加友谊的强烈愿望，因此人文领域的合作前景广阔。

三　加强孟中印缅地区人文交流合作的重大意义

加强孟中印缅人文交流的目标就是通过合作坚定四国人民世代友好、睦邻和谐的一种信念。开展人文领域合作，也是在新时期增强四国人民之间的相互了解和友谊，促进各领域的合作全面发展的基础。

第一，有利于增进了解，为孟中印缅的全面合作奠定人文基础。通过近年来的交流与合作，孟中印缅区域的人民加深了对区域内悠久历史、灿烂文化和经济发展成就的了解，这为四国关系的健康发展营造了有利的社会和舆论氛围，也使友好合作的和平思想深入人心。这不仅为中印战略伙伴关系的发展创造了条件，也加固了孟中印缅全面合作的社会基础。显然，如果我们的人文合作能够在此前取得的成就基础上得到进一步的发展，就必然会成为孟中印缅发展全面合作伙伴关系的重要动力和催化剂。

　　第二，有利于增信释疑，为促进其他领域的合作营造良好的文化气氛。在发展孟中印缅合作的问题上，中印关系的发展是个关键因素。应该承认，在这一方面，中印两国之间在互相理解和相互信任方面还是存在一些问题的。国家之间信任的缺乏通常缘于不了解。与中国相似的是，印度是一个具有悠久历史的文明古国，而目前正在努力发展并希望尽快走上富强之路。在中国，大部分人并不了解印度的历史和正在发生的变化。同样，许多印度人也不了解中国的过去和现在。这种文化上的隔膜和交往的不畅不仅影响到两国经贸活动的深入开展，还影响到其他领域合作潜力的挖掘。增进孟中印缅（包括中印）的相互了解需要多方努力，是扩大合作的必不可少的系统工程。人文交流能够缩小孟中印缅四国人民心灵间的距离，为促进其他领域的合作与开发营造良好的文化气氛。人文交流是促进孟中印缅之间感情交流的重要渠道，只有多沟通，才能消除误解。同样，加强人文交流还可以起到化解矛盾、减少冲突的作用。人文交流合作还可以使得有关各方培育和找到共同的价值观、审美观和经济合做出发点，它还可以成为化解矛盾、减少冲突的黏合剂。

　　第三，有利于培育区域文化与命运共同体的观念。如上所述，东南亚、南亚国家，历史上就与中国在文化、宗教、习俗等方面互相传承、借鉴，文化交流源远流长。通过加强人文交流，建立孟中印缅四国各个领域和社会各界人士能够广泛参与的机制，可以集思广益，让我们合作的利益惠及区域内各阶层人民，特别是山区的贫困人口，进而促进区域内社会经济的可持续发展。无疑，如果我们在以前取得的成就的基础上继续与印、孟、缅三国持续不断地开展文化交流和节庆活动，深化民间情谊，将有利于促进文化共同体意识的形成，并培育出一种新的孟中印缅区域命运共同体的观念。

　　第四，有利于复兴东方文化，创造亚洲世纪。人类历史发展的过程，就是各种文明不断交流、融合、创新的过程。不同国家、不同民族、不同文化之间不断地沟通交流，在和而不同中取长补短，在求同存异中相得益彰，是推动人类文明进步的持久动力。这对于增进互信与友谊、消除偏见与误解、推动和谐世界的建设具有独特和不可替代的作用。在 21 世纪之初，以中印等国为代表的亚洲世纪正在初步展现。要创造亚洲世纪，我们应该同时在"硬件"和"软件"两方面下工夫。"硬件"就是孟中印缅经济的高速增长，而"软件"则是在我们的文化交融和互动基础上产生出的新的东方文化。"硬件"的发展当然重要，但是"软件"的进步也一样重要。而且，"软件"还是"硬件"的支持基础和保障，正如谭云山先生20世纪30年代在印度创办中国学院时所提倡的那样：沟通中印文化，融洽中印感情，联合中印民族，创造人类和平，促进世界大同。因此，孟中印缅的文化交流与合作如果能够顺利进行并持续足够长的时间的话，就能够真正为复兴东方文化创造条件，推动亚洲世纪的早日到来。

四　加强孟中印缅地区加强人文交流合作的对策及建议

目前，中国与孟加拉国、印度和缅甸之间的高层互访不断，经贸额也快速增长。由于历史和文化上的一些原因，四国人民之间对彼此的了解也还不够。另外，孟、中、印、缅之间虽已有了一些人文方面的交流与合作。但是从总体上来讲，合作的范围还不够，交流项目偏少，也缺乏相应的合作机制。显然，要为建设孟中印缅经济走廊打好基础，我们就必须在加强人文交流方面做出更大的努力。

针对上述情况，为了加强孟中印缅之间的人文交流与合作，推动经济走廊建设，本文提出以下对策建议。

1. 建立"孟中印缅高级别人文交流对话机制"

在国际合作方面，不论要加强哪个领域的合作，首先就应该在机制建设上做文章。要推动孟中印缅充分发掘丰富的人文资源，在更宽领域开展更大范围、更深层次的人文交流，进一步加深四国人民的相互了解和友谊，机制建设就是我们必须考虑的问题。目前，四国之间在人文交流方面还没有相应的正式机制。因此，我们可以考虑成立一个"孟中印缅高级别人文交流对话机制"，让四国的相关政府部门和民间机构的高级代表利用这个平台就教育、科技、文化、媒体、体育和青年等领域的合作进行高层次、高级别的商讨。建立这样一个机制可以从战略高度和长远角度出发，为深化和开展区域人文交流创新合作提供源源不断的动力和资源。

2. 建议印度和孟加拉国在昆明设立领事馆

为了进一步推动人文交流与合作，孟中印缅四国应从战略高度来考虑，尽快采取一些务实的举措来加快合作步伐。其中，建立领事馆是推进人文领域交流与合作的一个重要前提和手段。由于四国地缘相近，我们应积极争取政府支持，在联系紧密的城市设立领事机构。目前，孟、印、缅三个国家，仅有缅甸在昆明设立了领事馆，这显然不利于云南与孟、印加强人文交流与合作。为了深化孟中印缅人文领域的合作，我们建议孟加拉国、印度在昆明设立领事馆，以利于双边的友好往来，推动旅游产业发展。如果目前印度和孟加拉国在昆明设立领事馆有一定的困难，可考虑先设代办机构，待条件成熟后再升级为领事馆。

3. 推进教育合作

当前，孟中印缅的教育合作面比较狭窄，而且信息和实施的渠道不够通畅，来自政府的直接支持也较少。要改变这一状况，我们要采取以下措施。

（1）推动四国政府签订一份《孟中印缅教育合作计划》，在总体上为这一领域今后的合作做出规划，并在政策上为教育合作提供保障和支持。在这样一个计划的保证下，还可以开展孟中印缅教育政策对话，争取建立四方共同认可的质量标准，制定相互认证和承认学位学历的相关规定和制度。

（2）在孟中印缅之间互相设立促进教育合作的办事机构，通过教育合作办事机构介绍和宣传各个国家的教育优势和特点，并为孟中印缅之间的学生到互相国家学习提供中介服务。

（3）成立"孟中印缅高等教育交流合作平台"。高等教育是一个国家教育人才培养的最高平台，对各国今后的教育发展具有举足轻重的地位。成立这样一个论坛的最大好处是可以使得教育部门和相关机构进行长期的、综合性的讨论，为整合四国高等教育领域的合作努力，并减少在这一领域的合作存在的地方和学校各自为政而造成的资源浪费状况。

（4）促进学校师生的互访及交流。通过相互协商制定相关政策和规定，每年互派不同学校的师生到四国之中的其他三国进行教学、科研或学习等交流。还可以在四国轮流定期举办不同类型和规格的教育展览，以促进彼此之间老师和学生的交流、培训、学习和互访。

（5）合作办学。按照互相学习、相互促进的总体思路，促使一部分学校以及教育机构进行合作办学。通过合作办学，达到优势互补、互相学习、共同提高的目的。我国甚至可以考虑与孟印缅合作建立一所孟中印缅大学（或孟中印缅教育合作学院），为我们四国的教育合作提供一个直接可用的平台。

（6）加大留学生交流。中国云南地理位置与东南亚、南亚国家都很近，是中华文化走出去的"桥头堡"，也可以成为东南亚、南亚国家留学生以及其他人员进入中国的"桥头堡"。在这方面，我们四国应充分利用相互毗邻的优势，加大留学生交流，到对方国家去学习经贸、卫生、语言、文化、艺术、法律等课程。

4. 加强民族文化交流

孟中印缅地区的多民族特色非常突出，而且民族文化也各有特色。在这方面，我们应该实施"走出去与引进来"相结合的战略。具体而言，就是在把中国的民族文化、民族风情、民俗文化等介绍到孟加拉国、印度、缅甸的同时，也应该把孟印缅的文化引进来，通过音乐、舞蹈、绘画、雕塑、曲艺、展览、民族民间工艺等样式活泼、形式多样的文化交流，让彼此都了解到对方的民族文化和民族风情，扩大彼此之间的民族文化交流。我们还可以在孟中印缅四国定期举办文化周，在文化周过程中开设电影展，图书、摄影及书画展，民族传统及民族风情（包括歌舞、音乐、服饰及饮食等）展，以充分展示各国的文化遗产及民族特色。

5. 建立孟中印缅文化交流委员会

为了促进文化交流能够走上体制化的轨道，我们首先应该共同成立高层次的孟中印缅文化交流委员会，专门负责本区域内的文化交流与协调。同时在孟中印缅文化交流委员会下分别成立孟中印缅文化交流促进会，使各国都有专门的机构来负责推动这一领域的合作事项，并负责具体实施文化交流委员会做出的决策。其主要目的在于促进孟中印缅文化交流具体化、项目化、长期化，逐步建立长期合作的"长效"文化交流合作机制。

6. 全面开展旅游合作

孟中印缅四国都是具有悠久历史和美丽风光的国家，旅游资源都十分丰富。开展旅游合作，不仅有利于各自的经济发展，而且对增进人员往来、情感交流、互相了解和深化友谊都具有十分重要的作用。

（1）建立旅游合作机构。我们应该创造优惠条件吸引彼此的旅游企业到对方设立旅游办事机构。中国的旅游企业或者机构可以到孟加拉国、印度、缅甸去设立办事机构，孟加拉国、印度、缅甸的知名旅行社也可按对等方式在中国设立合资、独资旅行社和办事机构，以加强孟中印缅旅游机构及企业的沟通、协调及服务，促进旅游业共同发展。

（2）构建孟中印缅大旅游圈。孟中印缅彼此之间应制定切实可行的旅游团队过境手续便利化措施，简化游客出入境手续，消除区域旅游障碍。要优化旅游线路，打造旅游精品，积极推进跨境旅游，最终形成无障碍跨国旅游圈。

（3）加强旅游信息沟通。要共同建立旅游信息网，交流各自的旅游资源和信息，相互推荐优秀旅游景点，联合建设旅游服务设施，共同开发具有互补性的旅游产品，增加孟中印缅旅游圈内游客的互流人数。

（4）共同培育和开发旅游市场。孟中印缅四国要加强区域旅游的宣传促销，共同开发国际旅游市场，共同推出连接这一地区环线旅游的产品，使孟中印缅旅游合作逐步走向国际化。

7. 以农业和信息技术为先导，促进孟中印缅之间的科技交流

中国、印度、孟加拉国和缅甸都是发展中国家，而农业与信息产业对发展我们的经济和改善人民生活都十分重要。因此要积极推进农业和信息技术领域的合作。

（1）农业技术合作。首先，我们要充分发挥孟中印缅所在区域跨多个气候带，生物资源丰富的优势，共同开发有区域特色的种植业和养殖业技术，大力推进节水农业、生态农业的发展，在有条件的地方还要推进精细农业；其次，我们应建立"孟中印缅区域农业科技合作交流中心"，以促进农业科技合作，开展农业科技成果展示与交易，并加强农业科技领域人员的互相往来；第三，建立农业科研院所交流机制，互相帮助进行农业科技培训，交流农业技术开发和推广经验；第四，建议在中国及孟、印、缅的特定城市定期举办孟中印缅农业科技博览会，以切实加快这一领域的合作进程。

（2）信息技术合作。中国和印度都是信息技术大国，但各有优势。印度的优势在于软件开发，而中国的优势在于硬件生产。在软件合作方面，中国、孟加拉国和缅甸既可以从印度得到帮助来开发设计适应各自企业所需的软件产品，还可以派人到印度学习取经以提高自己的软件设计水平。印度还可以向中国、孟加拉国和缅甸输出软件设计人才，以帮助我们提高软件设计水平，培养更多的软件开发人员。在硬件生产方面，中国已经是世界信息产业硬件生产大国。我们可以通过产业互动来推动硬件技术的发展，来提高彼此的硬件生产技术水平。

8. 切实推进医疗卫生方面的合作

在医疗卫生领域，孟中印缅应通过医疗机构的技术与人员交流为先导来开展这一领域的合作。通过交流，我们可以互相学习彼此的经验和技术，共同促进医疗卫生技术水平的进步；其次，我们应该加强在疾病防治方面的合作。尤其应该建立有效的医疗卫生合作机制，确保在重大疫情或其他紧急事故发生时，彼此之间的医务人员可跨境进行紧急协助；还有，由于孟中印缅互相毗邻，彼此之间的人流物流也日益增多，这使得在动植物出入境检疫方面的合作也显得十分迫切。

9. 推进学者交流及青年互访

人员交流是国家之间交流合作的基础。在开展孟中印缅地区之间人文领域的合作方面，推进学者及青年的彼此往来显得特别重要。

（1）学者交流。首先应建立孟中印缅国家间科研院所、高等院校专家

学者互访、学术交流的机制。支持孟中印缅的专家、学者的考察、调研、学术交流。支持孟中印缅学者共同参与人文领域的合作研究，共同提出对策建议。通过经常性地共同召开国际学术会议，为学术交流创建良好的平台；其次，积极推动联合研究项目。通过双方对共同关心的研究项目进行联合研究，达到相互学习和相互促进的目标。同时，有计划地组织各类专业科研人员及团队到对方进行考察和访问，搭建交往的桥梁和平台；再次，不断开创新的合作领域。例如，我们可以鼓励四国学者们共同翻译彼此国家的学术著作，为加强孟中印缅人民之间的理解创造条件；最后，共同创办发行一本杂志。我们学者可以在本杂志上发表各自的学术观点和看法。

（2）青年交流。我们应建立制度化的青年互访机制。例如，孟中印缅各国可分别组织数十人的青年代表团对其他三国进行互访，并组织代表团与当地青年进行丰富多彩的联欢活动。另外，还可以考虑组织孟中印缅四国的"青年学者论坛"、"青年企业家圆桌会议"、"青年艺术家联谊会"以及"青年工作者交流会"等活动，开辟更多青年交往的长效机制和渠道。这些活动对增进了解、加深信任和发展友谊有重要的作用。而且，青年互访交流建立的友谊在他们各自回国后必将更长久地保持下去，为今后的人文交流创造更好的基础和环境。

10. 设立人文合作与交流专项基金

为了保证上述措施能够推行，孟中印缅四国应分别在各自国家设立一项促进孟中印缅人文合作与交流的专项基金，基金可以一部分由政府拨款，一部分由企业捐赠，还可以向社会各界进行募集。有了这项基金的支持，孟中印缅人文合作与交流就有了资金保障。

11. 推动和加强孟中印缅新闻媒体之间的机构和人员交流

新闻媒体是当代人们了解世界的窗口和重要的手段。区域内各国在新闻领域的交流合作不断扩大不仅有助于经贸信息的交流，增进了各国人民的了解和友谊。在这个方面，我们可以通过建立孟中印缅在新闻领域的长期稳定的交流机制，以推动媒体发挥积极作用，在区域内外广泛传播合作共赢的理念，客观报道各国发展的真实情况，以促进区域内各国经济社会的稳定发展，为区域合作创造一个有利的环境。具体来看，我们首先要充分发挥四国政府新闻部门的推动作用，深化新闻领域的交流合作，积极推动媒体业和政府主管机构人员互访、交流和培训。其次，可以尝试建立孟中印缅的互联网交流机制，共同分享新媒体建设、运用和管理经验。最后，努力开展媒体采访，影视节目交换，联合制作推广，展播等方面的合作。

显然，孟中印缅四国之间在人文交流方面是有很多事情可做的。关键是各国的有关部门和机构要认识到人文交流的重要性，并积极行动起来，循序渐进，注重实效，逐步拓展合作领域，扩大人文交流的成效就将会收到明显的效果。可以想见的是，随着孟中印缅四国之间的人文交流的进一步加强，这一领域的合作也必然在建设孟中印缅经济走廊的过程中起到更为重要的积极作用。

孟中印缅地区人文交流现状、问题及对策建议

和红梅①

云南地处中国、南亚和东盟三大经济圈结合部，是中国泛珠三角区域合作（"9+2"）、西南六省区（市）地区经济合作的重要省份，是新一轮中国西部大开发的前沿。建设向西南开放的"桥头堡"，云南力求在更大范围内整合资源，积极充当中国与东南亚、南亚全面合作的桥梁，以旅游、文化、教育等领域新的突破点，构建中国与东南亚、南亚合作新格局，在互利共赢的基础上实现共同发展。

一　孟中印缅毗邻地区的人文交流现状

（一）文化交流的现状

近年来孟中印缅各国均重视发展对外文化交流，如2006年的"中印友好年"中，两国商定的38个交流项目中，文化项目占了一半。近年来，云南积极走出去，开展文化交流与合作，向世界推广云南文化，营造云南品牌。如2008年下半年云南赴东南亚、南亚多个国家举办了文化周和旅游推介会，同时开展了青年互访、文艺巡演等活动。同时，东南亚、南亚国家也向昆明汇集，如参加昆交会南亚商品展，参加"中国—南亚博览会"等。经过近年来的努力，云南与东南亚、南亚交往有了良好的基础，更进一步推进与之的交流合作时机已经成熟。此外，加强人文领域的合作与交流是孟中印缅地区经贸合作日益密切的必然趋势。

经过十多年的发展，孟中印缅地区的经贸合作日趋加深，人员交往也日益密切，不仅政府官员、民间商会、公司团体等相互间的访问与交流日趋频繁，而且教育、文化、学术界等领域的合作与交流也不断增加。这为推动孟中印缅地区的人文交流与合作奠定了基础。如2011年印度来滇游客超过

---

①　云南省社会科学院南亚研究所助理研究员。

2.5 万人次，同比增长 88%；2012 年 1—9 月，来滇印度游客已达 2.5 万多人次，印度成为云南的主要客源国之一。①

（二）旅游业合作的现状

旅游作为一个综合性产业，对增进孟中印缅各国人民的相互了解、对促进地区和平都具有重要意义。通过相互的旅游活动，不仅可以增进旅游者对旅游接待国的认识，廓清一些不正确的传播信息，而且旅游接待国也能借此机会增进对另一国的了解，宣传自己的政治立场及观点，从而加深各国之间，人民之间的友谊。中国西南、印度北部和东北部、缅甸、孟加拉国毗邻地区拥有丰富多彩的旅游资源，开展旅游合作基础条件较好，潜力尚待开发。旅游业应当成为中缅印孟区域经济合作的首选领域之一。目前，孟、印、缅三国都已成为中国公民出境旅游目的地国家，三国旅游部门也都与中国国家旅游局签署了旅游备忘录。同时，北京经停昆明—仰光、昆明直飞缅甸重要旅游城市曼德勒、昆明—孟加拉重要港口达卡等多条空中航线拉近了中国与孟、印、缅三国的距离。

虽然，孟中印缅四国旅游业都取得了骄人的成绩，但各国的旅游业在国际旅游业中所占有的总份额还比较低，相互之间的旅游交往还很少，游客也很有限。例如，中印开通直航后，来中国的印度人的数量在不断增加，2003 年印度来华旅行人数与 2002 年相比就增长 34%，达 2119 万人次，2004 年增长为 3019 万人次，2005 年为 3516 万人次，2006 年为 4015 万人次，2007 年突破 50 万人次。② 但中国人去印度旅游的却不多。例如，2003 年在 2200 万出国游的中国人中，只有 5 万人到印度。据统计，2011 年印度来滇游客超过 2.5 万人次，同比增长 88%。2012 年 1—9 月，来滇印度游客为 25478 人次，印度成为云南的主要客源国之一。③ 因此，发展中国、印度、缅甸、孟加拉国等国之间的旅游合作潜力很大，前景广阔，大有可为。

（三）教育合作的现状

进入 21 世纪以来，特别是在 2006 年 7 月，云南省委、省政府制定了《关于加快推进高等院校实施"走出去"战略，提高高等教育国际化水平的若干意见》之后，为云南省教育国际化拉开了新的序幕。《意见》把提高高等教育对外合作与交流水平作为云南实施"走出去"战略

---

① 《滇印合作迎来新契机》，昆明信息港，http://invest. kunming. cn/dzdt/273198. shtml。

② 国家统计局贸易外经司编：《中国贸易外经统计年鉴（2007）》，中国统计出版社 2007 年版，第 754 页。

③ 云南时报：《云南印度越走越近》，2012 年 12 月 26 日。

的重要组成部分，要求各级政府职能部门积极推进高校与东南亚、南亚国家的教育合作与交流。由此，云南先后启动了全面推动互派留学生、教师交流、项目平台、管理人员互访和政策配套等五方面的工作，以加快教育理念、教育目标、教育体制和教育方法的国际化进程。经过多年的努力，目前云南省分别与印度、孟加拉国等 50 个国家、地区和国际组织以官方或校际间合作的形式，签署了合作办学协议或建立起教育合作关系。在云南教育国际化这样的良好发展趋势中，云南与孟印缅教育合作也取得了明显成效。

为积极参与区域合作，云南省政府提供奖学金鼓励孟加拉、印度和缅甸等南亚东南亚国家的学生到云南学习；主动寻求政府高层对话，与孟加拉教育部签订《教育交流合作协议书》，在印度举办教育展；云南大学、云南师范大学分别与印度泰戈尔大学、加尔各答大学、圣地尼克坦国际大学等高校签署合作交流协议；云南大学还与孟加拉南北大学合作建立了孔子学院，与缅甸合作建立福庆孔子课堂。这些举措为云南与区域内国家的交流搭建了有效平台①。2004 年 10 月，中缅两国签署了《中华人民共和国教育部与缅甸联邦政府教育部教育合作谅解备忘录》。为了吸引留学生和加强对留学生的管理，云南省还先后制定了《云南省接受外国学生管理暂行办法》《云南省政府奖学金管理办法》《关于进一步加强云南省高校对外管理工作意见》《云南省高校国际化评估体系》等规章制度，为云南省开展高等教育的国际合作与交流提供了政策上的支持与指导。②

（四）科技交流的现状

在经济全球化的背景下，云南省与南亚国家在科技合作、人员往来、信息交流以及开展政府间援助项目等方面的经济技术合作也取得了较大进步，云南省是中国派出代表团出访东南亚南亚国家和接待东南亚南亚各国代表团最多的省份之一，学术交往、文化教育合作成为云南省与东南亚南亚国家科技领域的显著亮点，为推动中国与东南亚南亚国家的经济发展和合作做出了积极贡献③。

---

① 张丹：《孟中印缅合作教育先行　加强沟通增进合作》，中国新闻网，2011 年 1 月 9 日，http://www.chinanews.com/edu/2011/01 - 19/2798787.shtml? finance = 2。

② 朱耀顺等：《云南省与缅甸高等教育合作问题研究》，《中共云南省委党校学报》2012 年第 13 卷第 1 期。

③ 李义敢、唐新文：《云南与东南亚南亚六国国际科技合作战略研究》，云南民族出版社 2008 年版。

二　孟中印缅人文交流存在的问题

（一）文化交流方面的问题

第一，受政治影响过大，且往往只局限在精英阶层。第二，双边交往的不对称性。孟印缅三国，特别是印度的研究视角大都偏重于中国的政治、经济、外交和安全等领域，缺乏十分深入的对中国历史文化的研究。第三，孟印缅三国对孟中印缅文化的共性的认同感不强，认为对两者共性只是"边缘人物在边缘地方所做的研究"①。第四，两国的民间外交缺乏动力。比如，在"中印友好年"里举办的活动影响和辐射力均显不足，仅局限于官员、学者、企业和部分媒体，未能向大众充分渗透，而举办"中印友好年"的初衷，应是促进两国民间的相互了解。第五，云南文化产业发展面临着许多瓶颈问题。首先，云南文化产业观念尚跟不上开放的脚步，文化资源开发创新意识不足，当前对发展东南亚、南亚开放发展思想观念滞后。其次，文化产业结构不合理，体制改革滞后，社会化、市场化程度低，对外开放的步伐较小，对外开放文化产业政策不完善，立法层次低，产业政策上不完善；再次，文化产业部门集约程度不高，行业较为分散，难以形成有力市场体系。文化产品科技含量较低，创新能力不足，从而导致了竞争能力不强。最后，缺乏专门的国际化的文化人才，人才的培养与引进不能够满足对外开放的要求，缺乏足够的内引外联活力。

（二）旅游合作方面的问题

第一，交通往来不便及旅游基础设施较差。目前的状况是孟印缅等国家旅游基础设施普遍较差，有的地方安全和卫生状况得不到保证，旅游服务质量不高，尤其是政府重视程度不够，使得有形及无形的文化及自然遗产遭到自然和人为的破坏。第二，旅游信息不畅。信息的交流与合作旨在推进区域内信息的对接，缩小信息缺口，达到资源共享，最大化地实现互利共赢，达到共同发展的目标。但遗憾的是，当前孟中印缅四国还没有共同搭建一个有效信息交流机制，缺少可供民众利用的便捷的通过查询和浏览就可获取相关旅游信息的双语或多语种平台，各方的沟通交流仍限于学术、政府、商业等范围，难以有效地开展全面的旅游合作。第三，缺乏合作机制。孟中印缅四国的旅游管理体制差异较大，目前，孟印缅三国很少有设立权威机构对本国

---

① 蓝建学：《中印文化交流：历史、意义与对策——"中印文化交流学术研讨会"综述》，载《南亚研究》2006 年第 2 期。

或地区间旅游产业的发展进行协调和管理，而且整体上也缺乏对旅游产业完整、有效的管理体系。第四，签证问题。比如，申请印度签证难度较大，拖延时间或者拒签并不鲜见。部分媒体疑惧中国经济影响力上升可能会对印度造成战略威胁，因此印度对华的签证政策时有变化，尤其是游客的签证手续复杂。

（三）教育合作方面的问题

第一，双边缺乏相互深入的了解。由于历史的原因，中国和孟印缅之间的交流比较薄弱，相互间缺乏更为广泛和深入的真正了解，更缺乏相互开展广泛教育合作的实施经验，双边的教育交流与教育合作尚处于较低的水平状态，很难适应新形势下双边的交流；此外，云南与印度、孟加拉、缅甸等国之间的教育合作也处在较低的水平，双边的合作与交流仍然受到历史与现实的制约，相互了解不足。第二，教育体制机制有较大差异。教育体系和教育管理体制的不一致影响了云南与孟印缅三国留学生交流时在课程、学位选择及时间的安排。在这样的状态下推进云南与南亚国家的教育合作，就更需要克服由于管理运行机制不一致所造成的种种障碍。此外，由于中国目前还未与南亚国家建立起跨国质量评估与资格认证机制，在课程、学分、学位等方面还不能形成互认，使得云南与南亚国家教育合作的开展主要是局限在交换留学生和教师、进行国际学术交流等层面，缺乏实质性的国际合作办学。第三，云南教育国际化水平不高。随着云南"桥头堡"战略计划的制定和实施，云南省进一步扩大对外开放也将进入一个新的重要时期。而云南教育国际化仍处于起步阶段，还存在着开放不够、领域不宽、影响不广、合作不深、发展不平衡等方面的问题。尤其是高等教育在学科布局、学位点建设方面，较突出的问题是教育内容的国际化水平有待提高。

（四）科技合作方面的问题

第一，受国家间政治关系影响较大①。主要表现在与印度之间的人文交流，尽管中印关系有所改善，但是仍然存在"冷和平思维"以及"中印边界问题"等障碍，印度国内谈论"中国威胁"大有人在，两国之间的政治互信有待进一步加强。此外，中印双方贸易存在结构性隐忧、民间交流与沟通缺乏互信。第二，科技合作领域较窄。孟、印、缅三国都属于世界上最贫困的国家，除印度工业部门比较齐全外，孟加拉国和缅甸基本上以农业为主，经济不发达限制了各国进行合作的能力，目前的合作项目主要集中在政府间援助或合作项目，如生物资源开发、信息技术、交通设施等方面。此

---

① 吴永年：《中印双边合作的基础、问题与前景》，《南亚研究》2007 年第 2 期。

外，科技产品结构不合理，一般贸易产品比重高、加工贸易产品比重低，初级产品出口比重高、深加工产品出口比重低。第三，人才队伍较为薄弱。长期以来，云南省对外开发起步较晚、开放水平较低，具有国际视野，懂外语、懂科技、懂业务的复合型人才比较缺乏，严重影响云南省参与国际经济技术、教育、旅游等领域的合作。同时，云南省从事科技的队伍存在总量不足、人才知识结构不合理等问题，管理人才和创新人才的交流与培训工作还有待于进一步加强。第四，对外宣传力度不够。目前，云南省将与孟、印、缅等南亚国家人文交流作为推进国际人文交流的重要内容之一，但是，在这些国家的发展政策、成功经验以及发展水平等宣传力度不够、形式单一。此外，云南省企业对孟、印、缅等东南亚南亚国家市场模式、消费习惯、风俗民情等方面有待获得真实的第一手资料。

三　加强孟中印缅地区人文交流，推进经济走廊建设

（一）加强文化交流合作

当前，云南与孟、印、缅三国国家间的文化交流还远远不够，主要还停留在表面的一些范围内。今后，应该从深度和广度上进行开掘、扩大，为此可从以下几个方面来开展工作：

1. 文化交流的多样化。云南与孟、印、缅三国文化艺术各有特色、各有所长，而中国文化与孟、印、缅三国文化的交流从形式上而言，也应该采取多种多样的方式进行交流。利用多种文化交流方式与平台，加强内容建设，有利于促进双方文化交流合作。

2. 建立"长效机制"。在双方文化交流人员互访、增进交流的基础上，建立与孟、印、缅三国文化人员的联系与相互信任，从而进一步合作开展实施合作项目。其主要目标在于通过与孟、印、缅三国的文化交流项目的具体化、项目化、长期化。逐步建立双方长期合作的"长效"文化交流合作机制。

3. 加快云南文化"软实力"建设的步伐。第一，增强文化资源开发创新的意识。第二，调整文化产业结构，改革落后的体制。第三，推动文化产业的社会化与市场化。第四，加大对外开放的步伐，完善对外开放文化产业政策，提高立法层次，完善产业政策。第五，加强文化产品的科技含量，增强其创新能力和竞争力。最后，加强培养国际化的文化人才。

（二）加强旅游合作

云南与孟、印、缅各国在地理位置上的接近，特别是随着中国东盟自由

贸易区的推进，为云南与孟、印、缅毗邻地区旅游文化合作创造了有利条件，云南应抓住这一机遇，加快与孟、印、缅毗邻地区在旅游文化方面的合作。

1. 简化出入境手续。围绕中国连接东南亚南亚国际大通道布局，通过围绕云南是中国连接东南亚南亚国际大通道这一根本布局，争取更为宽松的跨国旅游文化合作政策，尽量简化出入境手续、落地签证政策等，消除区域旅游障碍，积极推进开通东南亚、南亚大通道国际旅游客运线路的工作，最终达到建立无障碍跨国旅游机制这一目标。

2. 互设办事处。通过优惠条件吸引孟、印、缅三国的旅游企业在云南昆明设立机构，中国的旅游企业或者机构也可以到孟、印、缅三国设立办事机构，通过对等的方式，加强与孟、印、缅三国旅游企业的合作，更进一步，可以邀请孟、印、缅三国等国际知名旅游大旅行社在云南设立合资、独资旅行社和办事机构。国内的旅游企业也可在孟、印、缅三国设立旅游办事处，以加强中国与孟、印、缅三国旅游文化的沟通、协调及服务。双方共同开发国际旅游市场、实施旅游文化交流，促进中国与孟、印、缅三国文化的共同繁荣。

（三）加强教育合作

"桥头堡"战略的确立，使得云南由对外开放的末端逐步转化为中国对外开放的前沿，对于云南这样一个地处沿边开放前沿的省份而言，在经济全球化的发展趋势下，积极拓展国际教育市场，特别是周边国家教育市场，有利于更好地利用国际国内两种教育资源，也有利于云南发挥内引外联的优势，促进云南经济社会的全面进步。教育是一切交流与合作的基础。先开展教育领域的交流与合作，学习对方的语言和文化，才能做到真正的沟通与理解，进而开展更加广阔深入的合作。以教育合作为基础，共同促进孟中印缅合作机制的全面发展。

1. 加大留学生交流。云南地理位置与孟、印、缅三国都很近，是中华文化走出去的"桥头堡"；拥有悠久历史的古滇国文化等以及云南优美的风景，对云南开展国际学术交流、特别是吸引孟、印、缅三国的留学生有很强的吸引力。云南教育要背靠全国，面向孟、印、缅三国，实施"走出去"、"请进来"战略，也即在通过吸收孟、印、缅三国留学生的同时，也要适时地派遣国内的留学生"走出去"，到孟、印、缅三国去学习当地的语言、文化、艺术等课程。云南省各高校及职业教育学校应突出各自的学科专业优势，整合校际教育资源，将一些基础性、应用性专业向外国学生开放，扩大专业和课程的可选择性。通过多种形式的奖学金和国际通行的奖学金管理办法吸引孟、印、缅三国的留学生。同时，要鼓励和支持省内学生到孟、印、缅三国留学。尤其要注重培养云南与孟、印、缅三国在经济社会发展中所需的大量外语人才、经贸人才、科技人才，特别是熟悉孟、印、缅三国国情和语言以及国际经贸知识的复合型人才。通过留学生之间的交流来带动中国与孟、印、缅三国的人文交流。

2. 建立互访制度。每年互派师生进行教学、学习方面的交流。经双方协商后，建立成为"姐妹学校"或"兄弟学校"，每年可按双方相互协商的相关政策和规定，互派教师到双方学校以及科研机构做长期或短期交流互访学习。

3. 合作办学。按照双边互相学习、相互促进的总体思路，对一部分学校以及教育机构进行合作办学，按民营机制运行，政府实施有效管理。通过合作办学，达到互相学习优势，鼓励教育文化交流的双重目的。

4. 开展青少年对外文化交流。在每年的重大交流节日，双方每年可以派遣青年友好交流代表团进行交流访问，在通过艺术、文化交流的同时，可以增进彼此的了解的目的。

（四）加强科研、学术交流合作

1. 加强人才培养。目前，中国与东南亚、南亚之间的科研、学术交流合作，还仅限于一些地方性机构接收和负责对方派出人员在低层次交流。今后必须大力培养精通孟、印、缅三国政策、法律、经济、文化、语言的科研人员和文化交流人员，加大各类人才的培养力度。

2. 积极推动联合研究项目。通过双方对一定研究项目感兴趣的基础之上，进行联合研究，通过联合研究，达到双方相互学习和相互促进的目标。应有计划地组织各类专业科研研究人员或研究团队赴孟、印、缅三国进行专业考察和项目合作的同时，邀请孟、印、缅三国科研机构人员来云南参加各类活动和开展相关合作，搭建好交往桥梁和平台。

3. 建立双边的学术交流机制。当前，应该建立云南与孟、印、缅三国科研院所、高校专家学者互访、学术交流的机制。支持双边专家、学者的考察、调研、学术交流、出席国际学术会议，鼓励云南各行各业文教团体承办国际会议，通过学术会议，扩大和宣传云南的文化影响。

4. 积极参加国际学术组织。通过积极参与孟、印、缅三国之间的合作组织，发挥云南在这些组织中的文化影响力，可以增进学术文化交流的效果。以科研人员参加的组织为交流平台和基础，不断开创新的合作领域。

（五）推进科技交流

在经济全球化趋势下，科技国际化已成为当今世界的主要发展趋势，中国科技也正在逐步走向国际化，国际科技合作与交流工作有力地促进了国家科技发展总体目标的实现①。20 世纪 90 年代以来，中国积极开展与东南亚、南亚国家的交流和合作将云南省推到了对外开放的前沿，充分利用和调动国内外科技资源不断推进科技进步，是提高云南省自主创新能力的重要途径，也是事关全省社会经济发展全局的重大问题。

近年来，按照"周边是首要，大国是关键，发展中国家是基础，多边是重要舞台"的国家外交指导方针，中国正实施面向东南亚南亚的开放战略。作为与东南亚南亚国家开展合作最具优势的省份，在国家、云南省等各级政府及有关部门的支持下，云南省积极开展与孟加拉国、印度等南亚国家和与缅甸等东南亚国家的科技合作，并取得了一定的成绩。取得成绩的同时，也存在着一些问题，今后可以从以下两个方面开展工作：

1. 加强政府间合作。努力提升科技合作的层次和水平。根据全省经济发展的科技需求及特点，与南亚国家形成政府间双边与多边科技合作机制，充分发挥政府的引导作用，加强面向南亚国家的云南省和我国科技优势及实力的宣传。此外，进一步加强官方与民间、多边与双边、技术引进与输出、人才引进与培养等的有机结合，实现合作方式的多元化和各类合作主体的优势互补。

2. 加强科技人才队伍。云南与孟、印、缅三国的科技合作与交流需要三方面的人才：一是熟悉科技外事管理工作，了解世界科技发展趋势，把握孟、印、缅科技发展战略的国际科技合作管理人才；二是有专业特长和较深学术造诣，能承担科技合作任务的科技创新性人才；三是有专业技术背景，能够提供孟、印、缅三国的科技政策法规、知识产权、项目评估等方面的服务型人才。在立足本土培养和选拔的基础上加大人才引进力度，构建高素质的国际科技合作人才队伍。

总之，孟中印缅毗邻地区的人文交流合作取得了一定成绩。然而，面对孟、印、缅给云南带来的巨大的发展机遇，还需要深入挖掘，创造机遇，取得双赢，让与孟、印、缅毗邻地区的人文交流成为推动孟中印缅经济走廊建设的推助器。

---

① 郭晓熹：《让科技的灵魂更开放：中国国际科技合作发展现状》，《中国科技财富》2008 年第 3 期。